Anolis

nach BOULENGER 1885

Anolis

In Biotop und Terrarium

Axel Fläschendräger & Leo C. M. Wijffels

112 Farbabbildungen

12 Zeichnungen

6 Karten

Terrarien Bibliothek

Natur und Tier - Verlag

Inhaltsverzeichnis

1. Vorwort 7
2. Bemerkungen zur Systematik 8
3. Geographische Verbreitung 9
4. Lebensweise und Anpassungen an die Umwelt 10
5. Sozialverhalten 17
6. Geschlechtsunterschiede 19

7. Beobachtungen in Heimatbiotopen 22
   - 7.1 Kleine Antillen 22
   - 7.2 Kuba (Große Antillen)
     Einnischung und Sympatrie bei Anolis 24
   - 7.3 Die venezolanischen Inseln mit Bonaire, Curaçao und Aruba
     „Ein vergessener Archipel" 31
   - 7.4 Zentralamerika 34
   - 7.5 Pazifische Inseln 37
   - 7.6 Venezuela und die Guayana-Region 39
   - 7.7 Ecuador
     Artenvielfalt und Populationsdichte bei Anolis 41

8. Beobachtungen im Terrarium 43
   - 8.1 Grundüberlegungen 43
   - 8.2 Ist eine artgerechte Haltung möglich? 44
   - 8.3 Das Terrarium für Anolis 44
     - 8.3.1 Terrarientypen 44
     - 8.3.2 Terrarientechnik 45
     - 8.3.3 Terrarieneinrichtung 46
   - 8.4 Ernährung 49
     - 8.4.1 Ernährungsweise und Futtertiere 49
     - 8.4.2 Praktische Aspekte der Fütterung 51
     - 8.4.3 Trinkbedürfnis 52
     - 8.4.4 Vitamine und Mineralstoffe 53

8.5 Terrarienhaltung 53
   8.5.1 Verhalten im Terrarium 53
   8.5.2 Die Nachzucht von Anolis 54
   8.5.3 Erkrankungen und Prophylaxemaßnahmen 57

9. Artenteil 58
   9.1 Arten der Kleinen Antillen 58
   9.2 Arten der Großen Antillen 85
   9.3 Arten der venezolanischen Inseln 133
   9.4 Arten aus Nord- und Zentralamerika 137
   9.5 Arten aus Südamerika 159

10. Liste der derzeit anerkannten Arten 178
11. Danksagung 185
12. Nachtrag 186
13. Literatur 187
14. Glossar 195
15. Register 197

Titelbild: *Anolis g. grahami* (P. Schlagböhmer)
Zeichnungen: Sibylle Manthey, Berlin, nach Vorlagen von A. Fläschendräger

Die in diesem Buch enthaltenen Angaben, Ergebnisse, Dosierungsanleitungen etc. wurden von den Autoren nach bestem Wissen erstellt und sorgfältig überprüft. Da inhaltliche Fehler trotzdem nicht völlig auszuschließen sind, erfolgen diese Angaben ohne jegliche Verpflichtung des Verlages oder der Autoren. Beide übernehmen daher keine Haftung für etwaige inhaltliche Unrichtigkeiten.

Alle Rechte, insbesondere das Recht der Vervielfältigung und Verbreitung sowie der Übersetzung, vorbehalten. Kein Teil des Werkes darf in irgendeiner Form (Druck, Fotokopie, Mikrofilm oder andere Verfahren) ohne schriftliche Genehmigung des Verlages reproduziert oder unter Verwendung elektronischer Systeme verarbeitet, gespeichert oder vervielfältigt werden.

ISB N 3-931587-04-5

© Natur und Tier - Verlag,
   Matthias Schmidt, Münster 1996.
   Lektorat: Heiko Werning, Berlin
   Gestaltung: Sibylle & Ulrich Manthey, Berlin
   Druck: Druckhaus Cramer, Greven

nach Cope 1877 (verändert)

1. Vorwort

Warum ein Buch über *Anolis*? Oder besser: warum sollte man sich so tiefgründig und intensiv mit diesen oder auch anderen lebenden Organismen beschäftigen? In der heutigen, „modernen" Zeit ist es von entscheidender Wichtigkeit, daß ein Bewußtsein bei uns dafür heranreift, daß die letzten Naturräume ernsthaft bedroht und ihre Bewohner, Tiere und Pflanzen kostbar und unersetzlich sind. Nur wenn sich immer mehr Menschen für die Flora und Fauna unserer Erde interessieren, kann eine einschneidende Änderung in der Einstellung zur Natur bewirkt werden. Es kommt also nicht einfach darauf an, eine bestimmte Gruppe von Echsen zu pflegen und zu beobachten, es ist vielmehr der verantwortungsbewußte Umgang mit Tieren in menschlicher Obhut schlechthin, der uns die „so entfernte Natur" wieder etwas näher bringen kann.

Wer sich mit der Terraristik beschäftigen möchte und eine Haltung zum Wohl und Gedeih der zu pflegenden Geschöpfe anstrebt, wird bald seine individuellen Möglichkeiten, aber auch seine Grenzen, erkennen.

Die Kleinleguane insbesondere der Gattung *Anolis*, die im Deutschen auch „Saumfinger" genannt werden, gehören mit zu den beliebtesten Terrarientieren. Arten wie *Anolis carolinensis*, *Anolis equestris* und *Anolis sagrei* sind recht gut bekannt und verkörpern gewissermaßen die ganze Gattung. Sie lassen sich leicht halten, erfolgreich vermehren und bieten interessante Beobachtungsmöglichkeiten. Unter den *Anolis* finden sich jedoch auch eine Anzahl von spezialisierten Formen, wie die Gras-, Wasser-, Felsen- und Bodenanolis, über deren Lebensweise und Verhalten meist nur wenig bekannt ist. Aus diesem Grund haben wir uns das Ziel gesetzt, einen repräsentativen Überblick zu vermitteln.

Die Systematik kann dabei nur gestreift werden, zumal keine abschließenden wissenschaftlichen Ergebnisse vorliegen. Die Arterkennung gestaltet sich oft recht schwierig und ist meist nur über Schuppenmerkmale, deren Zahl, Anordnung und Ausbildung möglich. Bestimmungsschlüssel in der Literatur sind häufig stark regional begrenzt und teilweise auch widersprüchlich, so daß wir uns auf die Färbung, Größe und für den Laien leicht erkennbare äußere Merkmale beschränken mußten.

Zum Zweck eines tieferen Verständnisses haben wir versucht, ausgewählte Arten nicht nur im Terrarium, sondern auch im natürlichen Lebensraum vorzustellen, um so dem Leser auch die vielfältigen Verknüpfungen mit der Umwelt aufzuzeigen. Nur das komplexe Verständnis der vielen einzelnen „Bausteine" führt bei der Haltung im künstlichen Biotopausschnitt „Terrarium" zum langjährigen Erfolg. Natürlich spielen persönliche Erfahrungen bei der Haltung eine Rolle, so daß unsere Angaben keineswegs als feste Rezepte, sondern mehr als hilfreiche Hinweise verstanden werden sollten. Ein genaues Beobachten und feinfühliges Reagieren sind in der Terraristik untrennbare Bestandteile.

Die Beschäftigung mit lebenden Organismen verhilft dem Menschen darüberhinaus dazu, Gefühle, Intelligenz und Geschicklichkeit zu entwickeln. Sie schult das, wovon alles auf dieser Erde heute abhängig ist: das Verstehen der natürlichen Zusammenhänge. Wenn es uns gelingt, die *Anolis* unter diesen Gesichtspunkten den Lesern ein wenig näher zu bringen, dann ist das Ziel dieses Buches erreicht.

Halle/ Enkhuizen, im Sommer 1995
Axel Fläschendräger, Leo C. M. Wijffels

2. Bemerkungen zur Systematik

Als DAUDIN 1802 erstmalig den Gattungsnamen „*Anolis*" mit den Beschreibungen von Arten wie *Anolis punctatus* und *Anolis lineatus* in die zoologische Literatur einführte, waren bereits vorher einige Arten unter anderen Namen beschrieben worden, beispielsweise *Lacerta bimaculata* SPARRMANN, 1784 und *Lacerta roquet* LACÉPÈDE, 1788. In den folgenden zwei Jahrhunderten folgten noch hunderte von Neubeschreibungen, wobei feststeht, daß es auch heute noch viele unerkannte und neu zu beschreibende Arten gibt. Es fällt schwer, in einer so reich variierenden Gattung entwicklungsgeschichtliche Linien und natürliche Verwandtschaftsbeziehungen ausfindig zu machen. Zahlreiche Untersuchungen, bei denen auch modernste Techniken zum Einsatz kamen, führten zu Ansätzen, die große Gattung in mehrere Genera, Subgenera oder Superspecies aufzuspalten (ETHERIDGE 1960; CANNATELLA & DE QUEIROZ 1989; GORMAN, THOMAS & ATKINS 1968; GUYER & SAVAGE 1986; WILLIAMS 1976 a; YANG, SOULÉ & GORMAN 1974). Da aber die Ergebnisse verschiedener Analysen, wie die der Morphologie, der Skelettstruktur, der Untersuchung karyologischer und immunologischer Kennzeichen, der Ethologie, der Ökologie und dergleichen noch immer keine ausreichende Kongruenz zeigen, bleibt jede Gruppenaufspaltung nicht ohne weitere ungelöste Fragen. Wir folgen daher der derzeitigen Auffassung, wonach innerhalb der anolinen Leguane das eigentliche Genus *Anolis*, aber auch die Gattungen *Chamaeleolis*, *Chamaelinorops* und *Phenacosaurus* unmittelbare Verwandtschaftsbeziehungen zueinander aufzeigen. Die Gattung *Anolis* umfaßt derzeit etwa 300 Arten. Auf Kuba endemisch ist die Gattung *Chamaeleolis*, mit derzeit 4 Arten: *C. barbatus* GARRIDO, 1982; *C. chamaeleonides* (DUMÉRIL & BIBRON, 1837); *C. guamuhaya* GARRIDO, PÉREZ-BEATO & MORENO, 1991 und *C. porcus* COPE, 1864. Endemisch für Hispaniola ist das monotypische Genus *Chamaelinorops*, mit der Art *C. barbouri* SCHMIDT, 1919. *Phenacosaurus* kommt endemisch mit 4 Arten im montanen Nordwesten von Südamerika vor: *P. heterodermus* (DUMÉRIL, 1851); *P. inderenae* RUEDA & HERNANDEZ-CAMACHO, 1988; *P. nicefori* DUNN, 1944 und *P. orcesi* LAZELL, 1969.

Innerhalb der artenreichen Gattung *Anolis* wurden einzelne Arten zu sogenannten Arten- oder Verwandtschaftsgruppen zusammengefaßt (vgl. WILLIAMS 1976 a, 1976 b). Diese Gruppierungen, wie z. B. die *carolinensis*- oder *sagrei*-Gruppe, verdeutlichen Verwandtschaftsbeziehungen recht gut, so daß wir sie im nachfolgenden Text zumindest teilweise, oft auch mit den jeweils dazugehörigen Arten, nennen wollen.

Auch interspezifische Variationen und Unterarten sind manchmal noch recht schlecht erforscht, auch wenn ausreichende und konstante Differenzen zwischen verschiedenen Populationen einer Art deutlich sind. Dennoch sind einige Unterarten beschrieben worden (LAZELL 1972): Dabei wurden nicht nur geographisch völlig isolierte oder weit voneinander getrennte Populationen berücksichtigt, sondern auch solche in zusammenhängenden Gebieten, wo die eine Form allmählich in eine andere übergeht, und nicht selten mehr Individuen einer Übergangsform (Intergrades) als unterarttypische Exemplare gefunden werden. Es ist deshalb auch fraglich, ob Verwandtschaftsbeziehungen auf der Ebene von Unterarten in solchen Situationen überhaupt sinnvoll zu deuten sind (WIJFFELS 1980). Obwohl vor allem dank WILLIAMS vieles über die Gattung *Anolis* bekannt geworden ist, bleiben die „lieblichsten aller Echsen" (BARBOUR 1930) in systematischer Hinsicht auch heute noch, was sie schon immer waren: ein Problem.

3. Geographische Verbreitung

Die Gattung *Anolis* besitzt ein recht großes Verbreitungsgebiet. Der bekannteste Saumfinger - *Anolis carolinensis* - kommt bis in den Süden der USA vor und gilt somit als nördlichster Vertreter der Gattung. Den jährlich in diesem Gebiet einfallenden polaren kontinentalen Luftmassen, die im nördlichsten Teil des Areals eine Temperaturabsenkung bis auf -3°C bewirken können (MEIJ 1981), entziehen sich die *Anolis* durch Vergraben im Bodensubstrat oder in anderen frostsicheren Unterschlupfmöglichkeiten. Damit ist *Anolis carolinensis* der einzige *Anolis*, der selbst geringe Fröste durch aktives Eingraben überstehen kann. Bei plötzlich einfallenden Nachtfrösten kommen jedoch zahlreiche Individuen ums Leben, wie LANGERWERF (pers. Mitt.) in Montevallo, Alabama, U.S.A., feststellen konnte.

Im Nordwesten von Mexiko erreichen *Anolis nebulosus* (FLORES-VILLELA 1993) und *Anolis nebuloides* (SMITH & TAYLOR 1950) das Randgebiet der Sonora-Wüste. Beide Arten dringen somit in recht aride Lebensräume vor, die von *Anolis*-Arten ansonsten selten bewohnt werden.

Den südlichsten Punkt des Verbreitungsgebietes der Gattung erreichen *Anolis punctatus* im atlantischen Küstenregenwald bei Rio de Janeiro (MYERS & DE CARVALHO 1945) und *Anolis meridionalis*, den HELLMICH (1960) im

Gesamtverbreitungsgebiet der anolinen Leguane

Apa-Bergland im Nordosten von Paraguay nachweisen konnte.

Ein Mannigfaltigkeitszentrum der Gattung *Anolis* stellen die Antillen dar. Die karibische Inselwelt beherbergt fast 130 Arten (SCHWARTZ

& HENDERSON 1991); dabei fanden die der vorgelagerten venezolanischen Inseln keine Berücksichtigung.

Dagegen ist die Artenzahl im pazifischen Raum bescheiden. Auf der etwa 500 km von Costa Rica entfernten Cocos-Insel lebt der endemische *Anolis townsendi* (TAYLOR 1956). Wenn man von den auf Hawaii angesiedelten *Anolis porcatus* (SCHWARTZ & HENDERSON 1988) absieht, ist die Cocos-Insel die vom Festland entfernteste westliche Insel, auf der es *Anolis* gibt.

Die in den nördlichen Anden endemische Gattung *Phenacosaurus* (DUELLMAN 1978) hält den Höhenrekord bei der vertikalen Verbreitung. *Phenacosaurus heterodermus* kommt noch in einer Höhe von 3750 m ü. NN (Kolumbien: Cordillera Oriental, Cordillera Central) vor (LAZELL 1969). Bei der Gattung *Anolis* erreicht *Anolis tropidolepis* in Costa Rica (Provinz Cartago) eine Höhenverbreitungsgrenze von immerhin 2600 m ü. NN (PETERS & DONOSO-BARROS 1970).

4. Lebensweise und Anpassungen an die Umwelt

Die artenreiche Gattung *Anolis* weist eine Vielzahl von Anpassungen an den Lebensraum auf. Berücksichtigt man das riesige Areal mit seinen topographischen und klimatischen Unterschieden, ist das nicht verwunderlich.

Das Merkmal fast aller *Anolis*-Arten sind die Haftlamellen an den Unterseiten der Zehen, die ihnen zu dem deutschen Namen „Saumfinger" verhalfen. Nur *Anolis onca*, eine venezolanische Art der ariden Küstengebiete, besitzt an Stelle der Haftlamellen stark gekielte Schuppen (WILLIAMS 1974). Durch seine terrestrische Lebensweise in sandigen Biotopen (COLLINS 1971) wären hochspezialisierte Haftorgane auch nicht von Vorteil. Alle übrigen Vertreter besitzen Haftlamellen bzw. Haftborsten, deren Funktionsweise auf reinen Adhäsionskräften beruht (HILLER 1968). Zusätzlich sind die Krallen gut entwickelt, wodurch die *Anolis* zu den perfektesten Kletterkünstlern unter den Reptilien zählen. So können die kleinen, krautbewohnenden Arten selbst auf stark bewachsten Blättern noch ausreichend Halt finden.

Zunächst soll uns aber die Lebensweise interessieren, da die speziellen morphologischen Anpassungen im engen Zusammenhang dazu stehen.

Anolis-Arten können auf dem Boden (terrestrisch), auf Bäumen (arboricol) oder zwischen beiden wechselnd (semiarboricol), an Felsen (petricol, rupicol), im Krautdickicht (herbicol) und an Wasserläufen (semiaquatisch) leben. Die überwiegende Artenzahl lebt auf Bäumen und Sträuchern. PETERS & SCHU-

Fußunterseite von *Anolis equestris*

nach DE LA SAGRA 1854

Lebensweise und Anpassungen an die Umwelt

nach DE LA SAGRA 1854

Anolis loysianus

BERT (1968) teilen die kubanischen *Anolis*-Arten nach ihrer Lebensweise bzw. ihrer Größe in Riesen-, Baum-, Flechten- (oder Rinden-), Gecko-, Gras- und Bodenanolis ein. Diese grobe, aber zweckmäßige ökologische Eingruppierung läßt sich im wesentlichen auch auf die Vertreter in anderen Gebieten übertragen. Zusätzlich sollen noch die Wasser- und Felsenanolis genannt werden.

Oftmals überlappen sich auch die Habitatsansprüche. Nicht selten führen adulte männliche Individuen eine andere Lebensweise als die arteigenen Weibchen und Jungtiere. Als Beispiele seien hierzu *Anolis bimaculatus* und *Anolis homolechis* genannt, bei denen die Männchen arboricol, die Weibchen hingegen semiarboricol bzw. mehr terrestrisch leben.

Zu den „Baumanolis" gehören die anpassungsfähigsten Vertreter. Manche Arten bewohnen Bäume von der Stammbasis bis zur Kronenregion. Dazu gehören die meisten „Riesenanolis" (Arten ab 100 mm KRL). Andere finden sich nur am Stamm oder nur im Kronenbereich und haben sich damit, aus den verschiedensten Gründen, bereits spezialisiert.

Des weiteren sind die kleineren und flinken „Baumanolis" zu nennen. Sie haben zumeist einen großen Aktionsradius, der durch die Thermoregulation, die Feuchtigkeitsansprüche, das Nahrungsangebot und die Populationsdichte bzw. die Sozialstruktur bestimmt wird. Ein Baum kann somit durchaus in mehrere Territorien aufgeteilt sein. Als Besonderheit ist die Einnischung verschiedener Arten auf ein und demselben Baum zu nennen. Hierbei sind die Anpassungen an ganz bestimmte mikroklimatische oder substratabhängige Gegebenheiten so weit fortgeschritten, daß die einzelnen Arten nebeneinander existieren können. Damit ein sympatrisches Vorkommen möglich wird, müssen sich die einzelnen Arten wenigstens in einem Detail unterscheiden. Das können z. B. die Temperaturansprüche, der Grad der Besonnung, die Wahl der Nahrung, die Feuchtigkeitswerte oder aber die Höhenwahl des bevorzugten Vorkommens am Baum sein.

Die „Flechtenanolis" (oder „Rindenanolis") sind spezialisierte „Baumanolis", die auf rauher und oftmals flechtenbewachsener Rinde an der Stammbasis großer Bäume leben. Als typischer Vertreter soll der kubanische *Anolis loysianus* vorgestellt werden. Dieser sich recht bedächtig bewegende und mit Stachelschuppen ausgestattete, kryptisch gefärbte *Anolis* ist perfekt getarnt. Dazu kommt noch der abgeflachte Körperbau, der beim Anschmiegen an die Rinde kaum Schatten entstehen läßt. *Anolis loysianus* ist ein Paradebeispiel für Mimese. Stachelschuppen sind recht selten bei *Anolis* entwickelt. Wahrscheinlich nutzen nur Arten, die sich langsam fortbewegen (etwa der dominikanische *Anolis sheplani* (SCHWARTZ 1974), deren optisch körperauflösende (somatolytische) Wirkung.

An das Leben auf Gräsern und zarten krautigen Pflanzen angepaßt sind die kleinwüchsigen

Lebensweise und Anpassungen an die Umwelt

Grasanolis (***Anolis auratus auratus***) sind im Biotop kaum zu erkennen. (Paramaribo, Surinam).
Foto: L. C. M. Wijffels

und schlanken „Grasanolis". Durch ihr geringes Eigengewicht bewegen sie sich selbst an dünnsten Grashalmen äußerst geschickt. Bemerkenswert ist ihre Fortbewegungsweise. Man unterscheidet zwischen sich mehr springend oder mehr gleitend fortbewegenden Arten. Letztere besitzen häufig einen recht kräftigen und sehr langen Schwanz. Hierzu zählen z. B. die kubanischen Arten der *cyanopleurus*-Gruppe (GARRIDO 1975 c). Interessant ist auch die Tatsache, daß sich der puertoricanische *Anolis pulchellus* unter Ausnutzung

Lebensweise und Anpassungen an die Umwelt

Männchen von *Anolis argenteolus* im felsigen Biotop nahe der Karibikküste bei Daiqurí (Kuba).
Foto: A. Fläschendräger

der Oberflächenspannung auch auf dem Wasser fortbewegen kann.
Die „Geckoanolis" der kubanischen *lucius*-Gruppe (PETERS 1970) fallen durch ihre zarte Beschuppung und eine geckoähnliche Lebensweise auf. Zu den „Geckoanolis" kann auch der auf Bonaire verbreitete *Anolis bonairensis* gezählt werden (WIJFFELS 1971 c). „Geckoanolis" finden sich an schattigen, feuchtkühlen Felspartien oder an der Stammbasis alter zerklüfteter Bäume. *Anolis argenteolus* und *Anolis lucius* besitzen als weitere Anpassung transparente Unteraugenlidschuppen. Bei erhöhter Sonneneinstrahlung sollen sie wie Sonnenbrillen funktionieren. Speziell bei *Anolis argenteolus*, *Anolis bartschi* und *Anolis lucius* sind die langen und kräftigen Hinterbeine erwähnenswert, mit denen diese

Arten äußerst flink über glatte Felsflächen sprinten können. Der zur gleichen Gruppe zählende *Anolis vermiculatus* führt eine semi-aquatische Lebensweise und kann somit zugleich auch zu den „Wasseranolis" gerechnet werden.
„Wasseranolis"-Arten kommen hauptsächlich in Zentral- und Südamerika vor. Sie orientieren sich meist entlang der Flußsysteme und nutzen deren natürlichen „Kühlkorridor" zur Thermoregulation aus. Der stattliche *Anolis barkeri* aus Mexiko fällt durch einen recht hohen Schwanzkamm auf (SCHMIDT 1939), der der Fortbewegung im Wasser dienlich sein dürfte. PETERS (1970) nennt auch für *Anolis vermiculatus* einen lateral abgeflachten Schwanz. Das Fangen von Fischen konnte bei *Anolis oxylophus* (FLÄSCHENDRÄGER 1992 a)

und *Anolis vermiculatus* (GARRIDO 1976) nachgewiesen werden und kommt sicherlich auch noch bei anderen Arten vor. Selbst *Anolis*-Arten aus Gebieten, in denen natürliche Gewässer fehlen, konnten unter Terrarienbedingungen beim Fischfang beobachtet werden (z. B. *Anolis b. bimaculatus* bei einem der Autoren, WIJFFELS).

Sehr umfangreich ist die Gruppe der „Bodenanolis". Dabei halten sich viele Arten natürlich nicht nur auf dem Bodengrund auf, sondern besiedeln auch die untere Stammbasis der Bäume bzw. niedriges Gebüsch. Jungtiere und Weibchen sind oftmals mehr terrestrisch orientiert. Männchen hingegen imponieren häufig auf erhöhten Aussichtspunkten. Bekannte Arten wie z. B. *Anolis lineatopus* und *Anolis sagrei* gehören in diese Gruppe. Rein terrestrisch lebende *Anolis* kommen fast ausschließlich auf dem Festland vor. Sie besitzen schwach entwickelte Haftlamellen und klettern selten höher als einen halben Meter. Ihr eigentlicher Biotop ist der mit Laubstreu bedeckte Regenwaldboden. Beispiele hierfür sind *Anolis chrysolepis scypheus* und *Anolis trachyderma* aus Ecuador (DUELLMAN 1978) sowie *Anolis humilis* aus Costa Rica (FITCH 1975). Extrem terrestrisch ist auch *Chamaelinorops barbouri*, der fast ausschließlich auf der bodenbedeckenden Laubschicht intakter Wälder auf Hispaniola vorkommt (FLORES, LENZYCKI & PALUMBO 1994). Aus savannenähnlichen Gebieten Kubas ist der kleine, bodenbewohnende *Anolis ophiolepis* bekannt (SILVA LEE 1984).

Anolis-Arten, die bevorzugt im felsigen Terrain vorkommen, wie z. B. *Anolis gadovi* und *Anolis taylori* (FITCH & HENDERSON 1976 b), werden auch als „Felsenanolis" (rock anole) bezeichnet. Mangels natürlicher Baum- und Strauchvegetation sind auf zahlreichen Inseln einige *Anolis*-Arten, deren nächste Verwandte in anderen Verbreitungsgebieten als Baumbewohner leben (z.B. *Anolis gingivinus*, *Anolis nubilus* und *Anolis sabanus*), zu einer petricolen Lebensweise übergegangen.

Nachdem die Lebensweise der *Anolis*-Arten in groben Zügen vorgestellt wurde, sollen im nachfolgenden Text speziellere Anpassungen verdeutlicht werden.

Als eine solche ist die Ablage von einzelnen Eiern in kurzen Zeitabständen zu nennen, eine Fähigkeit, die im subtropischen und tropischen Verbreitungsgebiet von Vorteil ist. Die Beweglichkeit der Weibchen ist kaum eingeschränkt und ihre Belastung ist minimal.

Viele *Anolis*-Arten sind durch ihr Klettervermögen zu einer vertikalen Thermoregulation im dreidimensionalen Raum befähigt; wiederum eine Überlegenheit gegenüber rein terrestrischen Lebensweisen.

Unter den *Anolis* gibt es eine ganze Reihe von ökologisch sehr anpassungsfähigen (euryöken) und damit gering spezialisierten Arten. Sie stellen an die Umweltfaktoren keine sehr speziellen Anforderungen und konnten daher auch große Areale besiedeln. *Anolis carolinensis*, *Anolis cristatellus*, *Anolis distichus*, *Anolis punctatus* und *Anolis sagrei* sind dafür Beispiele. Aber auch die Arten der Kleinen Antillen, wie die *bimaculatus*- und *roquet*-Verwandtschaftsgruppe (LAZELL 1972), sind sehr erfolgreich in der Besiedlung neuer Lebensräume, so daß durch den intensiven Schiffsverkehr einige solcher Inselformen bereits das Festland erobern konnten. Die wenig spezialisierten *Anolis* eignen sich für den Anfänger natürlich besonders zur Pflege im Terrarium. Im Gegensatz dazu stehen Arten mit einer sehr beschränkten Verbreitung. Oftmals sind es nur kleine Gebirgsmassive (montane Arten) oder klimatisch abweichende Regionen innerhalb eines Großklimas, in denen sich durch Isolation *Anolis*-Arten herausbildeten. Der Preis dieser Spezialisierung ist eine geringe Toleranz gegenüber Umweltveränderungen (stenöke Arten). Bereits geringe Temperaturabweichungen oder Feuchtigkeitsunterschiede können zur Beeinträchtigung der Tiere führen. Arten aus dieser Gruppe sind folglich auch nicht ganz einfach zu pflegen. Nur die genaue Kenntnis ihrer natürlichen Verbreitung und der Klimaverhältnisse im Biotop führen zum Erfolg bei der Haltung.

Ein weiterer interessanter Gesichtspunkt ist die Verteilung der Individuen im Lebensraum (Dispersion). Finden sich auf den Kleinen Antillen große Populationen einer Art (selten sind es zwei Arten), so ist auf dem Festland häufig das Gegenteil die Regel. Die Individuen können hier z. T. sehr weiträumig verteilt vorkommen, wie es z. B. WEYGOLDT (1984) bei *Anolis ch. chrysolepis* beobachten konnte. Das Auffinden eines Partners ist somit stark behindert. Als Fortpflanzungsstrategie ist die Spermaspeicherung bei Weibchen bekannt. Diese können befruchtete Eier über einen längeren Zeitraum (mehrere Monate) legen, ohne sich erneut paaren zu müssen. Für *Anolis ch. chrysolepis* (WEYGOLDT 1984), *Anolis t. tropidonotus* (FLÄSCHENDRÄGER 1992 b) und *Anolis loysianus* (FLÄSCHENDRÄGER) konnte solch eine verzögerte Befruchtung (Amphigonia retardata) bereits nachgewiesen werden. Auch Untersuchungen an *Anolis carolinensis* zeigten die Fähigkeit zur Spermaspeicherung bis zu 7 Monaten, wobei erstmalig auch der Ort der Speicherung lokalisiert werden konnte. Es sind von den Schleimhautfalten des anterioren Abschnitts der Vagina ausgehende 0,5 mm lange Gänge (CUELLAR 1966).

Auch bei der Wahl der Eiablageplätze gibt es Unterschiede bzw. Anpassungen an den Lebensraum. Viele Arten vergraben die Eier an geeigneten Stellen im Bodensubstrat. Die Eischale ist pergamentartig und gestattet in der Reifephase eine gewisse Ausdehnung. Ihr haftet in der Regel kaum Substrat an. Bei *Anolis ch. chrysolepis* konnte von einem der Autoren (FLÄSCHENDRÄGER) beobachtet werden, wie durch Verklebung von Substratpartikeln die Oberfläche getarnt erscheint. Vielleicht bietet dies einen gewissen Schutz vor Eiräubern. Außer den eiervergrabenden *Anolis* gibt es auch Arten, die ihre Gelege regelrecht ankleben, wie es von *Anolis lucius* bekannt ist. Andere Arten, z. B. *Anolis bartschi*, klemmen ihre Eier in feuchte Gesteinsspalten (FLÄSCHENDRÄGER 1988 b). *Anolis oxylophus* (FLÄSCHENDRÄGER 1992 a) und *Anolis argenteolus* wählen zur Ablage bevorzugt feuchtes Wurzelgeflecht in einiger Entfernung vom Bodengrund aus. Interessant sind weiterhin gemeinsame Eiablageplätze mehrerer Weibchen in Baumhöhlen von bis zu 6 m Höhe über dem Bodengrund bei *Anolis valencienni*, einer jamaicanischen Art (SCHWARTZ & HENDERSON 1991).

Zu den morphologischen Anpassungen mancher *Anolis* zählen verwachsene Augenlider wie sie ähnlich auch bei der nicht näher mit den Leguanen verwandten Familie der Chamäleons vorkommen. Besonders sonnenliebende (heliophile) Arten besitzen sehr bewegliche Augen, die bis auf eine kleine Pupillenöffnung von den Augenlidern bedeckt sind. Auch die unabhängig voneinander beweglichen Augen zeigen eine Analogie zu den Chamäleons.

Der Kopf der *Anolis* kann stark abgeflacht sein und in einer langen Schnauzenregion enden. Als extremes Beispiel sei der kubanische *Anolis allisoni* genannt, der zu den geschicktesten Fliegenjägern gehört. Den kurzköpfigen Typ dagegen verkörpert die *chrysolepis*-Verwandtschaftsgruppe (VANZOLINI & WILLIAMS 1970). Es sind meist Ansitzjäger, die nach langsamer Beute auf dem Bodengrund lauern. Zwischen beiden extremen Ausprägungen

Ein aus Zipaquirá (Kolumbien) stammender Andenanolis **Phenacosaurus heterodermus** (♀). Foto: W. Kästle

gibt es alle Übergänge. In diesem Zusammenhang ist auch die Spezialisierung von verschiedenen Arten auf bestimmte Beutetiere zu nennen (CURIO 1970); eine Anpassung, die bei sympatrisch vorkommenden Arten von entscheidender Wichtigkeit sein kann (WIJFFELS 1985).

Eine weitere interessante Verhaltensweise stellt das seitliche Einrollen des Schwanzes dar, das besonders für die Bodenanolis, wie z. B. denen der *homolechis*-Gruppe, typisch ist. Einige Vertreter der Gattung können sich auch mit Hilfe des Schwanzes beim Klettern verankern. KÄSTLE (1964) beobachtete dieses Verhalten bei dem Andenanolis *Phenacosaurus heterodermus* (Syn. *P. richteri*). Auch während der Schlafphase nutzen weitere Arten den zusätzlichen Halt des Schwanzes, wie es von HARDY (1958) bei *Anolis ahli*, von KÄSTLE (1964) bei juvenilen *Anolis lineatopus* und von THOMAS (1965) bei *Anolis occultus* beschrieben wurde. Das Schwanzende umwickelt dabei den als Schlafplatz ausgesuchten Zweig. Durch Prädation oder auch durch arteigene Auseinandersetzungen kommt es häufig zum gewaltsamen Verlust des Schwanzendes. *Anolis* besitzen zwar keine „Sollbruchstellen" im Schwanzbereich, dennoch wächst den meisten Arten ein Schwanzregenerat nach.

Zum Abschluß seien Färbung und Zeichnung erwähnt. Viele *Anolis*-Arten können ihre Färbung stark verändern. Bestimmende Faktoren hierfür sind der Erregungszustand, die Temperatur und die Lichtintensität. So können z. B. die normalerweise grün gefärbten *Anolis marmoratus* und *Anolis grahami* bei kühler Witterung oder in Streßsituationen fast schwarz erscheinen.

In der Regel sind grün gefärbte *Anolis*-Arten typische Baumbewohner der Laubregion. Auch manche Grasanolis, wie der kubanische *Anolis cyanopleurus* (GARRIDO 1975 c), sind ebenfalls grün. Arten mit einer dunklen Grundfärbung leben zumeist auf Rinden, auf Felsen oder am Bodengrund. Flechtenanolis zeigen oftmals kryptische Zeichnungen aus hellen

Anolis marmoratus marmoratus (Capesterre-Belle-Eau, Guadeloupe) in brauner Farbphase. Foto: M. Schmidt

und dunklen Elementen, die ineinander übergehen. Nicht selten können auch Grüntöne eingelagert sein. Linienzeichnungen auf dem Tierkörper lassen die kleinen Leguane auf dünnen Zweigen oder im Gras mit ihrer Umwelt verschmelzen. Dies trifft für viele Grasanolis, z. B. *Anolis auratus* (HOOGMOED 1975, KÄSTLE 1963), *Anolis semilineatus* und *Anolis olssoni* (MERTENS 1939) zu.

Eine unterschiedliche Lebensweise der Geschlechter oder der Altersstufen kann ebenfalls Färbungs- und Zeichnungsunterschiede zur Folge haben. Interessant ist diesbezüglich die kryptische Färbung bei Jungtieren von *Anolis cuvieri*, dem puertoricanischen Riesenanolis (GORMAN 1977, WIJFFELS 1975). Die Jungtiere leben im Schatten der Kraut- und Strauchschicht nahe am Boden, erst adulte Tiere besitzen die typische Grünfärbung, die sie bei der nunmehr arboricolen Lebensweise im Blätterdach der Bäume besser vor Feinden schützt.

5. Sozialverhalten

Die meisten *Anolis*-Arten haben eine nach Belieben aufspreizbare Kehlhaut („Kehlfahne"); ein großes, farbiges, aber dünnwandiges Hautgebilde, das stark auffällt und völlig mit Farbe und Körperform des Tieres kontrastiert. Getarnt und fast wie „aufgelöst" in ihrer Umwelt, können *Anolis* plötzlich ein intensives Farbsignal geben. Sogleich ist jegliche Tarntracht (Mimese) aufgehoben. Dann zeigt sich weithin sichtbar die bunte Hautfläche,

Anolis oculatus cabritensis (Picard Estate, Dominica) mit gespreizter Kehlhaut. Foto: M. Schmidt

helleuchtend in der Sonne oder vom Licht durchstrahlt wie ein farbiges „Glas".

Warum präsentieren *Anolis* sich derartig auffällig, obwohl sie doch ständig von einer ganzen Reihe von Freßfeinden (Prädatoren) bedroht werden? Warum heben sie sich so plötzlich farblich von ihrer Umgebung ab, in der sie vorher verborgen waren?

Anolis können sehr gut sehen. Sie nehmen Bewegungen, Formen und Farben ausgezeichnet wahr und besitzen die Fähigkeit, nach Beutetieren, Artgenossen und Attrappen zu unterscheiden (GORMAN 1968, KÄSTLE 1963, RAND 1967, RUIBAL 1967). Tagsüber halten sie in ihrer direkten Umgebung ununterbrochen Ausschau, um Beute zu jagen, auf Partnersuche zu gehen und um ihr Territorium zu verteidigen. Stets auf optische Reize reagierend, sind die Echsen sehr beschäftigt und ruhelos. Sobald sich etwas regt, wie etwa Beute, Eindringlinge oder Geschlechtspartner, erfolgt unmittelbar eine Reaktion. Dann spielt die farbige Kehlfahne eine wichtige Rolle: So wird sie nach dem Freßakt kurz entfaltet, ebenso direkt vor der Flucht. Wollen sich zwei *Anolis* imponieren, kommt es sogar zu weit entwickelten „Schauspielen" mit Präsentation der Kehlhaut. Das Spreizen der Kehlhaut ist allerdings nur ein Teil des ganzen Verhaltensrepertoires. Kopfnicken, Anheben des Körpers, Oberflächenvergrößerung durch seitliches Abflachen des Rumpfes, Aufrichten von Hautsäumen auf Nacken und Rücken, Schwanzschläge und heftige Bewegungen, alles ganz besonders auf „Show" ausgerichtet, vervollständigen die Gesten, durch die sich die *Anolis* innerhalb der eigenen Art oder gegenüber artfremden Verwandten untereinander verständigen. Nebenbei vermögen sie damit ihr menschliches „Publikum" von Wissenschaftlern und Liebhabern fast grenzenlos zu faszinieren!

Im Verhalten der *Anolis* ist das Gemeinsame weitaus auffallender als die artspezifische Differenz. Primär erfolgen die Reaktionen situationsgemäß und weitgehend uniform. Ausdrucksbewegungen sind gekennzeichnet durch ziemlich feste Verhaltenselemente, die sich artspezifisch nur durch Rhythmus, Kadenz und Amplitude der Bewegung und des Spreizens der Kehlhaut unterscheiden. Die „Basiselemente" sind von fast allen übrigen Iguaniden genauso bekannt und auch bei Agamiden und Chamäleons nachgewiesen worden (BUSTARD 1967; CARPENTER 1961, 1962 a, 1962 b, 1963, 1966; KÄSTLE 1965, 1967).

Bei der Konfrontation zweier *Anolis* läßt sich der Verlauf der Auseinandersetzung meist voraussagen. Dem Eindringling gegenüber ist der Revierbesitzer im Vorteil; nicht nur wegen der Kenntnis des Standortes und seiner territorialen Verteidigungslust, sondern auch weil der lokale Dominant beim Treffen in der agonistischen (kämpferischen) Reaktionsfolge bereits einige Stufen weiter ist als der sich relativ unsicher präsentierende Rivale.

Das meist visuell ausgelöste Verhalten bei *Anolis*, wie es sich besonders deutlich beim Rivalenstreit unter den adulten Männchen zeigt, hat das besondere Interesse vieler Wissenschaftler geweckt und zahlreiche Untersuchungen zur Folge gehabt. Dabei bemühte man sich, das Verhalten zu analysieren und nach Phasen zu klassifizieren (z. B. MERTENS 1946, WIJFFELS 1960). Turniere der Männchen gaben auch Anlaß dazu, artspezifische Kennzeichen zu deuten (GORMAN 1968).

Im Hinblick auf die Terraristik und speziell auf die Vergesellschaftung von *Anolis* untereinander (siehe Verhalten im Terrarium) erscheint es wichtig, ob eine Art im Freien nur Tiere der eigenen Art vorfindet oder sympatrisch mit weiteren Arten lebt. Eine enge Sympatrie, bei der unterschiedliche Arten ständig in Sichtweite voneinander leben, kommt nicht oft vor, meistens tritt nur eine Art in einem Habitat auf. Das trifft nicht nur für fast alle kleineren Inseln zu, sondern ebenso für viele Biotope auf dem Festland bzw. auf größeren Inseln. Das Zusammenleben dreier verschiedener Arten auf ein und demselben Baum wurde für Hispaniola bereits früh erwähnt (MERTENS 1939). Diese Konsoziation von *Anolis chlorocyanus, Anolis cybotes* und *Anolis distichus* wird durch unterschiedliche Aufenthaltsorte, Jagdmethoden und Beutespektra ermöglicht. Im Zusammenhang damit steht eine feine Differenzierung im Mikroklima sowie in den Körperhaltungen, Aussichtspunkten und Aktionsradien der drei Arten (RAND 1962 b).

6. Geschlechtsunterschiede

In der formenreichen Gattung *Anolis* sind die Merkmale der Geschlechter keineswegs einheitlich. Schon der Größenunterschied ist bei den einzelnen Arten variabel. Dabei ist festzustellen, daß bei den karibischen *Anolis*-Arten die Männchen größer und kräftiger als die Weibchen sind. Als Extremfall sei die Art *Anolis bimaculatus* genannt, deren Männchen eine Kopfrumpflänge von bis zu 123 mm erreichen. Die Weibchen hingegen weisen nur eine Kopfrumpflänge von ca. 70 mm auf. Umgekehrte Größenproportionen sind nur bei *Chamaelinorops barbouri* (von Hispaniola) und dem erst kürzlich beschriebenen kubanischen *Anolis pumilus* bekannt (SCHWARTZ & HENDERSON 1991).

Auf dem Festland dagegen gibt es mehrere Arten, bei denen das weibliche Geschlecht wesentlich größer wird als das männliche. Dies trifft z. B. für einige Populationen von *Anolis chrysolepis* (VANZOLINI & WILLIAMS 1970), für *Anolis bombiceps* und *Anolis trachyderma* aus Peru (DIXON & SOINI 1986) und für *Anolis biporcatus, Anolis capito, Anolis lemurinus, Anolis carpenteri, Anolis limifrons* und *Anolis humilis* (FITCH 1975) aus Zentralamerika zu.

Weitere morphologische Unterschiede gibt es im Kopfbereich. Die Männchen besitzen häufig die massigeren Schädelproportionen. Bei Festlandarten kann es allerdings auch umgekehrt sein (z. B. *Anolis chrysolepis*). Zudem ist oftmals bei den Männchen die Nackenpartie verstärkt. Artspezifisch kann im Nackenbereich bzw. auch auf dem Rumpf (unterbrochen oder durchgehend) ein Hautsaum („Rückenkamm") bei Erregung aufgerichtet werden. Auch das Verhältnis der Kopfrumpflänge zur Schwanzlänge kann zwischen den Geschlechtern unterschiedlich sein (PETERS 1970). Das Schwanzprofil der männlichen Tiere ist häufig nicht kreisrund wie das der Weibchen, sondern in Richtung des Rückens (dorsal) spitz zulaufend, was dem Schwanzkamm entspricht. Bei einigen Arten, wie z. B. *Anolis allogus, Anolis barkeri, Anolis cristatellus, Anolis garmani* und *Anolis gundlachi*, ist der Schwanzkamm der Männchen stark entwickelt, und sicher kommt ihm beim Imponiergehabe eine entsprechende Funktion zu.

Ein weiteres Unterscheidungsmerkmal ist der bei männlichen Tieren durch die Hemipenestaschen verdickte Schwanzwurzelbereich. Im

Geschlechtsunterschiede

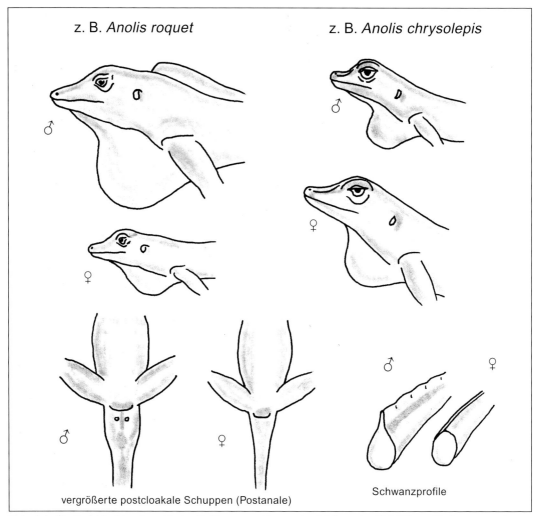

Beispiele für Geschlechtsunterschiede: Größenproportionen, Ausbildung der Kehlfahne, Nackensaum, etc.

durchscheinenden Licht lassen sich so beispielsweise bei *Anolis bartschi*, einer zarthäutigen kubanischen Art, deutlich die stark durchbluteten Hemipenes erkennen.

Bekannt sind auch die bei männlichen Tieren vieler Arten entwickelten paarigen Schuppen hinter der Kloake (Postanale), die durch ihre Größe auffallen. Sie sind bereits bei Jungtieren voll entwickelt. Allerdings kann es auch zu Fehldeutungen des Geschlechts kommen, da in seltenen Fällen einzelne Männchen auftreten, die dieses Charakteristikum nicht aufweisen (etwa bei *Anolis a. angusticeps*, *Anolis distichus* und *Anolis porcatus*).

Die durch das verlängerte Zungenbein aufstellbare Kehlhaut der Männchen kann größer oder gleichgroß wie die der Weibchen sein. Bei *Anolis bahorucoensis*, *Anolis bartschi* und

Anolis vermiculatus ist sie dagegen bei beiden Geschlechtern reduziert. Die Kehlfahnen der Männchen und Weibchen sind je nach Art unterschiedlich oder identisch gefärbt. Charakteristisch für viele *Anolis*-Arten ist der deutliche Geschlechtsunterschied hinsichtlich der Körperfärbung und Zeichnung (Dichromatismus). Häufig besitzen die Weibchen (z. B. aus der *sagrei*- und *chrysolepis*-Verwandtschaftsgruppe) eine Rückenzeichnung, die aus helleren, halbmondförmigen Flecken beidseitig der Rückenlinie (Rhombenzeichnung) besteht, die individuell zu einem einfachen geraden Dorsalstreifen reduziert sein kann. Die Männchen entsprechender Arten zeigen nach unseren Kenntnissen diese typisch weiblichen Zeichnungselemente nie. Bekannt ist aber, daß diese Zeichnung bei den weiblichen Tieren nicht immer auftritt. Es kommt also vor, daß einzelne Weibchen, ganz im Unterschied zu den meisten Geschlechtsgenossinnen derselben Population, genau die gleiche Zeichnungsform wie die männlichen Tiere besitzen! Bekannte Beispiele sind *Anolis alutaceus*, *Anolis ch. chrysolepis* (WEYGOLDT 1984), *Anolis roquet summus*, *Anolis s. sagrei* und *Anolis wattsi*. Die Jungtiere gleichen häufig in bezug auf die Zeichnung und Färbung den Adulti. Seltener kommt die weibliche Morphe vor, wie z. B. bei *Anolis bartschi* (FLÄSCHENDRÄGER 1988 b), wo sich die Männchen erst mit dem Erreichen der Geschlechtsreife (Fertilität) umfärben. Auch bei *Anolis cupreus dariense* aus Nicaragua tritt bei den männlichen Tieren mit der Geschlechtsreife eine komplette Umfärbung ein. Die anfänglich unterbrochene Helldunkelfärbung im Dorsolateralbereich wird von einer kontrastreichen Längsstreifung abgelöst. Die Weibchen hingegen zeigen keinen altersabhängigen Farbwechsel. Beim genaueren Beobachten und Vergleichen von gleichgefärbten Geschlechtern lassen sich manchmal doch feine Unterschiede erkennen. Als Beispiel hierfür sei *Anolis opalinus* aus Jamaica genannt. Auf der Schwanzbasis findet sich bei den Weibchen dorsal eine deutliche weißliche Pfeilzeichnung, wohingegen die Männchen nur eine unvollständige V-förmige Bindenzeichnung haben. Ob diesem Unterschied bei der Geschlechtserkennung eine entscheidende Rolle zukommt, ist noch nicht bekannt.

Zum Abschluß sollen auch die eigenartigen Schnauzenfortsätze der *laevis*-Gruppe erwähnt werden (PETERS & ORCÉS-V. 1956, WILLIAMS 1979). Zu ihr gehören die südamerikanischen Arten *Anolis laevis*, *Anolis phyllorhinus* und *Anolis proboscis*. Vor allem die Männchen (soweit bekannt ist) besitzen einen verlängerten Schnauzenfortsatz, der aus nur einer Schuppe bei *Anolis laevis* und aus mehreren bei den übrigen beiden Arten (siehe Zeichnung) besteht. Über die Funktion dieser Fortsätze ist noch nichts bekannt.

Schnauzenfortsätze bei der *Anolis laevis*-Verwandtschaftsgruppe (nach WILLIAMS 1979, verändert).

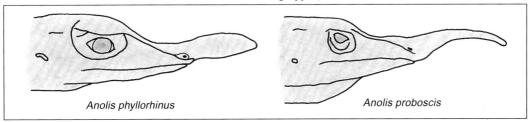

7. Beobachtungen in Heimatbiotopen

7.1 Kleine Antillen

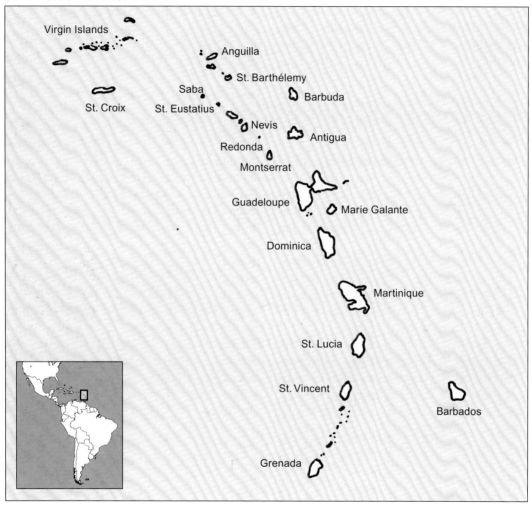

Jahrzehntelang stammten die im Terrarium gepflegten *Anolis*-Arten tropischer Herkunft fast ausschließlich von den Kleinen Antillen. Obwohl weitere Arten aus anderen Regionen nach Europa kamen, gehören auch heute noch die *Anolis* aus der *roquet*- und *bimaculatus*-Verwandtschaftsgruppe wegen ihrer einfachen Haltung und Vermehrung, ihrer leuchtenden Farben und ihres interessanten Verhaltens zu den häufigsten Saumfingern in menschlicher Obhut.

Ihre große Beliebtheit hat noch weitere Ursachen. Zum einen waren die Kleinen Antillen die am leichtesten zugängliche Region innerhalb der Karibik; zum andern kommen gerade auf diesen Inseln *Anolis* massenhaft vor. Meistens reichen wenige Schritte von der Flugzeugtreppe bis zu den Zierbepflanzungen an den Flughafengebäuden aus, um die ersten *Anolis* zu sichten. Man ist erstaunt, wie zahlreich *Anolis* an von Menschenhand geschaffenen Stellen zu finden sind. Dies ist nur durch ihre hohe Anpassungsfähigkeit möglich. Die gute Haltbarkeit dieser Saumfinger im Terrarium wird dadurch zwar sehr vereinfacht, jedoch ist ohne weitergehendes Wissen über das Leben im natürlichen Habitat eine erfolgreiche Pflege und kontinuierliche Nachzucht nicht möglich.

Unter den „Kleinen Antillen" versteht man die Inselgruppe, die sich von den Jungferninseln, östlich von Puerto Rico, nach Süden bis nach Trinidad erstreckt. Dieser Archipel besteht aus rein ozeanischen Inseln, die zwar untereinander während der Eiszeiten teilweise miteinander verbunden waren, aber nie als Ganzes bestanden oder mit anderen Landmassen eine Einheit gebildet haben.

Die Inselreihe, die die Karibik vom Atlantik scheidet, setzt sich aus zwei Zyklen zusammen: der jüngeren, inneren und karibischen Reihe, bestehend aus Vulkanen, sowie der älteren, äußeren und atlantischen Inselkette, die auf vulkanischem Fundament eine Überdeckung aus ozeanischem Kalksediment trägt. Die Vulkankette, in der noch einige Krater aktiv sind, verläuft von Saba im Norden bis einschließlich Grenada im Süden. Es sind hoch über die Meeresoberfläche herausragende Berge mit Gipfeln bis zu 1000 m ü. NN auf den kleineren Inseln sowie bis zu 1400 m ü. NN auf den größeren Inseln. Die östliche Reihe ist nicht so lang. Sie beginnt mit dem Felsen Sombrero und findet ihren Abschluß mit Marie Galante, wenig südlich von der Doppelinsel Guadeloupe, wo beide Inselketten nur noch durch eine „rivière salée" getrennt sind. Diese Inseln sind bedeutend flacher mit Erhebungen bis ca. 400 m ü. NN.

Im ganzen Gebiet weht ein ständiger Passatwind, der von Nordosten kommt. Kumuluswolken bilden sich in ca. 650 m Höhe, wodurch die höheren westlichen Inseln feuchter sind und mehr Niederschlag erhalten als die ziemlich sonnigen und verhältnismäßig trockenen östlichen. Im Tiefland herrschen Temperaturen von 20°C nachts, bis zu 35°C am Tage (durchschnittlich 27,5°C). Bewölkungen und Steigungsregen bilden für diejenigen Inselteile entscheidende klimatische Elemente, die eine Höhe von 600 m ü. NN erreichen. Trifft dies zu, so sind die östlichen Berghänge feucht und beregnet, während die Westhänge im Regenschatten liegen. Nördliche und südliche Ausläufer sind wolkenlos sonnig und trocken. Diese Situation bedingt, daß die zumeist östlichen flachen Inseln klimatologisch sehr einförmig sind, während das Wetter der westlichen von der einen zur anderen Seite stark variiert, was natürlich Auswirkungen auf die Flora und Fauna hat. Auf diesen Inseln bilden die *Anolis*-Arten klimatisch bedingt deutlich unterschiedene Lokalformen (LAZELL 1972).

Der Vollständigkeit halber sind noch zwei Inseln zu betrachten, die abseits der kleinantillianischen Reihe liegen und anderer geologischer Herkunft sind: St. Croix im Nordwesten des Bereiches und Barbados im Südosten. Diese nur hügeligen Inseln beherbergen *Anolis*-Arten, die direkt mit denen der Kleinen Antillen verwandt sind.

Ganz anders als auf den Großen Antillen, kommen *Anolis* auf den Kleinen Antillen meist nur in einer einzelnen Art vor. In der Regel bewohnt eine solche Art mehrere Inseln auf ein und derselben submarinen Bank, die also während der Eiszeit Landverbindung hatten. Die evolutionäre Differenzierung ist seitdem nicht groß genug gewesen, um Unterschiede auf Art- oder Unterartniveau hervorzurufen. Das natürliche Auftreten einer zweiten Art kommt, neben rezenten Fällen von Einschleppung, nur ausnahmsweise vor. Wo dies der Fall ist, wird angenommen, daß diese Inseln von zwei verschiedenen Ausgangsformen kolonisiert worden sind, wobei sich die beiden divergent entwickelt haben (LAZELL 1972). So tritt auf einer Zahl von Inseln, wo Arten der *bimaculatus*-Gruppe als große, baumbewohnende Formen leben, der kleinere und mehr bodengebundene *Anolis wattsi* als zweite Art auf. Ähnlich sieht es auch auf St. Vincent (*Anolis griseus* und *Anolis trinitatis*) und Grenada (*Anolis richardi* und *Anolis aeneus*) aus, wo sich aus zwei „Besiedlungen" je zwei unterschiedliche Arten aus der *roquet*-Gruppe mit beträchtlichem Größenunterschied entwickeln konnten.

Die Saumfinger der Kleinen Antillen sind flinke, zumeist mittelgroße, farbenfrohe und auffallend gezeichnete Tiere mit einer überwiegend arboricolen Lebensweise. Weitaus geringer ist die Zahl der Arten, die mehr kryptisch in ihrer Erscheinung sind und so in ihre Umwelt integriert kaum auffallen. Oftmals steht eine solche Färbung im Zusammenhang mit einer terrestrischen oder petricolen Lebensweise mangels Sträuchern und Bäumen. Große Populationen sind vor allem im Tiefland zu finden.

Wo es Berge gibt, dringen *Anolis* in Höhen von 700-800 m ü. NN vor, meist als deutlich montane und der Heliothermie (von der Sonnenwärme abhängige) angepaßte Formen. Sie sind gekennzeichnet durch intensive, permanente Schwarzfärbungen.

Ganz auffallend auf den Kleinen Antillen ist, daß die hohen Inseln wie Guadeloupe, Martinique und Dominica infolge klimatologischer Einflüsse so unterschiedliche Erscheinungsformen innerhalb einer Art hervorgebracht haben, daß dies zur Unterscheidung von Unterarten führte (LAZELL 1972). Ähnliche landschaftsgebundene Variationen zeigen aber auch Inseln wie St. Lucia, St. Vincent und Grenada sowie, nicht ganz so ausgeprägt, auch St. Kitts und Montserrat.

Alle *Anolis* nördlich von Martinique gehören zur *bimaculatus*-Gruppe, alle übrigen von Martinique bis einschließlich Grenada zur *roquet*-Gruppe. Die *bimaculatus*-Gruppe unterscheidet sich äußerlich durch einen mehr lateral abgeflachten Körper, längere Extremitäten, eine schwächere Nackenpartie sowie durch ihr aggressiveres Verhalten von der *roquet*-Gruppe.

7.2 Kuba (Große Antillen)
Einnischung und Sympatrie bei Anolis

Kuba ist aus mehreren Gründen ein Paradebeispiel für die enorme Vielfalt innerhalb der Gattung *Anolis*. Zum ersten sei die Größe der Insel genannt, die für eine evolutionäre Aufspaltung erforderlich ist. Ein hohes geologisches Alter, verbunden mit einer abwechslungsreichen Topographie, trug ebenfalls zur Speziation (Artenbildung) bei (TERBORGH 1993). Wichtig erscheint hierbei auch der geringe Konkurrenzdruck seitens anderer Tiergruppen. So findet man auf Kuba nur wenige, z. T. recht ursprüngliche Säugetiere. Die Gebirgszüge der Insel beherbergen fast alle jeweils ihre eigene endemische *Anolis*-Art. Die-

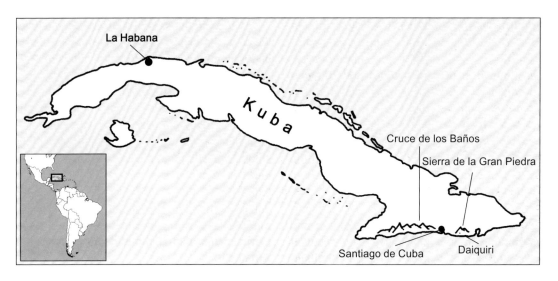

se zeichnen sich meist durch eine geringe Anpassungsfähigkeit aus und werden geographisch durch Temperatur- oder Feuchtigkeitsschranken isoliert. Andere Arten dagegen waren anpassungsfähiger und konnten die gesamte Insel besiedeln. Durch eine Spezialisierung bzw. Einnischung gehen sich die einzelnen Arten aus dem Weg, um dem Konkurrenzdruck auszuweichen. An Hand von drei unterschiedlichen Gebieten, die einer der Autoren (FLÄSCHENDRÄGER) besuchen konnte, soll dies nachfolgend veranschaulicht werden.

Daiquirí liegt ca. 35 km östlich von Santiago de Cuba an der Karibikküste in der gleichnamigen Provinz. Klimatisch gehört dieses Gebiet mit durchschnittlich 28°C zu dem wärmsten und trockensten Teil Kubas. Die jährliche Niederschlagsmenge beträgt ca. 700 mm. Daiquirí liegt im Regenschatten der Sierra Maestra. Die Regenzeit beginnt im April und endet im Oktober, wobei zwischen diesen Zeiten noch eine Trockenphase liegt. Charakteristisch für den südöstlichen Küstenbereich sind die Korallenkalkterrassen, die durch ihre Porosität kaum Niederschlagswasser speichern und so nur eine Sukkulenten-Dornbusch-Vegetation aufkommen lassen (BORHIDI 1991).

An *Anolis*-Arten kommen in der Nähe menschlicher Siedlungen häufig *Anolis porcatus* (VERGNER & POLAK 1990) und *Anolis s. sagrei* vor. Durch ihre Anpassungsfähigkeit sind beide Arten geradezu allgegenwärtig auf Kuba. Während *Anolis porcatus* größere Bäume, blühende Sträucher und Hauswände bevorzugt, findet sich *Anolis s. sagrei* mehr auf dem Bodengrund, an Legesteinmauern und Zaunpfählen, in offenen Landschaften und Parkanlagen. Beide Arten kann man zu Recht als „Kulturfolger" bezeichnen.

Im primären Sukkulenten-Dornbusch, zumeist in der Nähe von kleinen Wasserläufen, löst *Anolis h. homolechis* den sonst überall vorkommenden *Anolis s. sagrei* ab. Wie schon PETERS & SCHUBERT (1968) bemerkten, ist *Anolis h. homolechis* an lichte Wälder gebunden. Adulte Männchen besiedeln in ca. 2 m Höhe die Baumstämme, während die Weibchen häufiger auf dem Bodengrund zu beobachten sind. In Gebieten, die den ökologischen Anforderungen von *Anolis h. homolechis* gerecht werden, wird somit infolge der Konkurrenz

Anolis s. sagrei verdrängt (SAMPEDRO MARÍN, BEROVIDES ÁLVAREZ & RODRÍGUEZ SCHETTINO 1982).

An dünnen Ästen, Sträuchern und Bäumen, die nicht von *Anolis s. sagrei* oder *Anolis h. homolechis* okkupiert wurden, trifft man *Anolis centralis litoralis* an. Diese kleine Art ist nicht leicht zu entdecken. Hierfür scheint zum einen die perfekte Tarnung verantwortlich zu sein, zum anderen auch der Konkurrenzdruck der größeren Verwandten. Interessant ist weiterhin die Tatsache, daß dieser Endemit des südöstlichen Küstengebietes während des Tages kaum gefunden wurde. Die Tiere scheinen sich zu dieser Zeit in den höheren Regionen der Bäume aufzuhalten. Nur am frühen Morgen und spät am Nachmittag konnten einige wenige Exemplare an der Stammregion beobachtet werden. Ob dieses Verhalten mit dem tageszeitlich unterschiedlichen Futterangebot oder der Thermoregulation zusammenhängt, konnte nicht ergründet werden. Zumindest zeigt dieses Verhalten deutlich, daß die Strategie des Überlebens bei kleineren Arten komplizierter ist und wir bisher wenig davon wissen. Da *Anolis centralis litoralis* entweder einzeln oder paarweise angetroffen wurde, bot sich ein Experiment an. Das Männchen eines standorttreuen Paares wurde gefangen, um es in einiger Entfernung wieder auszusetzen. Nach drei Tagen wurde am Baum mit dem verbliebenen Weibchen ein junges Männchen, das noch nicht völlig ausgewachsen war, angetroffen. Der Versuch zeigt deutlich, wie schnell ein „freies Territorium" wieder besetzt wird, selbst bei anscheinend geringer Populationsdichte.

Von den Riesen der Gattung *Anolis* kommt in dieser Landschaft nur *Anolis s. smallwoodi* vor. Wenn auch andere Arten der Riesenanolis zu Kulturfolgern geworden sind, trifft dies auf den im südöstlichen Kuba endemischen *Anolis s. smallwoodi* nur begrenzt zu. Große und hohe Bäume, die bevorzugten Aufenthaltsorte von Riesenanolis, findet man kaum. Für einen so stattlichen Vertreter bietet die recht karge und extrem trockene Umgebung wenig Nahrung. Aus diesen Gründen finden sich auch nur recht wenige Exemplare, zumeist einzeln und großräumig verteilt. Sie leben an den bis 5 m hohen und dünnstämmigen Dornbüschen. Die Nahrung soll nach SCHWARTZ & HENDERSON (1991) auch aus vegetarischer Kost, wie z. B. Opuntienfrüchten, Blüten und diversen Früchten bestehen. Ansonsten stellen die großen *Anolis* hauptsächlich ihren kleineren Verwandten nach.

Eine weitere spezialisierte Art, die in den stark zerklüfteten Korallenkalk-Felsformationen günstige Bedingungen vorfindet, ist *Anolis argenteolus*. Sein Biotop sind die schattigen Schluchten mit höherer Luftfeuchtigkeit. Die Hauptaktivität liegt in den frühen Morgen- und den Spätnachmittagstunden. Zu diesen Zeiten findet man die äußerst agile Art auch an Hauswänden und vereinzelt an beschatteten Bäumen. Die Populationsdichte ist jedoch im Felshabitat größer; wahrscheinlich weil andere *Anolis*-Arten dort kaum zu finden sind. Dem Konkurrenzdruck weicht dieser Nischenbesetzer mit der Wahl des Substrates, der Aktivitätszeit und der schattenliebenden (umbraphilen) Lebensweise aus. Als besondere Anpassung gilt die bereits erwähnte Transparenz von zwei Unteraugenlidschuppen.

Interessant ist das sympatrische Vorkommen von *Anolis alutaceus* und *Anolis h. homolechis* bei gleichzeitigem Ausschluß des Nebeneinandervorkommens an ein und derselben Stelle, was als Allotopie (MAYR 1975) bezeichnet wird.

Zu dieser Entwicklung kam es in der Sierra de la Gran Piedra auf etwa 1000 m ü. NN. Bei diesem Gebirge handelt es sich um den östlichsten isolierten Ausläufer der Sierra Maestra. Ab ca. 800 m ü. NN hat sich in diesem Gebiet ein montaner Nebelwald, begünstigt durch eine jährliche Niederschlagsmenge von über 2000 mm, entwickeln können. Es herrschen Temperaturen von 20°C im Jahresmittel (BORHIDI 1991). Frühmorgens treten nicht selten Temperaturwerte unter 18°C auf. An mikroklimatisch begünstigten Stellen bei schwacher Bewölkung am Tage sind dagegen 30°C meßbar.

In dieser Höhe konnte weder *Anolis s. sagrei* noch *Anolis porcatus* gefunden werden, so daß andere Arten deren Platz einnehmen konnten. Die für diese Höhe typischen Bestände an Pinien (*Pinus maestrensis*) bieten in sonniger Lage einen bevorzugten Aufenthaltsort für *Anolis h. homolechis*. Die Männchen sind ebenso wie im Tiefland in etwa 1-2 m Höhe anzutreffen. Dabei fällt ihre fast pechschwarze Färbung auf. Vielleicht dient sie der besseren Ausnutzung der Sonnenstrahlung. Da die Weibchen offenbar dem kühleren Mikroklima der üppig entwickelten Krautschicht entfliehen, konnten sie, im Gegensatz zum Tiefland, auch öfters an Baumstämmen beobachtet werden. *Anolis h. homolechis* ist die häufigste Art seiner Größe in diesem Gebiet. Da in das Beutespektrum von *Anolis h. homolechis* passende Insekten recht selten vorkommen und das Jagdrevier auf den Baumstammbereich beschränkt zu sein scheint, konnten sich kleinere *Anolis*-Arten nur die ökologische Nische der dichten Krautschicht bzw. der sehr dünnen Strauchvegetation erobern. Kleinste Fliegen und andere Wirbellose, die sich hier aufhalten, sind für die relativ schweren und gedrungenen *Anolis h. homolechis* kaum erreichbar. Auch scheint es, daß *Anolis h. homolechis* in den Höhenlagen nur regional an sonnenexponierten Stellen günstige Lebensbedingungen vorfindet und somit seiner Ausbreitung Grenzen gesetzt sind. *Anolis alutaceus*, eine Grasanolis-Art, ist dagegen an diesen Kraut-Biotop bestens angepaßt. Die Tiere sind bei einer geringen Größe und Masse schlank und grazil gebaut. Sie können sich geschickt auf den dünnsten Grashalmen und Krautstengeln fortbewegen, ohne daß diese nachgeben. Mit ihren gut entwickelten Sprungbeinen schnellen sie wie kleine Pfeile durch das dichte Unterholz und können so auch fliegende Insekten zielsicher erbeuten. Einen bevorzugten Aufenthaltsort für *Anolis alutaceus* stellen die Mittelrippen der großen Baumfarnwedel (*Cyathea* spp.) dar, die in dieser Höhenlage oft zu finden sind. Sein Lebensraum beschränkt sich somit mehr auf den beschatteten und feuchtkühleren Unterwuchs der Pinien-Bestände. Eine gewisse partielle Besonnung, wie sie in Hanglage oder an Waldrändern zu finden ist, wirkt sich positiv auf die Populationsdichte aus.

Fast die gleiche ökologische Nische, wie sie *Anolis alutaceus* besetzt, wurde von einem weiteren Grasanolis bevölkert, und zwar von *Anolis mimus*. Diese spezialisierte Art kommt nur ab ca. 1000 m ü. NN vor und dürfte damit einen recht geringen Toleranzbereich gegenüber veränderlichen Umweltbedingungen haben (stenopotent). Vereinzelt konnte *Anolis mimus* im gleichen Biotop wie dem von *Anolis alutaceus* beobachtet werden. Die Populationsdichte stieg aber erst in ganz typischen Lebensräumen enorm an. Dies sind besonnte Hänge mit vereinzelten Pinien und einer dichten Trockengrasvegetation. Die Bezeichnung „Grasanolis" ist für *Anolis mimus* noch treffender als für den mehr im krautigen Unterwuchs lebenden *Anolis alutaceus*. Diese Art ist auch stärker heliophil, und es scheint, daß *Anolis alutaceus* nicht in die eigentlichen Biotope von *Anolis mimus* vordringt. Dieses Beispiel zeigt, wie sich recht ähnliche Arten die

Sierra de la Gran Piedra in ca. 1000 m ü. NN (Provinz Santiago de Cuba). Lebensraum von **Anolis alutaceus**, **Anolis homolechis homolechis** und **Anolis mimus**. Foto: A. Fläschendräger

unterschiedlichen mikroklimatischen Verhältnisse aufteilen. *Anolis mimus* ist der Lebensweise im hohen Gras durch seine mehr schlangenartig anmutende Fortbewegung, die ihm der extrem lange Schwanz ermöglicht, perfekt angepaßt. Dazu kommen die grazile Gestalt und eine dem Gras angeglichene Linienfärbung, so daß es schon einiger Übung bedarf, um die Tiere im Biotop zu entdecken.

Als ein äußerst interessantes Beobachtungsgebiet hat sich ein auf ca. 500 m ü. NN gelegener kleiner Wasserfall (El Saltón) an den nördlichen Hängen der Sierra Maestra bei Cruce de los Baños (Provinz Santiago de Cuba) erwiesen. Auf engstem Raum wurden 7 *Anolis*-Arten angetroffen. Das Gebiet wird von einem kleinen Flußlauf durchzogen, der wie ein „Kühlkorridor" innerhalb des Großklimas wirkt und sicher das Vorkommen von so vielen Arten begünstigt. Weiterhin liegt das eine Ufer bei einer recht starken Hangneigung im Schatten von großen Bäumen, wohingegen das andere Ufer stark besonnt ist und allmählich ansteigt. Die unterschiedliche Sonneneinstrahlung wirkt somit habitatsbegrenzend. Schon COLLETTE (1961) befaßte sich mit der Einnischung verschiedener *Anolis*-Arten in der Provinz La Habana. Auf die unterschiedliche Sonneneinstrahlung als Habitatsabgrenzung geht er allerdings nicht ein, obwohl diese, wie nachfolgend aufgezeigt werden soll, einen nicht unwesentlichen Einfluß haben kann. Die Vegetation dieses Gebietes bildet ein submontaner Regenwald. Besonders auf der schattigen Hangseite wurden große und alte Baumbestände mit einer reichen

Der Wasserfall „El Saltón" bei Cruce de los Baños am Nordhang der Sierra Maestra (ca. 500 m üNN), Kuba.
Foto: A. Fläschendräger

epiphytischen Flora vorgefunden. Größere Steinblöcke, umwachsen von *Cyperus*-Beständen, grenzen an den Wasserlauf. Die sonnigere Uferseite ist von licht stehenden Pinien und kleineren Gehölzen bewachsen. Auf dieser Seite finden sich auch Zäune und bewohnte Hütten, an denen *Anolis porcatus* und *Anolis s. sagrei* als typische Kulturfolger zu finden sind. Beide Arten profitieren von den reichlich vorhandenen Fliegen und anderen Insekten, die durch Küchenabfälle von in der Nähe liegenden menschlichen Siedlungen angelockt werden. Besonders *Anolis porcatus* war in hoher Individuenzahl anzutreffen und dürfte auch der geschicktere Fliegenjäger von beiden Arten sein. Bereits etwa 100 m weiter in Richtung Flußverlauf beginnt an den lichten Baumbeständen der Biotop von *Anolis h.*

homolechis. Die Männchen okkupieren fast jeden Stamm, wenn dieser nur sonnig genug steht. Auch die Weibchen sind unmittelbar an der Stammbasis bzw. nicht weit entfernt von dieser am Bodengrund zu finden. Obwohl die Population von *Anolis s. sagrei* nicht weit entfernt an den Zäunen und größeren Steinen zu beobachten ist, scheinen die Tiere wiederum nicht in den lichten Wald zu der *Anolis h. homolechis*-Population einzudringen. Beide Arten zählen nach PETERS & SCHUBERT (1968) zu den Bodenanolis. *Anolis allogus*, der dritte Vertreter dieser Gruppe, findet auf der schattigen Uferseite zusagende Bedingungen. Die Art orientiert sich hierbei wohl auch an dem Flußlauf. Der Biotop zeichnet sich durch große moosbewachsene Steine aus, die unmittelbar bis zum Wasser reichen. Die Luftfeuchtig-

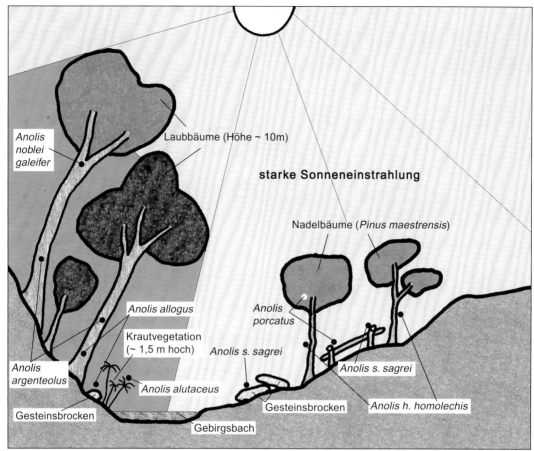

Biotopwahl und Einnischung bei kubanischen Anolis-Arten in der Sierra Maestra (Cruce de los Baños, ca. 500 m ü. NN, Provinz Santiago de Cuba)

keit erreicht durch die Wassernähe und die schattige Lage auch tagsüber 90%. Die Männchen sitzen auf erhöhten Stellen an den Felsblöcken oder an der Stammbasis, wobei die attraktive Kehlfahne beim Imponiergehabe weithin sichtbar ist. Im feuchten Laub oder an den bemoosten Steinen sind die Weibchen zu finden; in diesem Milieu sind Weibchen der anderen Bodenanolis-Arten selten zu beobachten. Im gleichen Uferbereich an den *Cyperus*-Beständen und an langstengligen Rötegewächsen (*Rubiaceae*), die von *Anolis allogus* kaum erkletterbar sind, ist *Anolis alutaceus* anzutreffen. Diese Grasanolis leben förmlich nur wenige Zentimeter über der *Anolis allogus*-Population. Beide Arten sind somit allotopisch und wieder ein gutes Beispiel für ein „konkurrenzloses" Nebeneinander. Denkbar ist natürlich, daß die viel kleineren *Anolis alutaceus* bei „Unachtsamkeit" zum Beutespektrum der Bodenanolis gehören.

Im Biotop am beschatteten Hang konnten weiterhin in einigen Metern Höhe vereinzelt *Anolis argenteolus* ausfindig gemacht werden.

Die Populationsdichte schien aber nicht sehr hoch zu sein. Nur etwa an jedem zehnten Baum wurden *Anolis argenteolus* als Einzelindividuen oder paarweise gesichtet. Die Art dürfte somit im Primärwald nur eine untergeordnete Rolle spielen.

Als Vertreter der Riesenanolis konnte im Gebiet ein Exemplar von *Anolis noblei galeifer* in ca. 6 m Höhe entdeckt werden. Die perfekte Tarnung und die langsame Bewegungsweise macht es fast unmöglich, die Tiere in den hohen Laubbäumen ausfindig zu machen. Außerdem wechseln sie bei der kleinsten Beunruhigung auf die vom Betrachter entgegengesetzte Seite des Stammes. Obwohl *Anolis noblei galeifer* eher selten beobachtet werden kann, ist diese Art den Einheimischen gut bekannt.

7.3 Die venezolanischen Inseln mit Bonaire, Curaçao und Aruba
„Ein vergessener Archipel"

Im Trockengebiet, das sich entlang der Nordküste Südamerikas zwischen den Mündungen von Orinoko und Magdalena erstreckt, befindet sich eine Reihe von vorgelagerten Inseln, die meist aufgrund ihrer Lage, geologischen Entstehungsgeschichte und Lebensgemeinschaften zum südamerikanischen Festland gerechnet werden. „Vergessen" sind sie in dem Sinne, daß sie fast nie zu den Antillen gerechnet werden und normalerweise in Arbeiten über Südamerika unerwähnt bleiben. Immerhin handelt es sich um einen Archipel, der in botanischer und zoologischer Hinsicht etwa gleichermaßen westindische und südamerikanische Elemente und dazu noch einige höchst bemerkenswerte Endemiten aufweist (WAGENAAR HUMMELINCK 1940, STOFFERS 1956). Diese Situation trifft auch auf die uns hier interessierenden *Anolis* zu.

Die Inseln sind trocken und vegetationsarm. Es fällt kaum mehr Regen als über dem offenen Meer, und sie haben kaum wasserspei-

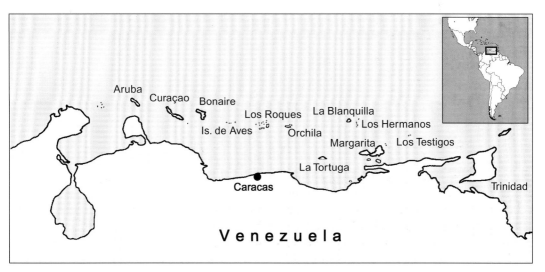

Biotop von ***Anolis lineatus*** mit Beständen von *Acacia* sp. und *Cereus repandus* bei Santa Martha auf Curaçao. Weibchen von ***Anolis lineatus*** im Biotop auf Aruba. Fotos: L. C. M. Wijffels

chernde Böden, so daß sich eine ausgesprochen wüstenähnliche Vegetation herausgebildet hat. Die Inselreihe, die im Osten mit den kleinen Los Testigos in der Höhe von Carúpano (Provinz Sucre) nahe des Festlands beginnt und in über 800 km Entfernung im Westen mit den noch winzigeren Los Mongos etwa 25 km östlich von der Halbinsel La Guajira endet, setzt sich hinsichtlich Größe und Bodenbeschaffenheit aus recht unterschiedlichen Inseln zusammen. Gemein haben sie fast alle ein vulkanisches Fundament aus der Zeit der Unter-Kreide bis zum frühen Tertiär, als sich durch Brüche und Faltungen in der Erdkruste Höhen formten, die in späterer Zeit teilweise mit Sedimenten, Konglomeraten, Korallenkalkstein und Tuffstein aus vulkanischer Asche abgedeckt wurden. Im allgemeinen zeigen sich Inseln mit stellenweise harter Lavaformation, die durch Sandsteinschollen mit Korallenkalksteinabdeckungen unterbrochen sind.

Kontinental, in bezug auf die Fauna, sind im Osten Isla Margarita, Coche und Cubagua; weniger La Tortuga, Orchila und La Blanquilla sowie die Gruppen von kleineren Inseln wie Los Frailes, Los Hermanos und Los Roques. Weiter westlich liegen die kaum 5 m hohen Los Aves und ferner die niederländischen Inseln Bonaire, Curaçao und schließlich Aruba, ganz nahe an der Halbinsel Paraguana. In diesem westlichen Teil des Archipels treten - unter den Reptilien nur bei Echsen - Endemiten verschiedener Herkunft auf.

Klimatologisch gesehen hat das ganze Gebiet Steppencharakter mit 300-700 mm Niederschlag pro Jahr. In ganz flachen Gebieten ist es trockener, und dort, wo es Berge gibt, ist es feuchter. Größere Erhebungen bis ca. 1000 m ü. NN gibt es in der ganzen Reihe nur auf Isla Margarita. Weitere Berge sind der Tamarindo auf den Los Testigos (ca. 200 m ü. NN) und der Christoffel auf Curaçao (ca. 300 m ü. NN), die als „feuchte Inseln" in einem trockenen Gebiet Endemiten beherbergen. Hier herrschen bei ständig leichter Bewölkung durchschnittliche Temperaturen von 27,5°C bei 45-75% Luftfeuchtigkeit. Die Regenzeit dauert von Februar bis September, wobei auch Jahre ohne merklichen Niederschlag vorkommen. Niederschläge fallen meist als kurzfristiger Platzregen. Das Wasser fließt, bedingt durch die Bodenporosität, den kargen Bewuchs und die dünne oder fehlende Grundschicht, zum größten Teil direkt ins Meer ab.

Die Tierwelt dieser festlandnahen Inseln ist besonders interessant. In ihr sind „moderne südliche", „alte südliche" und „alte nördliche" Elemente vertreten. „Modern" sind die Arten, die auch auf dem südamerikanischen Festland vorkommen, oder denen dort eng verwandte Formen entsprechen. Die Herpetofauna des östlichen Teils - Isla Margarita, Coche, Cubagua, Los Frailes und Los Testigos - stellt sich fast ausschließlich aus solchen „modernen" Arten zusammen. Bei den „älteren" Elementen handelt es sich um Endemiten wahrscheinlich südamerikanischer Herkunft neben anderen Endemiten antillianischen Ursprungs. Diese markieren den zentralen und westlichen Teil des Archipels. Als Besonderheit sei erwähnt, daß die seit dem späten Tertiär in Isolation befindlichen Echsenformen auf den kleineren Inseln dunkle Formen (melanistische Populationen) hervorgebracht haben. Dies gilt für *Anolis blanquillanus*, aber auch für andere Echsen, wie z. B. den Grünen Leguan *Iguana iguana* und Arten der Gattung *Cnemidophorus*. Diese ausführlichen Schilderungen sollen verdeutlichen, wie komplex und verwirrend gerade verwandtschaftliche Beziehungen der Reptilienfauna bzw. deren Ursprung auf kleinen Inselgruppen sein können.

Die uns hier interessierenden *Anolis*-Arten gehören interessanterweise drei ganz verschiedenen Verwandtschaftsgruppen an. *Anolis onca* von Isla Margarita ist eine Festlandform mit Verbreitung in Nord-Venezuela und Nordost-Kolumbien (La Guajira). Sie ist, wie alle anderen noch folgenden Arten der Inselgruppe, stark vegetationsgebunden und damit in ihrer Verbreitung beschränkt. Sie lebt in niedriger Strand- und Küstenvegetation über reinen Sandböden (siehe Artenteil).

Anolis lineatus von Aruba und Curaçao zeigt verwandtschaftliche Beziehungen zu südamerikanischen Arten der *chrysolepis*-Gruppe.

Obwohl bisher keine Unterarten beschrieben wurden, lassen sich die *Anolis* nach ihrer Herkunft von Aruba und Curaçao gut unterscheiden. Arubanische Exemplare besitzen eine deutlichere Querbandzeichnung und intensivere Farben der spreizbaren Kehlhaut. *Anolis lineatus* ist ein typischer Baumbewohner, der bei günstiger Strauch- und Baumvegetation überall, aber nur in geringer Individuenzahl anzutreffen ist. Wo Menschen um ihre Häuser gutbewachsene Gärten angelegt haben, die durch viel Schatten und Kühlung sowie durch reichlich Nahrung begünstigte Aufenthaltsmöglichkeiten bieten, zeigen sich die Tiere in größerer Populationsdichte.

Anolis bonairensis von Bonaire ist antillianischen Ursprungs, mit nahen Verwandten auf den südlichen Antillen (*roquet*-Gruppe). Von WAGENAAR HUMMELINCK (1940) wurde eine auf La Blanquilla und Morro Fondeadero (Los Hermanos) größer werdende und auf Kopf und Vorderrücken stärker melanistische Form als *Anolis bonairensis blanquillanus* beschrieben, die heute als selbständige Art aufgefaßt wird. Die Tiere führen eine arboricole Lebensweise.

7.4 Zentralamerika

Die *Anolis*-Fauna von der Landbrücke, die Nord- und Südamerika verbindet, zeigt bei grober Betrachtung gewisse Ähnlichkeiten mit der von den Großen Antillen. Auch aus diesem Gebiet sind mannigfaltige Formen bekannt, wie große, mittelgroße und kleine Arten, Hoch- und Tieflandformen sowie spezialisierte Nischenbesetzer. Des weiteren ist auch die Aufspaltung in Lokalrassen zu beobachten. Die Situation insgesamt ist jedoch weitaus komplexer als die auf den größeren Inseln. In der Bruchzone, wo die Karibische Platte und die pazifische Kokosplatte aufeinanderstoßen, haben sich im Laufe von ca. 200 Millionen Jahren Gebirge geformt, die durch Anhebungen der Erdkruste und vulkanische Aktivitäten entstanden sind. Das Gebiet ist nicht immer ein geschlossenes Ganzes gewesen. Wiederholt war die Landmasse von Seestraßen unterbrochen, wobei sich gebirgige Teile als Inseln erhielten, um dann wieder zeitweilig (wie heute) durch Anhebung des Festlandes und Absenkung des Meeres eine durchlaufende Landverbindung zu formen. Für die Flora und Fauna von Zentralamerika ist diese Entstehungsgeschichte von entscheidender Bedeutung.

Im nördlichen Teil Zentralamerikas befinden sich einige Zentren, in denen sich in Perioden der Separation *Anolis*-Gruppen herausbildeten, die als zentralamerikanische Autochthonen („Ursprungs-*Anolis*") aufzufassen sind. Solche Zentren befinden sich in der Gebirgsgegend von Süd-Mexiko, südlich vom Isthmus von Tehuantepec, im Massiv von Guatemala und Honduras und in dem von Kordilleren eingefaßten Hochland von Nicaragua. Von diesen Zentren aus haben sich die zentralamerikanischen *Anolis*-Arten - vor allem in südliche Richtung - verbreitet und weiter differenziert. Bis hierhin bestehen parallele Entwicklungsformen, wie wir sie von den Inseln Kuba und Hispaniola her kennen. Eine völlig andere Situation ergibt sich jedoch aus der Tatsache, daß in Zentralamerika ein Strom von Migranten (Einwanderern) dazu kam. Der Austausch bzw. die Wanderungen erfolgten von und nach Südamerika; im Süden stärker als im

Norden, da das Tiefland von Tehuantepec für die verhältnismäßig formenarme *Anolis*-Fauna des zentralmexikanischen Plateaus eine effektive Barriere bildet. Im südlichen Teil von Mexiko, der im biologischen Sinne zu Zentralamerika gerechnet wird, treten nur wenige *Anolis*-Arten auf, die Verwandtschaftsbeziehungen zu dem mexikanischen Formenkreis von *Anolis nebulosus* und *Anolis nebuloides* haben. Auf der Yucatán-Halbinsel ist diese Gruppe z. B. durch *Anolis sericeus* vertreten. Endemiten wurden z. B. von ÁLVAREZ DEL TORO & SMITH (1956), SMITH (1956) und SMITH & KERSTER (1955) aus den Bundestaaten Chiapas und Tabasco dokumentiert (*Anolis compressicaudus, Anolis matudai, Anolis parvicirculatus* und *Anolis pygmaeus*); neben geographischen Unterarten von Arten mit weiterer Verbreitung im Süden (z. B. *Anolis tropidonotus spilorhipis*). Mit den weitverbreiteten Arten Zentralamerikas, wie *Anolis biporcatus, Anolis capito, Anolis pentaprion* und *Anolis uniformis*, teilen sie ihre Umwelt auf: stenök die Endemiten, euryök die Einwanderer. Als erfolgreicher Migrant ist z. B. der größere, arboricole und für Zentralamerika typische *Anolis biporcatus* zu nennen. Diese Art konnte sich nördlich bis zum Isthmus von Tehuantepec und südlich bis nach Venezuela und Ecuador ausbreiten, wo sich eine eigene geographische Unterart - *Anolis biporcatus parvauritus* - herausbilden konnte (WILLIAMS 1966, 1970).

Auch vom nördlichen Südamerika aus konnten einige *Anolis*-Arten bis nach Panama und Costa Rica vordringen, wie z. B. *Anolis auratus, Anolis chloris, Anolis chocorum, Anolis frenatus, Anolis insignis, Anolis latifrons* und *Anolis microtus* (VILLA, WILSON & JOHNSON 1988).

Was versteht man nun unter Zentralamerika? Warum wird es trotz einer so großen Diversität von Landschaften und Klimata noch als Einheit betrachtet? Es ist die über zweitausend Kilometer lange, sich vollständig in der nördlichen Tropenzone erstreckende Landenge zwischen den pliozänen Brüchen von Tehuantepec in Süd-Mexiko bis hin nach Nordwest-Kolumbien (Río Atrato). Zwischen diesen beiden Grenzgebieten hat sich eine autochthone Fauna entwickelt und differenziert, um sich schließlich mit Einwanderern zu vermischen, die heute die unterschiedlichsten Landschaften bewohnen. Im Speziellen trifft dies auch für die *Anolis*-Arten zu.

Das ganze Gebiet läßt im Relief eine Drei- oder Mehrteilung erkennen; schmale oder breite Tieflandgebiete an den Meeresküsten, die voneinander getrennt werden durch Cordilleras, Sierras und Serranías mit Hochebenen und tiefen Tälern dazwischen. Unterschiedliche Biotope und Klimabereiche prägen das Gebiet. Einen starken Einfluß hat der aus Nordosten wehende Wind, der vom atlantischen Hoch zur intertropischen Konvergenzzone bei den Galápagos-Inseln verläuft. Er bestimmt Regenfall, Besonnung und Temperatur sowie Flora und Fauna. Mit Regenzeiten zwischen Mai und Oktober, die lokal 800-6500 mm Niederschlag bringen, kommt noch ein bedeutender Klimafaktor hinzu.

Leider sind die natürlichen Gegebenheiten von größeren Regionen in Zentralamerika durch menschliche Aktivitäten stark gestört worden. Durch Abholzungen und Agrarwirtschaft in der modernen Zeit, aber auch schon durch die Acker-Wald-Wechselwirtschaft in präkolumbianischer Zeit, hat sich der Lebensraum sehr verändert. Wald- und Feuchtgebiete sind zugunsten der Trockengebiete kleiner geworden. Die Folge ist, daß natürliche Vorkommen - auch der *Anolis*-Arten - stark geschädigt sind, zum Nachteil der stenöken und zum Vorteil der euryöken Arten.

Wer sich mit *Anolis*-Arten aus Zentralamerika beschäftigen möchte, muß sich bewußt sein, daß es in der gleichen Tropenzone neben den wärmebedürftigen Arten auch Vertreter gibt, die während der Nacht tiefere Temperaturen benötigen. Ihr Metabolismus ist nachts wegen der Kälte stark reduziert; ähnlich wie es bei montanen Kolibri-Arten der Fall ist. Arten wie z. B. *Anolis laeviventris* aus Südmexiko, *Anolis crassulus* aus Chiapas (Mexiko) und Guatemala, *Anolis tropidonotus* aus dem nördlichen Zentralamerika, *Anolis woodi* und *Anolis tropidolepis* aus Costa Rica und *Anolis vociferans* aus Costa Rica und Panama erreichen in ihrem Verbreitungsgebiet Höhen von ca. 1700-2000 m ü. NN. Solche montanen Arten sind problematisch in der Haltung, sofern es sich nicht um Exemplare aus Populationen der mittleren Höhenstufe handelt, wie sie z. B. bei *Anolis tropidonotus* vorkommen. Wir sind noch zu weit vom Verständnis ihrer Bedürfnisse entfernt, um sie erfolgreich halten und vermehren zu können.

Weniger problematisch, aber dennoch heikel, sind die Wasseranolis. Typische Biotope sind im Tiefland die Uferbereiche von Flüssen, die die „Kühlkorridore" der Waldzone darstellen. Sie leben an Geäst, Wurzelwerk, Steinen und Sumpfpflanzen unmittelbar am Wasser und machen Jagd auf Beutetiere über, auf oder unter der Wasseroberfläche. Außer den mit *Anolis lionotus* direkt verwandten Arten, wie z. B. *Anolis oxylophus, Anolis poecilopus, Anolis rivalis* und weiteren Arten in Südamerika (CAMPBELL 1973, MIYATA 1985, WILLIAMS 1984 b), kommen auch nichtverwandte Arten mit gleicher Lebensweise vor. Beispiele hierfür sind *Anolis aquaticus* an der pazifischen

Zentralamerika und pazifische Inseln

Küste von Costa Rica und Panama sowie *Anolis barkeri* von Veracruz im südostmexikanischen Tiefland.

In Zentralamerika gibt es einige *Anolis*-Arten, die im tiefen Schatten des Waldes leben. Durch das Meiden der Sonne unterscheiden sie sich von den oftmals sympatrisch vorkommenden Arten, die sich an Lichtungen und Waldgrenzgebieten aufhalten und somit mehr als „Sonnentiere" auftreten. Die heliophilen (sonnenliebenden) *Anolis*-Arten benötigen die Aufwärmung durch die Sonne am Morgen, um ihre ideale Aktivitätstemperatur zu erreichen (z. B. *Anolis limifrons*). Für die umbraphilen (schattenliebenden) und nicht heliothermen (nicht die Sonne zum Aufwärmen benötigenden) Arten reicht hingegen die Umgebungstemperatur vollkommen aus (z. B. *Anolis humilis*).

Es ist also wissenswert, daß auch in diesen Gebieten eine räumliche Trennung erfolgt, wobei es oft größere, rein arboricole Arten gibt, neben Arten, die sich in kleineren Sträuchern aufhalten und weiteren, die die Krautschicht bevorzugen oder fast rein terrestrisch vorkommen.

Es sind die vielen mikroklimatischen Faktoren, die entscheidend sind für das Vorkommen und die Artenvielfalt. Genaue Kenntnisse der natürlichen Lebensbedingungen sind darum zur Haltung und Vermehrung im Terrarium unerläßlich.

7.5 Pazifische Inseln

Anders als in der Karibik fanden *Anolis*-Arten im pazifischen Raum kaum eine Heimat. Abgesehen von einigen landnahen Inseln vor der Südküste Panamas, auf denen die gleichen Arten wie auf dem benachbarten Festland vorkommen, gibt es nur wenige Ausnahmen. Endemische Arten bzw. Unterarten konnten sich auf Isla Gorgona - *Anolis medemi* und *Anolis chloris gorgonae* - vor Kolumbien entwickeln (AYALA & WILLIAMS 1988, BARBOUR 1905). Bemerkenswert ist das Auftreten von zwei weiteren Endemiten, die sich auf vom Festland weit entfernten Inseln herausbilden konnten: *Anolis agassizi* von der Insel Malpelo (Kolumbien) und *Anolis townsendi* von der Cocos-Insel (Costa Rica). Die größte Inselgruppe in diesem Bereich, die Galápagos, sind ohne *Anolis* geblieben.

Bei *Anolis agassizi* und *Anolis townsendi* handelt es sich um zwei Arten unterschiedlicher Verwandtschaftsgruppen. *Anolis townsendi* von der Cocos-Insel zählt zur *chrysolepis*-Verwandtschaftsgruppe. Er bleibt mit einer KRL von ca. 50 mm recht klein. Durch die bessere Zugänglichkeit der Cocos-Insel ist die Art recht gut bekannt. Es handelt sich um eine vegetationsgebundene, recht arboricole *Anolis*-Art, die überall vorkommt, wo es größere Sträucher, Bäume und ausreichend Schatten gibt. TAYLOR (1956) fand die *Anolis* zahlreich an der küstennahen Waldgrenze und auf angespültem Material am Strand, wenn dieses im Schatten lag. Bei Störungen versuchten die Tiere auf Bäume zu fliehen. Weitere Berichte über *Anolis townsendi* stammen von CARPENTER (1965). Er beobachtete die Art in verschiedenen Biotopen. So fand er sie bis in eine Höhe von ca. 10 m an Baumstämmen und vermutete sie auch noch im Kronenbereich. Weiterhin untersuchte er das Drohverhalten in der Natur und in Terrarien in den USA. Seine Analysen erbrachten ein nicht sehr intensives, aber typisch anolines Verhalten. Die Weibchen zeigen keine Kehlfahne. Die verhältnismäßig niedrige Aktivitätstemperatur liegt bei 31°C. EIBL-EIBESFELDT (1966) berichtet über das Vorkommen in den unteren Vegetationszonen des Waldes, wo die *Anolis* durch Gras und über Zweige huschten.

Fast wie eine Mauer steigt der Felsenkomplex Malpelo aus dem Meer empor, der dadurch über den Seeweg kaum erreicht werden konnte. Er bietet durch seine rauhe, vegetationsarme Oberfläche zahlreichen Meeresvögeln Brutplätze und beherbergt außer den flinken *Anolis agassizi* noch eine riesige schwarze Echsen-Art (*Diploglossus millepunctatus*, Anguidae) sowie große Landkrabben. Die ersten Exemplare von *Anolis agassizi* wurden von ihren Sammlern von den steilen Felswänden geschossen, um sie dann aus dem Wasser zu fischen. Ein Landgang war früher nicht möglich. *Anolis agassizi* ist eine große Art, deren Männchen eine KRL von über 100 mm erreichen. Nach Untersuchungen von ETHERIDGE (1960) bestehen Beziehungen zur südamerikanischen *latifrons*-Verwandtschaftsgruppe. In den 70er Jahren konnte GORMAN Aufnahmen von der Insel und den *Anolis* auf Schmalfilm machen. Er lockte sie mit Futter herbei, um das Drohimponieren bei der Konfrontation von männlichen Tieren untereinander zu beobachten.

Anolis agassizi ist ein Felsenanolis und ein ausgesprochen langbeiniger Springer mit beträchtlichem Größenunterschied zwischen den Geschlechtern: die Weibchen sind um ein Drittel kleiner als die Männchen. Auffallend sind die stark skulptierten Köpfe und die rugose, körnerartige Beschuppung der Rückenpartie. Oberseits sind die Tiere dunkelbraun, am Kopf, am Nacken und in der Schultergegend fast schwarz mit gelblichen Flecken. Die Unterseite ist hell gelblich bis bläulich.

Die gleiche Färbung zeigen breite Querbänder auf dem Schwanz, die Schnauzenspitze, der Ober- und Unterkiefer und ein breiter Ring um das Auge. Die Zunge ist breit und hellrot. *Anolis agassizi* hat sich seiner natürlichen Umgebung sehr gut angepaßt. Auf den stark der Sonne ausgesetzten, fast vegetationslosen, rauhen, zerklüfteten und mit Gesteinsbrocken übersäten Felsen liegt die Populationsdichte bei einem Tier pro 5-10 m^2. Die *Anolis* leben zwischen den Steinen, um sich je nach Sonnenstand vor Überhitzung zu schützen. Aus diesem Grund zeigen die Tiere kaum aggressive Verhaltensweisen und fast keine Territorialität (RAND, GORMAN & RAND 1974).

Bei dem wenig ausgeprägten Drohverhalten zeigt sich bei den sexuell aktiven Männchen ein hoher Hautsaum auf dem Nacken, eine verdickte Kehle und eine sehr kleine gelbliche Kehlfahne; kaum größer als der oberseitige Hautsaum. Die Männchen stellen sich mit verbreiterter Körperseite gegenüber auf. Es folgt ein häufig wiederholtes, drei- oder viermaliges Kopfnicken, ohne oder mit ganz geringem Anheben der Vorderpartie. Richtige „push-ups" („Liegestütze") kommen nicht vor. In der Endphase öffnet sich die Schnauze, wobei die Zunge vorgestülpt wird. Es kann zu Beißereien kommen. GORMAN (briefl. Mitt.) konnte während seiner Beobachtungen feststellen, daß die Tiere keine Scheu vor dem Menschen haben. Sie ließen sich von farbigen Fruchtbonbons und durchgeschnittenen Apfelsinen aus 10-15 m Abstand anlocken, um an ihnen zu lecken. Selbst an seiner Kleidung kletterten einige *Anolis* hoch, wobei sie versuchten, eine farbige Filmverpackung aus seiner Tasche zu holen.

Auf Grund des gesammelten Materials und der Untersuchungen von RAND, GORMAN & RAND (1974) korreliert vermutlich die Fortpflanzungszeit mit der im März beginnenden

Anolis agassizi: Die vor einem Jahrhundert angefertigte Aquarellzeichnung zur Illustration der Neubeschreibung von Leonhard Stejneger (1890).

Regenzeit. Von weiblichen Tieren, die mit nach Panama genommen wurden, konnten Nachzuchten erzielt werden. Demnach legen die Weibchen im Abstand von 4 bis 27 Tagen jeweils nur ein Ei ab. Nach einer Inkubationszeit von 48 bis 69 Tagen schlüpften die Jungtiere. Ihre KRL betrug 25 bis 30 mm bei einem Gewicht von 0,42 bis 0,81 g.

7.6 Venezuela und die Guayana-Region

Das älteste Bergland von Südamerika, das Hochland von Guayana, erstreckt sich zwischen dem Orinoko und dem Amazonas. Es ist eine gigantische Sandsteinplatte, datierend aus der Gondwana-Zeit, als Südamerika und Afrika noch nicht voneinander getrennt waren. Seither ist die Scholle erodiert und stark zerklüftet. Es haben sich tiefe Canyons und breite Täler geformt. Die bekannten Tafelberge (Tepuis) wurden durch eine Beschichtung von härteren Gesteinslagen vor der Abtragung geschützt, so daß sie erhalten blieben. Das Plateau von Guayana mit dem mächtigen Roraima-Massiv und den vielen anderen „Tepuis" (höchster Tepui ist der Cerro de la Neblina mit 3045 m ü. NN), welche die sie umgebende Landschaft noch um bis zu 1.800 m überragen, stellt eine ganz besondere geographische Region mit eigener Flora und Fauna dar. Selbst auf diesen Tafelbergen wurden *Anolis*-Arten angetroffen. So wurde auf dem Guaiquinima-Tepui in 1000-1500 m ü. NN *Anolis chrysolepis* cf. *planiceps* gefunden (MÄGDEFRAU, MÄGDEFRAU & SCHLÜTER 1991), der sich in einigen Merkmalen (z. B. große, schmale und stark gekielte Ventralia) von den bekannten Unterarten von *Anolis chrysolepis* unterscheidet (siehe Abb. S. 163).

Die gesamte Guayana-Region erstreckt sich von der Sierra de Macarena (Kolumbien) im Westen über Teile von Venezuela östlich bis nach Guayana, Surinam und Französisch-Guayana sowie zur Roraima-Region in Nord-Brasilien. Außerhalb des Hochlands von Guayana gibt es in Venezuela eine Vielzahl von anderen faunistischen Regionen. Dies trifft z. B. für Fische und Amphibien, jedoch nicht wesentlich für die Gattung *Anolis* zu. Wegen der Andenkordilleren konnten nur wenige Formen aus dem Westen nach Venezuela einwandern. Auch nach dem Osten hin sind durch das wüstenhafte nördliche Küstengebiet sowie durch die Llanos wirksame Barrieren gesetzt. Die Llanos sind ausgedehnte Savannengebiete, die in der Regenzeit zum größten Teil unter Wasser stehen und ansonsten völlig austrocknen. Nur wenige *Anolis*-Arten kommen in diesem Gebiet (*Anolis auratus*) und dessen Randgebieten (*Anolis annectens, Anolis onca, Anolis tropidogaster*) vor (RIVERO-BLANCO & DIXON 1979). Eine weitere interessante Art mit isolierten Vorkommen im montanen Gebiet um Mérida, ist *Anolis jacare* (WILLIAMS, REIG, KIBLISKY & RIVERO-BLANCO 1970).

Anders als in Kolumbien und Ecuador, die in ihren transandinen, feuchtwarmen Choco-Gebieten eine ganze Reihe von *Anolis*-Arten beherbergen, fehlt diese bereichernde Komponente in Venezuela völlig. Noch ärmer an Arten sind die östlichen Teile Guayanas (HOOGMOED 1979). *Anolis* sind in den Guayanas selten zu finden. Sie gehören zu weitverbreiteten südamerikanischen Arten (WILLIAMS 1976 b), die höchstens auf Unterartniveau von anderen Populationen abweichen.

Mit Ausnahme von *Anolis auratus*, einem heliothermen Grasanolis offener Gebiete, sind alle anderen Vertreter Waldbewohner. Nur *Anolis fuscoauratus kugleri* ist eine heliotherme Art, die auf Waldlichtungen, an Waldrandgebieten und an Flußufern gefunden wird. Völlig unabhängig von der wärmenden Sonneneinstrahlung (nicht heliotherm) sind die Arten *Anolis chrysolepis, Anolis ortonii* und *Anolis punctatus*. Eine terrestrische bis semiarboricole Lebensweise führt *Anolis chrysolepis planiceps* (Venezuela, Guayana, Surinam), und rein terrestrisch lebt *Anolis ch. chrysolepis* (Ost-Surinam, Französisch-Guayana). *Anolis ortonii* ist ein kleiner Saumfinger, der sich an der Stammbasis von Bäumen und in der Krautschicht aufhält. Der große, grüne und spitzköpfige *Anolis punctatus* führt eine rein arboricole Lebensweise und kommt bis in den Kronenbereich der Bäume vor.

Die vertikale Aufspaltung der Aufenthaltsgebiete ist eine andere, als wir sie von Zentralamerika oder den großen Antillen her kennen. Die Arten leben kaum sympatrisch; ein gemeinsames Auftreten im gleichen Lebensraum kommt selten vor.

7.7 Ecuador

Artenvielfalt und Populationsdichte bei Anolis

Ecuador bildet zusammen mit Kolumbien, Peru und Bolivien das westliche Areal der Gattung *Anolis* auf dem südamerikanischen Festland. Bedingt durch die Andenkette, die sich mit einer durchschnittlichen Höhe von 2500 m ü. NN durch alle vier Länder zieht, wird die Region in zwei voneinander isolierte Verbreitungsgebiete getrennt. Im östlichen Teil von Ecuador kommen neben weitverbreiteten amazonischen Arten, wie z. B. *Anolis bombiceps, Anolis chrysolepis scypheus, Anolis f. fuscoauratus, Anolis ortonii, Anolis trachyderma* und *Anolis transversalis* auch einige wenige Lokalendemiten, wie z. B. *Anolis fitchi*, vor. Die amazonischen *Anolis*-Arten gehen in ihrer vertikalen Verbreitung kaum über 1000 m ü. NN hinaus. DUELLMAN (1979) gibt für *Anolis f. fuscoauratus* eine Höhe von max. 1450 m ü. NN an. In der Nähe von Mera fand einer der Autoren (FLÄSCHENDRÄGER) im April 1995 einen weiblichen *Anolis f. fuscoauratus* auf 1800 m ü. NN. In dieser Höhe gehen die Temperaturen nachts bis auf 15°C (Minimum 12°C) zurück. Tagsüber konnten am Fundort gegen Mittag 23°C gemessen werden. Die nächtliche Temperaturabsenkung in den Höhenlagen ist somit für die östlichen Arten eine sehr wirksame Ausbreitungsschranke. Den Höhenrekord im östlichen Teil von Ecuador hält *Phenacosaurus orcesi* auf dem isoliert stehenden Cerro Sumaco (Höhe 3828 m) bei Baeza, wo dieser nur in wenigen Exemplaren bekannte Andenanolis bis auf 3100 m ü. NN vorkommt (DUELLMAN 1979, LAZELL 1969). Typisch für die amazonischen Saumfinger ist deren geringe Populationsdichte. Man muß schon viel Glück haben, um wenigstens ein Exemplar pro Tag zu finden.

Während eines dreiwöchigen Aufenthaltes konnten nur 3 Exemplare von *Anolis f. fuscoauratus* gefunden werden. Diese Individuen hielten sich am lichten Waldrand in der Krautvegetation in ca. 50 cm Höhe auf. Die Fundorte waren Tena (518 m ü. NN), Nähe Misahuallí (420 m ü. NN) und Nähe Mera. Wesentlich artenreicher an *Anolis* ist die pazifische Seite von Ecuador. Im warmen Tiefland

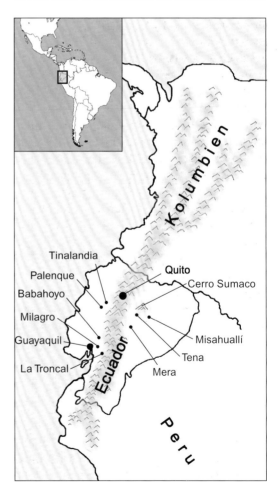

kommen weitverbreitete Arten vor, wie z. B. *Anolis biporcatus parvauritus, Anolis ch. chloris* und *Anolis princeps* im immergrünen tropischen Regenwald des nordwestlichen Gebietes sowie *Anolis fasciatus* und *Anolis nigrolineatus* im südwestlichen Trockenwald. Interessanterweise gibt es außerdem eine ganze Reihe von Lokalformen, die z. T. bis heute nur aus sehr kleinen Gebieten bekannt sind. Beispiele sind *Anolis festae* aus Balzar, *Anolis gracilipes* aus Paramba, *Anolis lynchi* (Wasseranolis der *lionotus*-Gruppe) vom Río El Placer und *Anolis parilis* vom Río Baba. Im Gegensatz zu den amazonischen Saumfingern finden mehrere *Anolis*-Arten an den pazifischen Andenhängen noch in Höhen von weit über 1000 m ihnen zusagende Lebensbedingungen. Beispiele sind: *Anolis andianus* bis 2060 m ü. NN, *Anolis eulaemus* bis 1400 m ü. NN und *Anolis proboscis* bis 1500 m ü. NN (DUELLMAN 1979). JUNGFER (briefl. Mitt.) fand *Anolis* cf. *aequatorialis* und *Anolis gemmosus* bei San Francisco de las Pampas in ca. 2000 m ü. NN. Eine solche Höhenverbreitung war für beide Arten noch nicht bekannt.

Bei Tinalandia (ca. 700 m ü. NN, Nähe Santo Domingo de los Colorados) konnte einer der Autoren (FLÄSCHENDRÄGER) ein männliches Exemplar von *Anolis fraseri* beobachten. Wegen ihrer arboricolen Lebensweise hoch in den Baumkronen ist die Art in Bodennähe recht selten anzutreffen. Die zumeist langsame Fortbewegung sowie die dunkle Querbänderung des Körpers erschweren zusätzlich das Ausfindigmachen. Bei Gefahr können die träge wirkenden Tiere jedoch erstaunlich schnell laufen. Tinalandia ist ein größeres Privatgrundstück, welches neben teilweise gerodeten Flächen noch Bestände von montanem Primärwald aufweist.

Am Río Palenque (ca. 300 m ü. NN, Nähe Santo Domingo de los Colorados) befindet sich noch ein größeres Gebiet primären Tieflandregenwaldes. Charakteristisch ist die Artenvielfalt an Gehölzen, die lichtbedürftigen Kletterpflanzen (Lianen) kaum Möglichkeit zur Entfaltung bietet. Der Waldboden ist somit recht gut begehbar. Die Temperatur betrug am Tage ca. 28°C bei einer Luftfeuchte von >90 %. In diesem Gebiet konnten einige *Anolis peraccae* und ein weibliches Exemplar von *Anolis princeps* gefunden werden. *Anolis peraccae* bevorzugt den unteren Stammbereich. Ein Weibchen konnte in Bodennähe an einer Brettwurzel angetroffen werden. Die Männchen saßen häufig mit dem Kopf nach unten in 1-5 m Höhe. Die Populationsdichte ist im natürlichen Biotop (Primärwald) wahrscheinlich recht niedrig. An einem Tag konnten nicht mehr als 4 Tiere gesichtet werden. Noch schwieriger ist das Auffinden des im Kronenbereich lebenden *Anolis princeps*. Diese solitär lebende Art kommt nur selten in Bodennähe. Die einzelnen Tiere bewohnen größere Reviere. Bemerkenswert ist die grüne Grundfärbung mit dunkler Zeichnung, die im reichlichen Blattwerk eine sehr gute Tarnung darstellt.

Im südwestlichen Ecuador, bei La Troncal, Milagro und Babahoyo, konnten einige Tiere von *Anolis nigrolineatus* gefunden werden. Die Art ist an geeigneten Stellen in größeren Populationsdichten anzutreffen. Im Biotop wurde keine weitere *Anolis*-Art gefunden. Lediglich bei Babahoyo kam noch ein kleiner Gecko (*Gonatodes caudiscutatus*) sympatrisch mit den *Anolis* vor. Lichte Baumgruppen, selbst in Siedlungen, bieten gute Lebensbedingungen für *Anolis nigrolineatus*. Die heliophilen Tiere leben oft paarweise an einem Baum oder Strauch. Der Abstand der einzelnen Reviere betrug mindestens 6 m. Die *Anolis*, die sich vorwiegend von kleinen flugfähigen Insekten ernähren, besitzen eine spit-

ze und langgestreckte (hechtartige) Schnauze. Blitzschnell und äußerst geschickt erjagen sie Fliegen und kleine Falter.
Abschließend ist zu bemerken, daß *Anolis* in Ecuador keinesfalls häufig sind. Obwohl viele Arten aus dieser Region bekannt sind, bedarf es genauer Kenntnisse ihres natürlichen Vorkommens, um sie bei einer oftmals geringen Populationsdichte finden und beobachten zu können.

8. Beobachtungen im Terrarium

8.1 Grundüberlegungen

Bevor man sich der Pflege von *Anolis* zuwendet und der Wunsch nach einem Terrarium mit lebenden Tieren und Pflanzen Wirklichkeit wird, sollten einige Überlegungen vorausgegangen sein. Grundvoraussetzung ist das Bewußtsein der hohen Verantwortung gegenüber den lebenden Terrarienbewohnern. Sie sind dem Betreiber und dessen Qualifikation auf terraristischem Gebiet hilflos ausgesetzt. Die intensive Beschäftigung mit den Ansprüchen der zu haltenden Tiere vor deren Erwerb sollte eine Selbstverständlichkeit sein. LILGE & VAN MEEUWEN (1987) geben hierzu sehr kritische Denkanstöße und praktische Tips.
Leider ist nicht immer von jeder Art Genaues über die spezifischen Ansprüche bekannt. In diesem Fall kann das Studium der Daten von Klimadiagrammen der Herkunftsgebiete hilfreich sein. Allerdings ermöglicht dieses nur einen Einblick in das Makroklima des betreffenden Gebietes. Das Mikroklima kann andere Werte aufweisen, die z. T. erheblich vom Makroklima abweichen, wie es im Themenkomplex „Beobachtungen in Heimatbiotopen" ersichtlich wird. Mit durchdachten Experimenten und mit Fingerspitzengefühl können auch Arten, deren Haltungsbedingungen nicht bekannt sind, erfolgreich gepflegt werden.
Das Ziel der Terraristik ist also die Integration aller notwendigen Umweltfaktoren aus dem Heimatgebiet der zu haltenden Tierart mit Hilfe technischer Möglichkeiten und pflegerischer Maßnahmen (auf die wir noch zu sprechen kommen), damit diese gesund und vermehrungsfähig bleibt. Hinzu kommt ein nicht unerheblicher Zeitaufwand der reinen Pflege. Je kleiner die Terrarientiere, desto größer ist deren Stoffwechsel, und eine tägliche intensive Zuwendung wird unumgänglich. Die Bereitstellung der benötigten Futtertiere, deren Zucht und optimale Ernährung sollte auch bedacht werden. Eine wichtige Fragestellung ist: „Wer versorgt die Tiere während der Urlaubszeit und bei sonstiger Abwesenheit des Pflegers?". Da nicht an der Beleuchtung - als einem wesentlichen Umweltfaktor - gespart werden sollte, ist der Energiebedarf, der sich in einer nicht unerheblichen Stromrechnung widerspiegelt, zu berücksichtigen.
Wenn alle diese Problempunkte die Freude an der Haltung und Beobachtung von Wildtieren nicht schmälern, dann kann die Terraristik zu einer sinnvollen Beschäftigung heranreifen. Ob nun die reine Freude an den Tieren oder das wissenschaftliche Interesse überwiegt, sei jedem selbst überlassen. Nicht selten fördert der Umgang mit lebenden Organismen auch das Bewußtsein und Verständnis für die Natur und hat somit einen erheblichen erzieherischen Wert.

Schon PETZOLD (1982) weist auf die Bedeutung und Wichtigkeit der Terraristik als Teilgebiet der Herpetologie hin. Kein Feldherpetologe vermag alle Fragen, die die Erforschung der Lebensäußerungen von Reptilien aufwirft, hinreichend zu beantworten, ohne auf die Terraristik zurückzugreifen. Aus diesem Grund ist es auch bedeutsam, alle Beobachtungen und gesammelten Daten an entsprechender Stelle (z. B. Fachzeitschriften) der Öffentlichkeit zugänglich zu machen. Nicht zuletzt gibt es Interessengemeinschaften, wie z. B. Gesellschaften für Herpetologie und Terrarienkunde, deren Mitglieder die Beschäftigung mit Amphibien und Reptilien fördern und das Wissen über diese Tiere verbreiten.

8.2 Ist eine artgerechte Haltung möglich?

Immer wieder liest man in der Fachliteratur von einer „artgerechten Haltung". Was aber ist darunter eigentlich zu verstehen? Arten konnten sich in ihrem natürlichen Verbreitungsgebiet durch das wechselseitige Einwirken aller Faktoren der belebten und unbelebten Umwelt entwickeln bzw. zu den Arten im aktuellen Sinn herausbilden. Um eine artgerechte Haltung zu gewährleisten, müßten strenggenommen also alle Umweltfaktoren nachempfunden werden, ob sie nun für eine zeitweilige Haltung im Terrarium relevant sind oder nicht. Noch kritischer ist die Möglichkeit der Arterhaltung in Gefangenschaft zu beurteilen. Arten außerhalb ihrer formenden natürlichen Umwelteinflüsse auf Dauer zu erhalten, ist wohl praktisch kaum möglich und kann nur eine Zwischenlösung darstellen, mit dem Ziel der Wiederaussiedlung in das ursprüngliche Heimatgebiet. Voraussetzung ist natürlich, daß das ursprüngliche Verbreitungsgebiet noch ökologisch intakt ist bzw. der Urzustand, wie er vor dem Rückgang einer Population bestand, wiederhergestellt werden kann.
Das Hauptanliegen der Haltung kann also nur die zeitweilige Beobachtung sein, was durchaus eine Nachzucht über mehrere Generationen beinhalten kann.
Zurück aber zur sogenannten „artgerechten Haltung". Was wissen wir wirklich über die einzelnen Arten? Meist sind es nur sehr lückenhafte Kenntnisse. Wir können somit bestenfalls innerhalb des Toleranzbereiches der jeweiligen Art eine optimale Haltung anstreben; und das sollte auch das Ziel eines Terrarianers sein.

8.3 Das Terrarium für Anolis

8.3.1 Terrarientypen

Vorschläge zum Bau von zweckmäßigen Terrarien gibt es zur Genüge (BECH & KADEN 1990; LILGE & VAN MEEUWEN 1987; NIETZKE 1977, 1978; STETTLER 1986), so daß auf dieses Thema hier nicht weiter eingegangen werden soll. Was uns aber interessiert, sind die geeigneten Terrarientypen. Diese werden grundsätzlich durch die Lebensweise der zu haltenden *Anolis*-Art bestimmt.
Die meisten bei uns gepflegten Arten gehören zu der Gruppe der Baumanolis und sollten daher in einem eher hochformatigen Terrarium

gepflegt werden. Die Mindestmaße des Terrariums für mittelgroße *Anolis* (z. B. *Anolis carolinensis*) sind 60 x 50 x 30 cm (Höhe x Breite x Tiefe). Die Größe für Riesenanolis bzw. für kleine Arten sollte im Verhältnis zum genannten Anhaltspunkt stehen. Je größer ein Terrarium ist, desto mehr können sich die Insassen frei entfalten. Allerdings bereitet die Nachzucht in großen Terrarien Schwierigkeiten, da das Finden der Gelege mühsam ist. Beim Konzipieren sollte bereits klar sein, ob man seine Tiere in großformatigen Terrarien nur zu Beobachtungszwecken hält (Nachzucht zufällig), oder ob man noch überschaubare Maße mit dem Ziel der kontinuierlichen Nachzucht wählt. Empfohlen wird eine Kompromißlösung, da sowohl die verhaltensbiologische Beobachtung als auch die Vermehrung interessante Aspekte bieten.

Für bodenbewohnende *Anolis*-Arten, wie z. B. *Anolis chrysolepis*, *Anolis humilis*, *Anolis onca* und *Anolis ophiolepis*, kommt das klassische querformatige Terrarium in Frage. Die verfügbare Fläche des Bodengrundes ist hierbei entscheidend. Terrestrisch lebende *Anolis* klettern nur wenige Zentimeter über dem Bodengrund und würden den oberen Teil nicht nutzen. Durch die geringe Höhe läßt sich die Beleuchtung günstiger gestalten, was besonders für heliophile Tiere (z. B. *Anolis onca*) von Nutzen ist.

Grasanolis können ebenfalls in längsformatigen Terrarien gehalten werden. Bei entsprechender Breite teilen sich unter Umständen zwei männliche Tiere den Raum territorial auf. KÄSTLE (1963) gibt für *A. auratus* eine Breite von 100 cm an. Bei *A. alutaceus* reichen schon 70 cm.

Für semiaquatische *Anolis* sind Paludarien (Terrarien mit Wasserteil) gut geeignet. Wohl kaum ein anderer Terrariumtyp bietet so viele gestalterische Möglichkeiten.

Rinden- und felsbewohnende Arten, wie z. B. *Anolis argenteolus*, *Anolis lucius* und *Anolis loysianus*, lassen sich auch gut in Wandterrarien mit einer geringen Tiefe halten. Entsprechend ihrer Lebensweise sind sie fast nur an der Rückwand zu finden.

Um eine ausreichende Belüftung zu erzielen, müssen Gazestreifen im oberen Teil und wenigstens an einer Seite in Bodennähe eingebaut sein. Vorteilhaft ist ein breiter oberer Gazeteil und ein schmaler unten. Bei *Anolis*-Arten aus Regenwaldgebieten darf die Luftfeuchtigkeit nicht zu stark absinken (>60% relativer Feuchte). Ein Luftaustausch muß jedoch gewährleistet sein. Durch eine reichliche Bepflanzung lassen sich auch in gut belüfteten Terrarien feuchte Bereiche schaffen.

8.3.2 Terrarientechnik

Heute sind wir in der Lage, mit der angebotenen Technik selbst empfindliche Arten mit ganz spezifischen Ansprüchen über einen längeren Zeitraum zu pflegen bzw. zu vermehren. Die Beleuchtung ist von entscheidender Wichtigkeit. Heliophile Arten würden bei einem Mangel an Licht dahinvegetieren und nie ihr ganzes Verhaltensspektrum bzw. ihre Farbenpracht zeigen. Leuchtstofflampen ab einer Farbtemperatur von 5000 K (Kelvin), was den Typen „Tageslicht" und der Lichtfarbe >90 entspricht, sind besonders wegen ihrer sehr guten Farbwiedergabe geeignet. Reflektoren erhöhen die gezielte Lichtabgabe erheblich. Das Minimum bei einem 60 cm hohen und 30 cm tiefen Terrarium sollten zwei Leuchtstofflampen sein. Bei sonnenliebenden Arten (z. B. *Anolis onca*) ist die Anzahl zu verdoppeln oder der Einsatz von HQI-Lampen (Entladungslampen) zu erwägen.

Grundsätzlich gehören die Leuchtstofflampen in einen separaten Beleuchtungskasten außerhalb

des Terrariums, damit die Tiere nicht auf ihnen klettern können (Verbrennungsgefahr).
Die Beleuchtungsdauer kann je nach Herkunftsgebiet der Jahres-Photoperiodizität etwas angepaßt werden: von 16 Stunden im Sommer bis auf 11 Stunden im Winter. *Anolis* reagieren im Zusammenhang mit dem ungünstigeren Futterangebot im Winterhalbjahr mit einer verringerten Fortpflanzungsaktivität, so daß die Weibchen eine Erholungspause einlegen können.
Zusätzlich zur Standardbeleuchtung sollte mindestens eine einstündige Bestrahlung mittels UV-Leuchtstofflampen erfolgen. Von Philips haben sich die Typen TL/05 (UV-A Superaktinische Leuchtstofflampe), TL/09 und TL/12 gut bewährt. Sie strahlen im Gegensatz zu den UV-A Leuchtstofflampen (Bräunungslampen) der neuen Generation auch geringfügig im UV-B Bereich aus. Ein Überblick über die Wellenlängenbereiche der Sonnenstrahlung findet sich bei ROGNER (1992). Auch wenn die Frage nach der Notwendigkeit von UV-Strahlen immer wieder neu gestellt wird, so ergab ein Aussetzen der täglichen Bestrahlung über einen längeren Zeitraum bei einem der Autoren (FLÄSCHENDRÄGER) prozentual mehr rachitische Jungtiere.
Der Strahlungsbereich von Glühlampen im Infrarotbereich ist für die örtliche Wärmeerzeugung von Nutzen. So lassen sich bereits durch Glühlampen geringer Leistung (8-25 W/230 V) Stellen im Terrariuminnenraum schaffen, die als Aufwärmeplätze von den Tieren genutzt werden können. Gleichzeitig entsteht durch diese Installation ein Temperatur- und Luftfeuchtigkeitsgefälle, dessen Wichtigkeit oftmals zu wenig Beachtung geschenkt wird. Immer größerer Beliebtheit erfreuen sich die Niedervolt-Halogen-Reflektorlampen. Sie strahlen ein brillantes, weißes Licht aus, müssen aber aufgrund ihrer hohen Wärmeentwicklung außerhalb des Terrariums angebracht werden.
Die Beheizung des Terrariums richtet sich nach dessen Aufstellungsort und nach den zu pflegenden *Anolis*-Arten. Montane Arten, wie z. B. *Phenacosaurus* ssp. benötigen nächtliche Temperaturabsenkungen bis auf 10°C. Für die meisten *Anolis*-Arten aber sollten die Terrariumtemperaturen 19°C nicht unterschreiten. In zentralbeheizten Wohnungen wird man in der Regel ohne eine zusätzliche Heizung auskommen, da die installierten Lichtquellen die benötigte Erwärmung am Tage übernehmen. Als Richtlinie gilt eine Raumtemperatur von mehr als 23°C tagsüber und 20°C in der Nacht. In Wohnräumen mit Ofenheizung wird eine Beheizung mittels Heizkabel, Heizplatte, o. ä. notwendig, damit die Terrariuminnentemperatur nicht unter den Minimalwert von 19°C fällt.

8.3.3 Terrarieneinrichtung

Die Einrichtung sollte zweckmäßig sein und den Ansprüchen der jeweiligen *Anolis*-Art entsprechen.
Als Bodengrund ist ein Torf-Sand-Gemisch vorteilhaft. Die große Wasserspeicherkapazität des Torfs sorgt für eine hohe Luftfeuchtigkeit im Bodenbereich. Der relativ keimfreie Bodengrund dient gleichzeitig als Eiablageplatz für gelegevergrabende Arten. Die Substrathöhe kann zweckmäßigerweise von vorn nach hinten ansteigen, so daß Stellen entstehen, die zumindest 5 cm Höhe erreichen. Durch eine partielle Bepflanzung und den hierdurch bedingten Feuchtigkeitsentzug entstehen vielfältige Milieubedingungen, die bei der Wahl des Eiablageortes wichtig sind.
Laubstreubewohnende Arten verstecken sich gern unter losem Laub (z. B. Buchenlaub), das auf das Torf-Sand-Gemisch aufgebracht wer-

den kann. Es verhindert gleichzeitig den ständigen Kontakt der Extremitäten mit dem feuchten Substrat (Infektionsgefahr).
Weiterhin ist zu beachten, daß für die Eiablage ein Temperaturminimum von 22°C, gemessen im Bodensubstrat, nötig ist. Kann dieses nicht gewährleistet werden, hilft meist schon eine mit feuchtem Torf oder Moos gefüllte Kokosnußschale, die ungefähr in der Mitte der Terrariumhöhe herausnehmbar angebracht

Zweckmäßiger Einrichtungsvorschlag für arboricole *Anolis*-Arten aus humiden Verbreitungsgebieten. Die zusätzliche Wärmelampe schafft eine günstige Luftfeuchtigkeits- und Temperaturstaffelung.

Terrarienhaltung

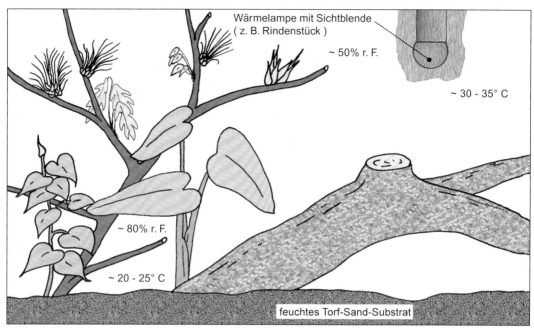

Zweckmäßige Einrichtungsvorschläge für terrestrische *Anolis*-Arten aus humiden (oben) und aus ariden Verbreitungsgebieten (unten). Die zusätzliche Wärmelampe schafft eine günstige Luftfeuchtigkeits- und Temperaturstaffelung.

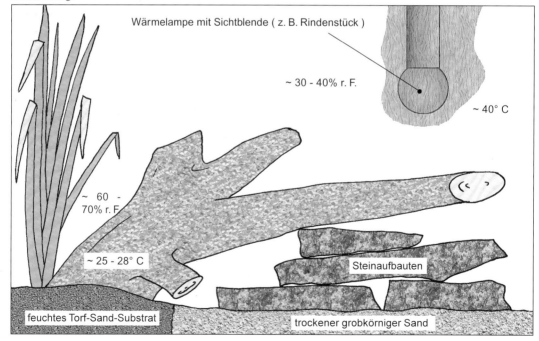

wird. Durch die bessere Erwärmung wird eine solche Eiablagemöglichkeit oftmals angenommen.
Für *Anolis*-Arten, die in sandigen Küstenbiotopen vorkommen (z.B. *Anolis onca*), sollte das Bodensubstrat zum überwiegenden Teil aus nicht zu feinem Sand bestehen. Für die Eiablage ist ein Viertel der Terrariengrundfläche mit einem Torf-Sand-Gemisch zu versehen. Der trockene, sandige Teil kann zusätzlich mit flachen Steinen bedeckt werden, von denen einer im Glühlampenbereich als Aufwärmmöglichkeit positioniert werden sollte.
Die Rückwand und auch die Seitenwände sind artspezifisch als plane oder grobstrukturierte Rinden- bzw. Felsflächen zu gestalten.
Mit Hilfe von Ästen und Zweigen wird der nutzbare Raum vergrößert. Senkrecht eingebaute Äste und Zweige kommen den Lebensgewohnheiten von arboricolen Arten entgegen. Die Stärke des Materials sollte wiederum artspezifisch gewählt werden. Für Riesenanolis (z. B. *Anolis equestris*, *Anolis garmani* und *Anolis richardi*) kommen armstarke Äste in Frage, wohingegen kleine Grasanolis (z. B. *Anolis alutaceus* und *Anolis semilineatus*) mit wenige Millimeter dicken Zweigen auskommen. Günstig ist außerdem ein im oberen Drittel waagerecht angebrachter Ast. An diesem sollten möglichst wenige Pflanzen (Epiphyten) etabliert werden, da er von den *Anolis* oftmals stark frequentiert wird.

Große eingehängte Rindenstücke schaffen Versteckmöglichkeiten und verhindern gleichzeitig den ständigen Sichtkontakt, der durchaus ein erheblicher Streßfaktor sein kann. Dieselbe Aufgabe haben auch Pflanzen. Außerdem schaffen sie unterschiedliche mikroklimatische Verhältnisse und verbessern die Raumstruktur. Erwähnt sei auch der ästhetische Wert, zumal für die Bepflanzung besonders Epiphyten geeignet sind. Trichterbildende Bromelien und Farne verlangen mehr Pflanzsubstrat im Wurzelbereich. Grobfaseriger Torf, Torfmoos (*Sphagnum*) und Farnwurzeln (z. B. *Osmunda*) sind hierfür gut geeignet. Die immer feuchten Wurzelregionen der Epiphyten bieten manchen *Anolis*-Arten (z. B. *Anolis argenteolus*, *Anolis limifrons* und *Anolis oxylophus*) ideale Möglichkeiten der Eiablage.
Bei der Haltung von semiaquatischen Arten kann zusätzlich zum obligaten Wasserteil ein kleiner Wasserfall eingebaut werden.
Die Wärmelampe (Glühlampe) wird bei arboricolen Arten an einer Seite im Terrariumoberteil befestigt. Bei streng terrestrischen Bodenanolis und bei Wasseranolis ist es günstiger, die Wärmelampe in die Nähe des Bodens bzw. des Wasserteils anzubringen. Wasseranolis erwärmen sich gern auf Flächen, die unmittelbar den Wasserteil erreichen. Das können teilweise eingetauchte Wurzelstöcke oder Steinplatten sein.

8.4 Ernährung

8.4.1 Ernährungsweise und Futtertiere

Anolis ernähren sich überwiegend von Insekten, sind also insektivor. Zweiflügler (Diptera), Schmetterlinge (Lepidoptera), Schaben (Blattodea) und Schrecken (Saltatoria) sind als Beutetiere besonders bedeutsam. Einen nicht geringen Prozentsatz stellen weiterhin die Spinnentiere (Arachnida) dar. Riesenanolis erbeuten oftmals auch kleine Reptilien.

Andere Tiergruppen spielen eher eine untergeordnete Rolle. Von einigen Arten (z. B. vielen Riesenanolis) wird zusätzlich auch pflanzliche Kost in Form von Früchten, Blättern und Blüten aufgenommen (BOWERSOX, CALDERÓN, POWELL, PARMERLEE, SMITH & LATHROP 1994). Eigene Versuche (FLÄSCHENDRÄGER) mit reifen Bananenstücken bestätigten dies bei folgenden Arten: *Anolis allogus, Anolis a. angusticeps, Anolis distichus ignigularis, Anolis grahami aquarum, Anolis limifrons, Anolis loysianus, Anolis roquet* ssp., *Anolis trinitatis*. Auch *Anolis marmoratus* ssp. nehmen reifes Obst an (SCHLAGBÖHMER pers. Mitt.).

Das Nahrungsangebot im natürlichen Verbreitungsgebiet ist oftmals saisonabhängig (Regen- und Trockenzeiten usw.), so daß Zeiten des Nahrungsmangels auftreten können. Bei der Terrarienhaltung ist dies zu berücksichtigen. Außerdem kann das Nahrungsangebot von verschiedenen Faktoren, wie z. B. dem Biotop, der Tageszeit und dem Konkurrenzdruck durch andere Tiergruppen (z. T. auch andere *Anolis*-Arten) beeinflußt werden. Einen Einblick in diese komplizierten Zusammenhänge geben SAMPEDRO MARÍN, BEROVIDES ÁLVAREZ & RODRÍGUEZ SCHETTINO (1982) am Beispiel zweier sympatrisch vorkommender *Anolis*-Arten (*Anolis homolechis, Anolis sagrei*) auf Kuba. Das Beutespektrum verschiebt sich beim Aufeinandertreffen beider Arten durch Konkurrenzverhalten und Einnischung. Bei der Haltung im Terrarium kommen die verschiedensten Futtertierarten in Frage: Fliegen, Obstfliegen, Grillen, Wanderheuschrecken, Schaben, Mehl- und Wachsmotten, verschiedene Getreidekäfer- und Mehlkäferlarven lassen sich kontinuierlich züchten (FRIEDERICH & VOLLAND 1981). Vorrang sollten ballaststoffreiche Futtertiere mit einem geringen Fettgehalt haben. Wanderheuschrecken sind durch ihre pflanzliche Ernährung ausgezeichnete Futtertiere. Ein Nachteil ist, daß die Larven sehr schnell heranwachsen und damit für kleinere *Anolis*-Arten nicht mehr in Frage kommen. Fliegen sind eine begehrte Beute wegen ihres agilen Verhaltens. Sie sollten vor dem Verfüttern 2-3 Tage mit vitaminreichen Obstsäften angefüttert werden. Auch Schaben und Grillen sind besonders wertvolle Futtertiere, wenn sie zuvor richtig ernährt wurden. Als Grundnahrungsmittel für diese Insekten bieten sich Pellets aus der Kaninchenzucht und Fischfutterpräparate mit einem hohen pflanzlichen Anteil an. Zusätzlich ist die Verabreichung von frischen Pflanzenteilen wichtig. Viele einheimische Wildkräuter, wie z. B. Brennessel (*Urtica dioica*), Löwenzahn (*Taraxacum officinale*), Vogelmiere (*Stellaria media*) und Wegerich-Arten (*Plantago* spp.) sowie im Winterhalbjahr Gemüse- und Obstreste, werten die Futtertiere erheblich auf. Wer die Mühe der eigenen Insektenzucht nicht scheut, kann durch deren Ernährung die Fütterung seiner Terrarientiere optimal gestalten. Beim Kauf von Lebendfutter aus dem Handel sollte zumindest eine mehrtägige Zusatzfütterung mit dem genannten Frischfutter erfolgen.

Riesenanolis nehmen durchaus auch neugeborene Kleinsäuger als Nahrung an.

Die Verfütterung von „Wiesenplankton" in der wärmeren Jahreszeit ist sehr zu empfehlen, soweit eine pestizidfreie Herkunft garantiert werden kann. Bevorzugt werden kleinste Fliegen, Mücken und Schmetterlinge sowie Heuschrecken und deren Larven (Naturschutz beachten). Interessant ist die Tatsache, daß grüne Gliedertiere von den *Anolis* bevorzugt werden. Auch CURIO (1970) stellte bei Untersuchungen mit *Anolis lineatopus* auf Jamaica fest, daß die *Anolis* lieber die grüne und blaue als die braune Farbmorphe der Raupen einer Schmetterlingsart bevorzugen.

8.4.2 Praktische Aspekte der Fütterung

Nachdem die Ernährungsweise und die Futtertiere kurz vorgestellt wurden, soll uns in diesem Abschnitt mehr die praktische Seite der Fütterung interessieren. Oftmals treten Fragen zu diesem Themenkomplex auf, da diesem in der Literatur bisher zu wenig Beachtung geschenkt wurde.

Wer einfach nur Futtertiere in das Terrarium gibt und meint, daß damit alles seinen Lauf nimmt, irrt. Erstens ist die Kontrolle nicht gewährleistet; des weiteren wird immer das dominante Tier Beute machen, und das zu reichlich. Unterlegene Tiere (z. B. die oft kleineren Weibchen) kümmern schnell dahin. Der beengte Raum des Terrariums verlangt individuelle Einflußnahme des Pflegers. Man kommt also nicht umhin, die *Anolis* einzeln zu füttern (zumindest periodisch). Dies geschieht am besten mit einer langen Pinzette (Vorsicht: Verletzungsgefahr!). Da die instinktive Jagd auf Beute durch diese Methode nicht ermöglicht wird, sollten zwischendurch kleine fliegende Insekten (z. B. *Drosophila*-Arten) die Bewegungsintensität der *Anolis* aufrechterhalten.

Prinzipiell lassen sich folgende Regeln aufstellen: Gesunde *Anolis* sind fast immer hungrig. Kleine Arten sind futterintensiver als ihre großen Verwandten. Weibchen in der Legeperiode und Jungtiere benötigen kontinuierlich energiereichere Nahrung als adulte männliche Tiere. Agile Arten (meist heliophile) haben einen höheren Stoffwechsel als umbraphile *Anolis*-Arten mit einer eher bedächtigen Lebensweise. Beispielsweise sollten regenwaldbewohnende *Anolis*-Arten des Festlandes (z. B. aus dem amazonischen Tieflandregenwald) eine sehr ballaststoffreiche und fettarme Nahrung erhalten, da sie besonders zur Verfettung neigen und schnell irreversibel erkranken können, beispielsweise an Gicht. Im tropischen Regenwald des Amazonasgebietes sind Nährstoffe Mangelware. Insekten und andere Beutetiere leben fast ausschließlich von Pflanzen, die auf nährstoffarmen Böden wachsen. Dies scheint auch der Grund zu sein, warum sich gerade Arten aus diesen Gebieten nicht längere Zeit halten ließen.

Wie oft und in welcher Menge sollten Futtertiere verabreicht werden? Die kleinsten Grasanolis (KRL ca. 30 mm) benötigen zumindest alle zwei Tage ein Futtertier von der Größe einer ca. 10 mm langen Wachsmottenraupe. Günstiger und viel natürlicher ist die Verfütterung von mehreren kleinen Insekten als Äquivalent zur genannten Menge. Für mittelgroße *Anolis*-Arten (z. B. *Anolis sagrei*) reicht die Verfütterung einer halbwüchsigen Grille alle 2-3 Tage aus. Auch hier gilt: lieber mehrere kleine Insekten anbieten. Riesenanolis, wie *Anolis equestris*, erhalten nur ein- bis zweimal wöchentlich Nahrung in entsprechender Größe. Dabei ist anzumerken, daß gerade Riesenanolis sehr große Beute überwältigen und fressen können. Sie können dann über längere Zeit fasten. Das richtige Maß der Nahrungsmenge ist weiterhin von der Temperatur, dem Lichtangebot und der individuellen Aktivität abhängig. Wie schon erwähnt, können einige Arten eine Form der Ruhepause einlegen, in der sie kaum Nahrung aufnehmen. So konnten selbst bei subtropischen Arten, wie *Anolis porcatus* aus West-Kuba, jährlich wiederkehrende Zeiten der Freßunlust beobachtet werden, die nicht selten bis zu 3 Monaten anhielten. Die Tiere nehmen erstaunlicherweise in diesen Perioden kaum an Substanz ab. Zwangsfütterungen und ähnliche Maßnahmen in Folge von Unkenntnis hätten hierbei fatale Auswirkungen. Jungtiere bis zu einer KRL von 30-40 mm sollten täglich gefüttert werden. Besondere Aufmerksamkeit gilt dabei den Jungtieren von kleinsten Arten (zumeist stenöke Nischenbesetzer). Sie müssen nach Möglichkeit separiert werden, da der Streß bei einer Vergesellschaftung viel zu groß ist, um dem Beutefang nachzugehen. Bei Nichtbeachtung dieses Aspektes kann eine schnellere Atemfrequenz der verängstigten Jungtiere beobachtet werden. Sie halten sich dann meist dicht an den Bodengrund angeschmiegt auf und zeigen eine dunkle Färbung. Ist die betreffende Art zudem ein Futterspezialist, und ist das entsprechende Beutespektrum nicht bekannt, dann können bereits 2-3 Tage der Nahrungsverweigerung zum Hungertod führen. Als Beispiel sei *Anolis angusticeps* genannt, der anfänglich kleinste Raupen und raupenähnliche Insektenlarven (wie Larven von verschiedenen Käfer-Arten) bevorzugt und anscheinend auf bestimmte Bewegungsweisen der Beutetiere reagiert. Gut bewährt hat sich dabei die Befeuchtung des Futtertieres mit Wasser, damit es längere Zeit auf dem Zweig des dort sitzenden *Anolis* verweilt, um den Beutereflex auszulösen. Dieses Beispiel zeigt deutlich, wieviel Geduld und Zeit für spezialisierte *Anolis*-Arten aufgebracht werden muß, um sie mit Erfolg aufzuziehen.

Anolis orientieren sich optisch, so daß unter Umständen Insektenarten wegen ihrer äußeren Gestalt abgelehnt werden. Beispielsweise verweigern bei einem der Autoren (FLÄSCHENDRÄGER) die meisten Individuen von *Anolis angusticeps* Grillen. Kleine grüne Laubheuschrecken sind hingegen beliebt. Versuche mit abgetöteten Grillen, denen alle Beinpaare und Fühler entfernt wurden, verliefen dagegen erfolgreich: die *Anolis* nehmen sie bereitwillig von der Pinzette. So können beispielsweise auch Futterspezialisten im Winterhalbjahr abwechslungsreicher ernährt werden.

Zum Schluß sei die Prägung auf Futterinsekten bei jungen *Anolis* erwähnt. Bei einseitiger Fütterung mit wenigen bzw. nur einer Futtertierart wurde von einem der Autoren (FLÄSCHENDRÄGER) beobachtet, daß unter Umständen eine Fixierung erfolgt, die kaum wieder gelöst werden kann. Eine einseitige und damit ungesunde Ernährung ist somit vorprogrammiert.

8.4.3 Trinkbedürfnis

Anolis sollten im Terrarium jederzeit die Möglichkeit der Wasseraufnahme haben. Wasser kann in einer flachen Schale angeboten werden. Bei kleinen Arten sollte unbedingt ein Stein in das Trinkgefäß gegeben werden, damit die Tiere nicht ertrinken können. Trichterbromelien stellen eine weitere Wasserquelle dar. Dabei ist zu beachten, daß die Trichter hin und wieder ausgespült werden, damit keine Fäulnisherde durch zu viel Koteintrag entstehen. Das tägliche Sprühen der Pflanzen im Terrarium mit angewärmtem Wasser löst bei einigen *Anolis*-Arten aus Regenwaldgebieten (z. B. *Anolis chrysolepis*) den Trinkreflex erst aus. Es ist also durchaus möglich, daß einzelne Individuen kein stehendes Wasser annehmen und regelrecht verdursten, wenn ihnen nicht ein „imitierter Regen" geboten wird. Sie müssen somit auf das Trinken vorbereitet werden. In der Praxis wird nach dem Sprühen direkt vor dem Kopfbereich langsam tropfendes Wasser angeboten. Hilfreich ist hierzu eine Pipette. Die *Anolis* lekken dann nach einiger Zeit das Wasser bedächtig auf. Dieses Verhalten scheint für viele Reptilien des Regenwaldes typisch zu sein und begegnet uns beispielsweise auch bei Agamen und Chamäleons.

Zu beachten ist weiterhin eine zumindest örtlich erhöhte Luftfeuchtigkeit gerade bei zarthäutigen Arten, wie etwa *Anolis bartschi* und *Anolis limifrons*. Ist sie zu gering, verstärkt sich die Austrocknung durch Atmungsprozesse.

Zur Qualität des Wassers sei gesagt, daß normales Trinkwasser in den meisten Fällen genügt. Allerdings sollten nicht zu viele gelöste Salze enthalten sein (weniger als 1000 µS/cm). Noch günstiger sind Regenwasserwerte von 100 µS/cm und ein pH-Wert von 6-7.

8.4.4 Vitamine und Mineralstoffe

Eine abwechslungsreiche Ernährung der *Anolis*-Arten ist die Grundvoraussetzung für ihre Gesunderhaltung. Unter Terrarienbedingungen wird es aber unmöglich sein, ständig eine große Auswahl an verschiedenen hochwertigen Futterinsekten anzubieten. Hinzu kommt die künstliche Beleuchtung, die das ungefilterte und natürliche Sonnenlicht nicht ersetzen kann. Obwohl der Einsatz von UV-Leuchtstofflampen schon wesentliche Voraussetzungen zur Vitaminsynthese bietet, sollte zusätzlich eine prophylaktische Multivitamingabe erfolgen. Empfohlen wird das Präparat Tricrescovit® (Rhone Merieux GmbH). Angewandt wird es im 14tägigen Rhythmus. Da *Anolis* es nicht bereitwillig aufnehmen und eine Trinkwasserzugabe im täglich besprühten Terrarium wenig sinnvoll ist, sollte das Präparat direkt gegeben werden. Es reicht aus, wenn dem Futterinsekt ein kleiner Tropfen (mehrere Tropfen bei Riesenanolis) des Vitaminpräparates mit Hilfe einer Pipette oder Spritze auf das Körperende aufgetragen wird, da *Anolis* sich stets nach dem Kopfteil des Beutetiers orientieren. Mit einem feinen Pinsel läßt sich auch, bei einigem Geschick, das Vitaminpräparat direkt auf die Schnauzenpartie auftragen. Als Mineralstoffgemisch mit zusätzlichem Vitamingehalt ist das Präparat Korvimin® ZVT (Wirtschaftsgenossenschaft deutscher Tierärzte eG) geeignet. Es wird wenigstens 1-2 mal pro Woche über zuvor eingestäubte Futtertiere verabreicht.

8.5 Terrarienhaltung

8.5.1 Verhalten im Terrarium

Anolis können unter Terrarienbedingungen z. T. ganz andere Verhaltensmuster zeigen, als es im Freiland der Fall wäre. Je mehr sich aber die Qualität (beeinflussende Faktoren: z. B. Beleuchtung, Temperatur, Feuchtigkeit, usw.) und Quantität (Terrariumgröße, Einrichtung, usw.) des Terrariums den heimatlichen Bedingungen des jeweils spezifischen Biotopes nähern, desto vielfältigere und natürlichere, artcharakteristische Verhaltensweisen können beobachtet werden (PETZOLD 1982, WIJFFELS 1984 b). Unter beengten Verhältnissen - und hierzu gehören die meisten Terrarien - sollten daher einige Hinweise Beachtung finden. Die natürlichen Territorialansprüche korrelieren zumeist mit dem Nahrungsangebot. Die Größe des Terrariums kann bei einer kontinuierlichen und gezielten Fütterung kleiner ausfallen. Allerdings sind extrem kleine Terrarien, in denen sich selbst mehrere Männchen einer Art dem Anschein nach vertragen, weil eine Territorialstruktur nicht aufgebaut werden kann, entschieden abzulehnen.

Die meisten bekannten *Anolis*-Arten sind paarweise zu halten. Seltener können mehrere Weibchen mit einem Männchen vergesellschaftet werden, da auch weibliche Individuen territorial veranlagt sind. Bei spezialisierten *Anolis*-Arten, wie bei den Gras- und den kleinen Rindenanolis, können bei entsprechendem

Raumangebot unter Umständen mehrere Männchen (zumeist jedoch nur zwei) und Weibchen zusammengehalten werden. Immer wieder werden auch Arten paarweise gehalten, die von Natur aus Einzelgänger sind (z. B. *Anolis biporcatus*, *Anolis capito*, *Anolis chrysolepis*, *Anolis frenatus* und viele Riesenanolis) oder bei denen die Geschlechter unterschiedliche Lebensweisen führen (wie bei *Anolis bimaculatus*). Der Verlust von Tieren ist dabei vorprogrammiert. Die Einzelhaltung bei einer zeitweisen Zusammenführung der Geschlechter unter Beobachtung bringt dagegen den erwünschten Erfolg. Dabei ist zu beachten, daß den paarungswilligen Männchen die Weibchen zugeführt werden; anderenfalls würde die Dominanz der Männchen gestört werden. *Anolis* reagieren sehr individuell, so daß letztendlich die genaue Beobachtung des Pflegers zur Entscheidung führen muß.

Auch die gemeinschaftliche Haltung von mehreren *Anolis*-Arten in einem Terrarium bleibt ein Wagnis. Sympatrisch lebende Arten eignen sich besser für die Vergesellschaftung als alleinlebende, die oft keine andere Art im beschränkten Raum eines Terrariums ertragen. Diese betrachten andere *Anolis*-Arten als Rivalen, so daß die einander zugesellten Tiere durch Unruhe, Energiemehraufwand, Streit, Verletzungen, Futtermangel und Streß zugrunde gehen. Sympatrisch lebende Arten können zwischen arteigenen und artfremden *Anolis* unterscheiden. Rivalitätsirrtümer in bezug auf Revierhandhabung, Beuteerwerb und Sexualverhalten treten seltener auf.

Die Annahme ist berechtigt, daß verschiedene Arten mit ausreichend unterschiedlichen Aktivitätszeiten, Aufenthaltsvorzügen und Verhaltensweisen die Aussicht bieten, ohne Probleme in einem Terrarium zusammen gepflegt werden können. So konnten *Anolis angusticeps* und *Anolis bahorucoensis* „friedlich" in einem zweckmäßig eingerichteten Terrarium zusammen gehalten werden. Oft aber geht das nicht, und es muß auf eine Vergesellschaftung - genau wie bei vielen anderen Echsenarten - verzichtet werden. Selbst entfernt verwandte, alleinlebende Arten, wie etwa *Anolis lineatus* und eine Art aus der *bimaculatus*-Gruppe (*Anolis gingivinus* oder *Anolis sabanus*), zeigen bei Konfrontation das vollständige Kampfverhalten mit allen normalen, sich steigernden Reaktionen, die gegenseitig perfekt verstanden werden (WIJFFELS 1960, 1980). Dabei überwiegen gemeinsame Verhaltenselemente überdeutlich, artspezifische Eigenheiten sind dagegen nicht spürbar. Bemerkenswert ist, daß nischenähnlich lebende und mit anderen Arten sympatrisch lebende *Anolis*, wie *Anolis allogus* von Kuba und *Anolis gundlachi* von Puerto Rico, sich vom ersten Anblick an bekämpften, als wären sie Artgenossen.

Der Terrarianer sollte sich bewußt sein, daß *Anolis* kämpferische Revierverteidiger sind, die Weibchen kaum weniger als die Männchen. Eine Zusammenhaltung unterschiedlicher Arten ist individuell bedingt möglich, setzt aber eine genaue Kontrolle voraus.

Finden *Anolis* günstige Bedingungen im Terrarium vor, werden interessante Beobachtungen ihres vielseitigen Verhaltensrepertoires möglich. PETZOLD (1982) verweist auf die relative Konstanz des Balzverhaltens auch bei späteren Nachzuchtgenerationen im Terrarium.

8.5.2 Die Nachzucht von Anolis

Das Ziel jedes Terrarianers ist die erfolgreiche Nachzucht. Bereits MOLLE (1958) berichtet über Nachzuchterfolge bei mehreren *Anolis*-Arten. Unter erfolgreicher Nachzucht verstehen wir eine kontinuierliche Vermehrung bis wenigstens zur 2. Generation. Dies be-

Terrarienhaltung

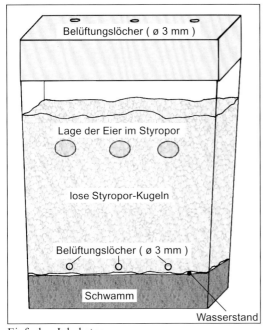

Einfacher Inkubator

inhaltet damit die geglückte Aufzucht der 1. Generation, die ihrerseits wieder gesund und reproduktionsfähig ist. Nur unter diesen Umständen können wir annehmen, daß die Haltungsbedingungen den spezifischen Ansprüchen der betreffenden Art annähernd entsprechen. Trifft dies zu, können wir früher oder später Paarungsaktivitäten beobachten. Das Imponierverhalten ist bei *Anolis* äußerst vielfältig entwickelt. KÄSTLE (1963) unterscheidet am Beispiel kolumbianischer *Anolis auratus* das Arterkennungsimponieren, das Animponieren der Geschlechtspartner, das Paarungs- und das Drohimponieren. Begegnen sich Männchen und Weibchen, laufen in der Regel die genannten Verhaltensmuster (selten kommt es auch zum Drohimponieren) ab. Kennen sich die Tiere, was bei einer Zusammenhaltung zumeist der Fall ist, wird oft nur noch das Paarungsimponiergehabe gezeigt. Erwidert das Weibchen die Annäherungsversuche des Männchens mit Nickstrophen, gegebenenfalls auch mit dem Spreizen der Kehlhaut, kommt es zur Paarung. Bei vielen Arten verbeißt sich das Männchen vor bzw. auch während der Kopulation im Nackenbereich des Weibchens. Die Paarung kann bei arboricolen Arten in luftiger Höhe, bei terrestrisch lebenden *Anolis* (z. B. *Anolis chrysolepis*) auch auf dem Bodengrund erfolgen. Wie schon erwähnt, kann eine einzige Paarung ausreichen, daß ein ganzes Jahr lang befruchtete Eier abgelegt werden können. Die Möglichkeit der verzögerten Befruchtung (Amphigonia retardata) dürfte sicher viel weiter verbreitet sein, als uns heute bekannt ist.

Das Gelege von *Anolis* besteht meist nur aus einem Ei, seltener aus zwei Eiern. Die Eigröße korreliert nicht unbedingt mit der Körpergröße. Vielmehr ist sie abhängig von der Gelegeanzahl pro Jahr. *Anolis* aus humiden Verbreitungsgebieten ohne Trockenperioden legen oft das ganze Jahr hindurch Eier, die im Vergleich zu ihrer Körpergröße erstaunlich klein sind. Ein Beispiel hierfür ist *Anolis garmani* (KRINTLER 1985) mit über 30 Eiern pro Jahr. Andere Arten, zumeist aus Verbreitungsgebieten mit saisonalen Unterschieden, können dagegen nur eine begrenzte Anzahl von Eiern legen, die allerdings oft durch ihre Größe beeindrucken (so etwa bei *Anolis argenteolus* und *Anolis bartschi*).

Da adulte *Anolis* unter den beengten Terrariumbedingungen ihren Nachkommen durchaus nachstellen, sollten die Gelege zur Zeitigung in separate Behälter überführt werden. Dies können einfache Inkubatoren sein. Bewährt haben sich umgearbeitete Kühlschrankdosen (1 l Fassungsvermögen). Jeweils drei Bohrungen (3 mm Durchmesser) im Deckel sowie ca. 3 cm seitlich über dem Dosengrund sorgen für einen ausreichenden Luftaustausch. Das Volumen vom Dosengrund bis zu den Bohrungen füllt ein mit Wasser getränkter Kunststoffschwamm aus. Lose Styroporkugeln stellen bis ca. 5 cm unter den Rand die zweite Schicht dar. In diese werden die Eier gelegt, wobei sie vom Styropor etwa 1 cm hoch bedeckt sein sollten. Andere Substrate wie z. B. Torf sind ebenfalls gut geeignet. Zimmertemperaturen von 23-25°C reichen ohne zusätzliche Heizung für die Zeitigung der Eier vieler *Anolis*-Arten völlig aus. Günstig ist auch die Aufstellung auf beheizbaren Flächen, da die Verdunstung im Inkubator hierdurch gefördert wird. Temperaturschwankungen während der Zeitigung sind positiv zu bewerten. Ein Tag-Nacht-Gefälle von bis zu 4°C ist unbedenklich. Die Jungtiere sind unter solchen Zeitigungsbedingungen viel kräftiger und vitaler als Jungtiere, die bei konstanten Temperaturen im thermostatgesteuerten Inkubator schlüpfen. Gegebenenfalls sollte bei der Verwendung von temperaturgesteuerten Behältern eine Schaltuhr eingebaut werden, die für eine gewisse zeitliche Absenkung sorgt. Es sei an dieser Stelle bemerkt, daß die Zeitigungs-

Anzeige
Kunstglucke der Fa. Jäger und Pfrommer, Postfach 1227, 63602 Wächtersbach, für die Zeitigung der Anoliseier.

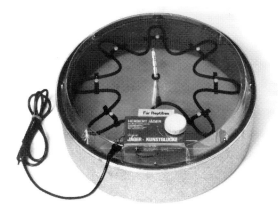

temperatur sicher einen Einfluß auf die Geschlechtsfixierung hat (CREWS 1994, PHILIPPEN 1989). Meist überwiegen bei niedrigen Temperaturen von 22-25°C weibliche Tiere. Genaue Untersuchungen bei *Anolis* wären zu diesem Thema sicher sehr aufschlußreich.

Die Dauer der Zeitigung bewegt sich bei den meisten Arten zwischen 40 und 60 Tagen (bei Temperaturwerten von 24-28°C). Als Minimum konnten bei *Anolis limifrons* und *Anolis sagrei* 32 Tage ermittelt werden. Es ist aber nicht sinnvoll, die Entwicklungszeit durch eine Temperaturerhöhung zu verkürzen. Als Extremwert wiederum gibt WEYGOLDT (1984) für *Anolis ch. chrysolepis* eine Zeitigungsdauer von bis zu 4 Monaten an.

Interessanterweise schlüpfen nach unseren Informationen *Anolis* am Tage, meist in den Vormittagsstunden. Hierfür kann eventuell die Temperaturerhöhung am Morgen verantwortlich sein. Trifft dies zu, dann wäre dieses Verhalten leicht zu erklären, da sich *Anolis* fast ausschließlich mit Hilfe des gut entwickelten Sehvermögens, also visuell, orientieren.

Anolis häuten sich unmittelbar nach dem Schlupf. Aus diesem Grund ist es ratsam, die Jungtiere die ersten 1-2 Stunden in einem gut belüfteten Kunststoffbehälter unterzubringen. Nach der Häutung kommen sie dann in entsprechend vorbereitete Kleinstterrarien. Zu beachten ist, daß nicht alle Arten eine Vergesellschaftung vertragen. Die Möglichkeit der Haltung in einer größeren Gruppe dürfte eher die Ausnahme sein. Besonders die kleineren Vertreter (meist spezialisierte Nischenbesetzer) sollten unbedingt, zumindest die ersten Wochen, separiert werden. Das gleiche trifft für *Anolis*-Arten mit noch unbekanntem Verhalten hinsichtlich der Fortpflanzung und Jungtierentwicklung (Ontogenese) zu. Durch die Einzelhaltung fühlen sich streßempfindliche Arten sicherer und beginnen viel schneller mit der Nahrungsaufnahme. Die so ermöglichte gezielte Fütterung ist ebenfalls von Vorteil. Der Pfleger kann durch genaues Beobachten individuell auf die Jungtiere eingehen. Nicht selten werden bestimmte Futterinsekten abgelehnt, und die Zeit für Experimente in bezug auf die Nahrungsaufnahme ist denkbar kurz. Vorsicht bei der unkontrollierten Verfütterung von Grillen! Nicht selten verkriechen sich die Insekten und wachsen schnell heran. Sie stellen damit eine ernste Gefahr für die kleinen *Anolis* dar.

Soweit bekannt ist, erreichen *Anolis* je nach Art in 6-15 Monaten die Fertilität. Unter natürlichen Bedingungen ist vermutlich bei einigen Arten ein noch höheres Alter anzusetzen. Auch über die Altersgrenze ist noch wenig bekannt. Kleinere Arten können ca. 4-6 Jahre, mittlere bis ca. 10 Jahre und Riesenanolis bis ca. 15 Jahre erreichen.

8.5.3 Erkrankungen und Prophylaxemaßnahmen

Viele Erkrankungen können nur durch speziell ausgebildete Tierärzte sicher diagnostiziert werden. Aus diesem Grund finden nur die häufigsten und vom Pfleger behandelbaren Erkrankungen bzw. Prophylaxemaßnahmen Erwähnung.

Ernährungsbedingte Erkrankungen treten bei *Anolis* häufig ab der 1. Nachzuchtgeneration auf. Abwechslungsreiche und fettarme Futtertiere sowie die prophylaktische Gabe von Vitaminen und Mineralien sind die beste Möglichkeit der Vorsorge. Zusätzlich sollten die Tiere bei entsprechender Witterung zeitweilig der ungefilterten Sonnenstrahlung ausgesetzt werden. Besonders heliophile Arten nutzen jeden Sonnenstrahl und danken es mit einer entsprechenden Vitalität und Färbung. *Anolis* aus Regenwaldgebieten oder schattigen Biotopen sollten nur kurzzeitig und unter Aufsicht „sonnenbaden". Hilfreiche Einrichtungen zu diesem Zweck sind gutbelüftete Freiluftterrarien oder feinmaschige Reusen (Anglerbedarf), die als zweckmäßige Einrichtung große, schattenspendende Rindenstücke enthalten.

Jodmangel kann zur Kropfbildung führen (BECH 1979 a). Meist reicht die einmalige Verabreichung weniger Tropfen von Kaliumjodatum im Verhältnis 0,05 g/ 100 ml Wasser mittels einer Pipette aus.

Häutungsreste müssen unbedingt entfernt werden. Gerade bei Jungtieren können körperumfassende Hautreste zu Abschnürungen führen. Bei Männchen wurde hin und wieder beobachtet, daß die Hemipenes nicht vollständig mitgehäutet wurden. Es kommt zur starken (oftmals nur einseitigen) Verdickung im Schwanzbasisbereich. Deutlich kann die Verhärtung gefühlt werden. Ein behutsames Ausmassieren gelingt in vielen Fällen.

Legenot tritt auf, wenn weibliche Tiere z. B. keine geeigneten Eiablagemöglichkeiten finden, durch ein dominantes Männchen zu sehr gestreßt werden oder infolge von zu reichlicher Ernährung bei gleichzeitigem Bewegungsmangel Probleme bei der Austreibung haben.

Als parasitäre Erkrankungen kommen häufig Endoparasiten vor. Meist sind es Nematoden, die unter Terrariumbedingungen einzelne Tiere durch eine zu starke Vermehrung schwächen können. Das Präparat Panacur® (Fenbendazol) hat sich hierbei bewährt.

Bei Wildfängen finden sich häufig Ektoparasiten. Milben sind weit verbreitet. Entscheidend ist das rechtzeitige Erkennen, bevor es zur Massenvermehrung kommt. Einzelne Milben lassen sich problemlos mit Öl-Präparaten (Baby-Öl) abtöten und entfernen. Ein feiner Pinsel leistet hierbei gute Dienste.

9. Artenteil

Der Artenteil kann wegen der Mannigfaltigkeit der Gattung *Anolis* nur bescheiden ausfallen. Die Auswahl wurde auf Arten beschränkt, zu denen nach Möglichkeit auch Bildmaterial zur besseren Veranschaulichung vorlag. Im Detail werden weiterhin von einzelnen Arten ausgewählte Unterarten behandelt, da oftmals die spezifischen Ansprüche an die Umwelt sowie die Unterschiede in der Beschuppung und der Körpergröße, -färbung und -zeichnung innerhalb einer Art recht verschieden sein können. Nur bei wenigen recht gut bekannten Arten von den Kleinen Antillen wird eine allgemeine Übersicht über die gesamte innerartliche Variation gegeben.

9.1 Arten der Kleinen Antillen

Anolis bimaculatus (SPARRMAN, 1784)

Unterarten: *A. b. bimaculatus, A. b. leachi*

Anolis bimaculatus bimaculatus (SPARRMAN, 1784)

Beschreibung: Die KRL der geschlechtsreifen Männchen variiert zwischen 65 und 95 mm (GL bis 290 mm), die der Weibchen zwischen 55 und 70 mm (GL bis 217 mm). Solitär lebende Männchen können eine KRL von 125 mm (GL bis 387 mm) erreichen. Der Körperbau und der Kopf sind kräftig. Die Extremitäten sind lang, wobei die stark verbreiterten Zehen auffallen.
Die Grundfärbung ist oberseits grün. Weibchen zeigen einen braunen Rücken und eine laterale Längsbinde. Die Männchen haben eine schwarze, X-förmige Zeichnung auf dem Vorderrücken. Die Unterseite ist gelb. Ein oder zwei schwarze bis blauschwarze Flecken befinden sich auf der Schulterpartie. Unter diesen verläuft ein intensivgelber Schulterstrich. Die Art ist zu einem Farbwechsel fähig, der sich bei den Weibchen auf eine Aufhellung und Variierung der Grüntöne beschränkt. Die Männchen zeigen in der hellen Phase einen himmelblauen Kopf und Schwanz. Der Körper ist dabei hellgrün, wobei sich die schwarzen Flecken und der schwefelgelbe Schulterstrich besonders markant abheben. Bei der Umfärbung nach der aktiven Phase verdunkelt sich das Tier und zeigt dann violettbraune Partien auf Kopf und Schwanz. Der Rumpf erscheint ebenfalls dunkler mit schwach angedeuteten Querbändern, die auch auf den Extremitäten zu finden sind. Bei Erregung färbt sich *Anolis b. bimaculatus* dunkel-grasgrün. Der hohe Hautsaum im Nackenbereich ist dann gelb. Die Schwarzzeichnungen verstärken sich, und auf Rücken, Schwanz und Gliedmaßen werden Pünktchen sichtbar. Die Kehlfahne der Männchen ist sehr klein und blaßgelb. Männchen besitzen vergrößerte postcloakale Schuppen (VAN DIJK & VAN DIJK 1984).

Die Jungtiere haben nach dem Schlupf eine KRL von ca. 26 mm (GL bis 81 mm). Sie unterscheiden sich in der Färbung und Zeichnung von den Adulti durch sechs Querbänder auf der hellen lichtbraunen Grundfarbe. Diese sind in der Rückenmitte schmal und auf den Flanken breit.

Verbreitung: *Anolis b. bimaculatus* lebt auf St. Eustatius, St. Christopher (St. Kitts) und Nevis, wo er von Meeresniveau bis ca. 600 m ü. NN vorkommt.

Lebensraum und Verhalten: *Anolis b. bimaculatus* ist eine arboricole Art, die überall vorkommt wo es Sträucher und Bäume gibt. Jungtiere leben nahe am Boden und in der Krautschicht. Weibchen und subadulte Männchen kommen im unteren Stammbereich sowie an auf dem Boden liegenden, abgestorbenen Palmblättern vor. Große Männchen sind hoch am Stamm, im Bereich der ersten Verzweigung, und in den Kronen zu finden. Obwohl sich hochlebende Individuen offensichtlich auf größere fliegende Insekten spezialisiert haben, kommen sie manchmal zur Nahrungssuche auf den Boden (WIJFFELS 1984 a). LAZELL (1972) gibt an, daß Exemplare über 100 mm KRL für Prädatoren, wie kleine Falken und Schlangen, zur Überwältigung zu groß sind, so daß sie zu „Riesen" heranwachsen können. Sie werden von kleineren Artgenossen gemieden. An der Fortpflanzung sind sie aller Wahrscheinlichkeit nach nicht beteiligt, so daß die viel kleineren Weibchen oftmals selbst als Beute angesehen werden. 1984 konnte einer der Autoren (WIJFFELS) während eines siebenwöchigen Aufenthalts auf der Insel St. Eustatius drei riesige Männchen beobachten. Sie hielten sich in der Nähe von Gebäuden auf. Zwei Exemplare hatten eine KRL von 113 und 118 mm. Ein Tier suchte regelmäßig die Veranda seiner Unterkunft auf, wo es sich auf einem geflochtenen Lampenschirm ein-

Anolis bimaculatus bimaculatus ♂ im Biotop (Tumble Down Dick Bay, St. Eustatius).
Foto: L. C. M. Wijffels

fand. Nachts wurden vom Licht angelockte Insekten erbeutet. Tagsüber hielt es sich in Bodennähe am Mauerwerk und an der Pergola auf. Es wurde wiederholt beobachtet, wie der *Anolis* kleinere Artgenossen und *Anolis wattsi* erbeutete.

Die Männchen besitzen eine sehr kleine Kehlhaut, die beim Imponierverhalten eine geringe Rolle spielt. Sie ist recht unscheinbar und wird nicht abwechselnd gespreizt und entspannt. Treffen zwei Männchen aufeinander, wird sie beständig gezeigt, gleichzeitig wird ein Nackenhautsaum aufgerichtet. Zusätzlich verdickt sich die Kehle, und der Schnauzenboden wird heruntergedrückt. Anhebungen des Körpers unterbleiben dabei, wie es für Arten mit Kehlfahne typisch wäre. Statt dessen kommt es direkt vor dem Angriff zu starken Seitwärtsbewegungen des Kopfes.

Fortpflanzung: Die ständige Anwesenheit von Jungtieren läßt eine ganzjährige Reproduktion vermuten. Die Eier werden im Bodengrund vergraben.

Haltung: Die paarweise Haltung ist nur möglich, wenn beide Geschlechtspartner ungefähr die gleichen Körperproportionen aufweisen. Junge fertile Männchen sind mit älteren, sehr großen Weibchen meist problemlos zu vergesellschaften. Kräftige alte Männchen sind oft sehr aggressiv und stellen für die Weibchen auf Dauer eine Gefahr dar. Eine Separation ist unumgänglich. Wirkliche Riesenmännchen sind für die Haltung bzw. Nachzucht nicht geeignet. Sie sind scheu, aggressiv und kannibalisch.

Zur Unterbringung eignen sich hochformatige Terrarien mit senkrechten starken Ästen, großen Rindenstücken als Versteckplätze und derber Bepflanzung (z. B. hartblättrige Bromelien).

Die Jungtiere sind unproblematisch und können gemeinsam aufgezogen werden, solange sie keine deutlichen Größenunterschiede aufweisen.

Ein aus Antigua stammendes junges Männchen von *Anolis bimaculatus leachi*.   Foto: L. C. M. Wijffels

Anolis bimaculatus leachi Duméril & Bibron, 1837

Beschreibung: Fertile Männchen erreichen eine KRL von 70-90 mm (GL bis 279 mm), Weibchen von 55-70 mm (GL bis 220 mm). Die maximale KRL der Männchen liegt bei 120 mm. Ein bereits fertiles Weibchen wuchs nach 4jähriger Haltung bei einem der Autoren (Wijffels) zu einem Riesen mit einer KRL von 85 mm.

Die Grundfärbung der Oberseite ist grün, die der Unterseite hellgrün bis gelblichweiß. Auf dem ganzen Körper befinden sich zahlreiche schwarze, blauschwarze oder braunschwarze Flecken, die auf dem Vorderkörper oft miteinander zu Längsbinden verschmelzen. Bei den Weibchen ist die Rückenmitte ohne Zeichnung, so daß ein grüner Dorsalstreifen auftritt. Beide Geschlechter besitzen einen markanten gelben Schulterstrich, der sich bei den Weibchen in hellgrünen Lateralstreifen fortsetzt. Bei den Männchen ist dieser Seitenstreifen schmaler und hell bis fast weiß gefärbt. Der Farbwechsel reicht von Hellgrün bis zu einem dunklen Graugrün, wobei die schwarzen Zeichnungselemente unverändert bleiben. Die Kehlfahne der Männchen ist klein und orangefarben und mit in der Helligkeit variierenden Schuppen besetzt.

Jungtiere haben eine KRL von ca. 23 mm (GL bis 70 mm).

Verbreitung: Die Unterart lebt auf Barbuda, Antigua und den umliegenden Inselsatelliten. Sie wurde auf den Bermudas eingeschleppt.

Lebensraum und Verhalten: *Anolis b. leachi* von Antigua ist noch mehr als *A. b. bimaculatus* ein reiner Baumbewohner. Selbst Jungtiere und Weibchen halten sich auf höheren Stellen in Sträuchern und an Bäumen auf. Die Männchen kommen wahrscheinlich nie auf den Boden. Auf Barbuda konnte Lachner (1987) beobachten, wie einzelne Tiere regelmäßig Gebäckreste verzehrten, die auf einem Teller am Boden angeboten wurden.

Die *Anolis* sind sehr territorial, wobei auch die Weibchen stark rivalisieren. Bei Auseinandersetzungen unter Männchen spielt die orangefarbene Kehlhaut vor allem zur Warnung eine Rolle (im Gegensatz zu *Anolis b. bimaculatus*). Es ist durchaus denkbar, daß es sich um eine eigene, valide Art handelt, da Verhaltensweisen selbst bei nicht näher verwandten *Anolis*-Arten recht konstant erhalten geblieben sind. Auch hinsichtlich der Lebensweise sind Unterschiede zu *Anolis b. bimaculatus* zu erkennen.
Fortpflanzung: Über die natürliche Fortpflanzung ist nichts bekannt. Die Weibchen vergraben ihre Eier.
Haltung: Die Haltung entspricht der der Nominatform.

Anolis ferreus (COPE, 1864)

Beschreibung: Geschlechtsreife Männchen haben eine KRL von 70-90 mm, Weibchen 50-65 mm. In jeder Population treten auch wenige, sehr große Männchen mit einer KRL bis 120 mm (GL bis 350 mm) auf.
Der Körperbau ist kräftig. Auffallend ist bei manchen männlichen Individuen ein bis 22 mm hoher Kamm auf der vorderen Schwanzhälfte.
Die Grundfärbung ist ein gräuliches Grünbraun, das in der vorderen Körperpartie dunkler ist. Die Unterseite ist heller bis gelblich, die Kopfunterseite fast weißlich gefärbt. Graublaue Farbtöne treten auf der Kopfoberseite bzw. an den Seiten sowie auf dem Vorderrücken auf. In der hellen Farbphase, z. B. beim Schlafen, zeigen sich mehr grünliche Grundtöne. Der Kopf ist dann bläulich. Ein gelbgrüner Schulterstrich tritt hervor. In der aktiven Farbphase verdunkelt sich die Grundfarbe nach braun durch zahlreiche kleine Pünktchen auf Rücken und Rumpfseiten. Bei Erregung zeigt sich eine dunkle Schattierung, wobei die vordere Schwanzpartie hellbraun erscheint. Ein weißer Streifen tritt vor und über der Schulterpartie auf. Kammtragende Männchen zeigen dann dunkelbraune Längsstreifen auf dem prominenten Hautkamm des Schwanzes. Die Weibchen haben je einen kurzen Flankenstreifen und sind im Dorsalbereich leicht gefleckt. Die Kehlfahne der Männchen ist gelb mit z. T. graublauen Tönen im basalen Bereich.
Verbreitung: Die Art stammt von Marie-Galante.
Lebensraum und Verhalten: *Anolis ferreus* ist ein Baumanolis, der in seinem Vorkommen auf zwei wesentliche Biotope beschränkt ist. Es sind die wenigen restlichen Waldbestände und Mango-Plantagen sowie die Küstenvegetation, gebildet aus Meertrauben (*Coccoloba uvifera*), Kokospalmen und Mansanilla-Bäumen (*Hippomane mancinella*). Populationen der Küstenvegetation neigen zu einem bodengerichteten Jagdverhalten. Die ca. 20 km Ø umfassende Insel besitzt ein warmes, trockenes Klima und einen oft wolkenlosen Himmel ohne nennenswerten Niederschlag.
Fortpflanzung: Über die natürliche Reproduktion ist nichts bekannt. Im Terrarium vergraben die Weibchen ihre Eier im feuchten Bodengrund.
Haltung: *Anolis ferreus* kann paarweise gehalten werden, wobei die Größe der Geschlechter nicht zu unterschiedlich sein sollte. Riesenmännchen sind, ähnlich wie bei *Anolis bimaculatus*, problematisch. Das Terrarium ist hochformatig zu wählen (mindestens 100 cm Höhe) und mit dicken Ästen einzurichten. Eine starke Beleuchtung und lokale Erwärmung bis 35°C sowie ausreichende Belüftung sind wichtig. Die Nachzucht ist wiederholt gelungen (VAN DIJK & VAN DIJK 1986).

Ein prächtiges Männchen von **Anolis ferreus** (Foto: W. Schmidt) im natürlichen Lebensraum mit Beständen des Mansanilla-Baumes (*Hippomane mancinella*) auf Marie Galante. Foto: L. C. M. Wijffels

Anolis gingivinus Cope, 1864

Beschreibung: Die KRL der Männchen beträgt durchschnittlich 65 mm (GL ca. 190 mm), die der Weibchen 53 mm (GL ca. 150 mm). Auf kleineren Inseln werden seltener auch Männchen mit einer KRL von maximal 72 mm gefunden (Lazell 1972).

Anolis gingivinus ist ein typischer Vertreter der *bimaculatus*-Gruppe.

Die Grundfärbung ist braun, und mit dunkelbraunen und schwarzen Zeichnungen versehen. Eine breite, helle Längsbinde erstreckt sich über den Lateralbereich sowie ein gelber Schulterstrich mit blaßgelber Fortsetzung bis zu den Hinterbeinen, der oben und unten braunschwarz begrenzt ist. Die Kehlfahne der Männchen ist gelb-orange mit, je nach Farbphase, von weißlich bis braun variierenden Schuppen.

Der Farbwechsel ist beträchtlich, wobei die Zeichnung der passiven Phase, ein helles Braun mit fast weißer Längsbinde, in ein Dunkelbraun mit fleckigen Querbändern wechseln kann. In dieser aktiven Farbphase bleibt von der Längsbinde nur ein hellgelber Schulterstrich sichtbar. Das Gelborange der Kehlfahne ist unveränderlich, die Schuppen auf der Kehlhaut jedoch wechseln von hell gelblich nach braunschwarz.

Bei großer Erregung hellen sich die Männchen auf und zeigen auf der vorderen Körperhälfte tiefschwarze Zeichnungen. Auf der Schulter erscheint dann ein markanter schwarzer, rhombenförmiger Fleck. Rumpf und Schwanz färben sich in ein zartes Grün, was am vorderen Schwanzteil besonders auffällt. Die Jungtiere haben eine KRL von ca. 20 mm (GL bis 60 mm).

Verbreitung: Sombrero Island, Dog Island, Anguilla und Satelliteninseln (Scrub Island, Anguillita, Low Anguilla Cay, Western Prickly Pear Cay), St. Martin (Tintamarre Island, Guana Cay off Pelikan), St.-Barthélémy (Ile Forchue, Ile Chevreau, Ile Frégate, Ile Toc Vers, Ile Coco), sowie einzelne Felsinseln auf der Anguilla Bank sind die Heimat von *Anolis gingivinus* (SCHWARTZ & HENDERSON 1988).

Lebensraum und Verhalten: *Anolis gingivinus* führt zumeist eine arboricole Lebensweise, besitzt jedoch eine große Anpassungsfähigkeit. Die Art ist häufiger in Beständen von kleineren Bäumen und Sträuchern zu finden als auf „richtigen" Bäumen, die es, abgesehen von Kokospalmen, in ihren Heimat-

Imponierendes Männchen von *Anolis gingivinus* (Cul de Sac, St. Martin). Foto: L. C. M. Wijffels

gebieten nur stellenweise gibt. Außerdem sind die *Anolis* oft an Mauern, in Gärten sowie an und in Häusern zu beobachten. An der Küste und an felsigen Stellen mit Kakteen-Vegetation leben die Tiere fast ausschließlich petricol. Im Heimatbiotop zeigt sich *Anolis gingivinus* weniger aktiv als andere Formen seiner Verwandtschaftsgruppe. Es handelt sich um eine ruhige Art, die nicht ängstlich ist und sich nicht schnell verjagen läßt. Kommen rivalisierende Weibchen oder Männchen in Sichtweite zueinander, reagieren sie sehr träge mit warnenden Gesten, einer dicken Kehle, einem Hautsaum im Nackenbereich, Kehlhautspreizen (Männchen) und Aufhellung der Körperfarbe, bis eines der Tiere das Interesse verliert und davonläuft. Bei dieser Verhaltensweise ergibt sich ein minimaler Energieaufwand. Auch bewegungslose Beute wird direkt erkannt und entsprechend erbeutet. Langsame Raupen werden gemächlich erjagt. Bei fliegenden Insekten nähern sich die Anolis langsam bis auf eine bestimmte Distanz an, um dann mit einem Sprung das Beutetier

Besonders häufig ist *Anolis gingivinus* auf dem Boden oder auf größeren Steinen anzutreffen, wie dieses Weibchen in einem „Cul de Sac" auf St. Martin. Foto: L. C. M. Wijffels

zu ergreifen. Nach SCHWARTZ & HENDERSON (1991) werden auch die eigenen Jungtiere und die kleinere Art *Anolis wattsi pogus* erbeutet.

Fortpflanzung: Die Paarung dauert meist 1-7 Min. Sie erfolgt nach kurzer, stürmischer Balz, meist ohne Nackenbiß des Männchens. Das Weibchen legt je ein Ei der Größe 6 x 8 mm, das sich bis zum Schlupf auf ca. 10 x 16 mm ausdehnt, in den Bodengrund. Die Jungtiere schlüpfen nach ca. 60-75 Tagen.

Haltung: *Anolis gingivinus* kann paarweise oder, bei genügend großem Terrarium, auch in einer Gruppe aus einem Männchen und zwei Weibchen gehalten werden. Um den typischen Farbwechsel und das Verhalten beobachten zu können, sollte die Art nicht mit anderen *Anolis* vergesellschaftet werden. Das Terrarium kann hoch- oder querformatig sein. Wichtig erscheinen eine starke Beleuchtung und ausreichende Temperaturen, die am Tag 30°C etwas überschreiten und nachts nicht unter 22°C abfallen sollten. Eine direkte Sonnenbestrahlung ist günstig.

Die Aufzucht der Jungtiere bereitet keine Probleme und kann auch gemeinsam erfolgen.

Anolis lividus GARMAN, 1888

Beschreibung: Die KRL der Männchen erreicht 70 mm, die der Weibchen 53 mm. Die Grundfärbung der Männchen ist grün bis grünlichbraun, die der Weibchen grünlicholivbraun bis braun. Die Männchen variieren farblich je nach Herkunft. Sie erscheinen blaugrün im hochgelegenen Zentrum ihrer Heimatinsel, gelbgrün im Nordwesten und wesentlich bräunlicher im Nordosten. Die Augenlider sind bei beiden Geschlechtern auffallend orangefarben, bei den Männchen ist diese Färbung etwas intensiver. In der aktiven Farbphase herrscht eine gelbliche Grundfärbung vor, auf der kleine helle Punkte in der Schultergegend zu sehen sind. Dunkle Zeichnungen kommen nicht vor. Die Weibchen haben zumeist ein zwischen dorsolateralen Längslinien verlaufendes helleres Rückenband. Dieses kann zeichnungslos sein oder eine Querbänderung bzw. Quaderfleckung aufweisen. Die Rückenzeichnung variiert über das gesamte Verbreitungsgebiet. Die Kehlfahne der Männchen ist gelb bis oliv-gelbbraun mit weißen bis grünlichen Schuppen. Jungtiere haben eine KRL von ca. 21 mm (GL bis 65 mm).

Verbreitung: Die Art stammt von Montserrat, wo sie bis auf 762 m ü. NN vorkommt (SCHWARTZ & HENDERSON 1991).

Lebensraum und Verhalten: *Anolis lividus* führt eine arboricole Lebensweise. Die größeren Weibchen kommen fast genausoweit oben an Bäumen vor wie die Männchen (ca. 0,6-2,5 m über dem Bodengrund). Kleinere Exemplare leben mehr in Bodennähe. Wenn höhere Vegetation in der Nähe ist und sich ausreichend Versteckmöglichkeiten bieten, werden auch gern Mauern als Lebensraum angenommen. Alle Individuen kommen zum Beuteerwerb nach unten.

Im Feld zeigt sich bei beiden Geschlechtern ein ausgeprägtes Revierverteidigungsverhalten. Die Tiere attackieren einander heftig. Wegen des offenen Charakters der Landschaft sind die Territorien recht groß. Zumeist beträgt die Entfernung zwischen den einzelnen Tieren 5-7 m.

Fortpflanzung: Über die natürliche Reproduktion ist nichts bekannt. Einer der Autoren (WIJFFELS) konnte im Juni zwei Jungtiere im Gewächshaus finden. Das Weibchen vergräbt die Eier wahrscheinlich im Bodengrund.

Haltung: Die Art sollte paarweise im hochformatigen Terrarium gehalten werden. Auf ausreichende Kletter- und Versteckmöglichkeiten ist zu achten. Als Nahrung werden gerne Spinnen, Heuschrecken und auch süßes Obst angenommen.

Anolis lividus ♀ im Biotop (Plymouth, Montserrat). Foto: L. C. M. Wijffels

Die Art ist, wegen des hübsch gezeichneten und sehr aktiven Weibchens sowie wegen des farbveränderlichen Männchens, ein interessantes Beobachtungsobjekt. Bei kühlerer Haltung während der Nacht verhalten sich die Tiere morgens ausgesprochen heliotherm und richten sich in den ersten Sonnenstrahlen auf. Besonders die Männchen zeigen dabei einen rotbraunen Rücken und einen verdunkelten, intensiv blaugrünen Schwanz sowie fast schwarze Querbinden über den Gliedmaßen.

Anolis luciae GARMAN, 1888

Beschreibung: Die KRL der Männchen beträgt 85-91 mm (GL bis 270 mm), die der Weibchen 60 mm (GL bis 160 mm).
Die Grundfärbung der Männchen ist zumeist ein leuchtendes Grün bis Olivgrün, das in kurzer Zeit in ein Braun überwechseln kann. Der Kopf ist hellbraun bis braun, wobei die hell-

Anolis luciae ♂ (Castries/Choc Bay, St. Lucia)
Foto: M.Schmidt

grünen bis hellblauen oder weißlichen Augenlider auffallen. Bei jüngeren Männchen sind oftmals noch Zeichnungen im Dorsalbereich vorhanden, die im Alter undeutlicher werden. Hinter den Vordergliedmaßen beginnt jeweils ein heller, cremefarbener bis bläulicher Lateralstreifen, der nach hinten hin allmählich schwächer wird. Im Lateralbereich sowie auf den Extremitäten können Blautöne auftreten. Die Weibchen sind braun bis olivbraun. Das Dorsalband besteht aus einer Fleckenreihe, außerdem ist ein undeutlicher Lateralstreifen vorhanden. Die Unterseite ist weißlich bis gelblich braun. Die große Kehlfahne der Männchen ist je nach Herkunft weißlich mit schwarzem Rand, gräulichgelb oder dunkelorange mit weißen Schuppen bzw. verwaschen grau oder grünlich bis rötlich mit grünen Schuppen. Auch die Weibchen besitzen eine bis zu den Vordergliedmaßen reichende Kehlfahne. Bei Erregung können die Männchen einen ca. 4 mm hohen Hautsaum im Nackenbereich aufrichten.

Jungtiere haben eine KRL von ca. 23 mm (GL bis 64 mm). In Färbung und Zeichnung gleichen sie den adulten Weibchen, wobei die Kontraste stärker hervortreten (FLÄSCHENDRÄGER 1988 c).

Verbreitung: Die Art stammt von St. Lucia. Außerdem besiedelt sie die umliegenden Cays, Pigeon Island und die südlichste Gruppe der Maria Islands (SCHWARTZ & HENDERSON 1991).

Lebensraum und Verhalten: *Anolis luciae* ist ein heliothermer Saumfinger mit einer großen Anpassungsfähigkeit. Die Art kommt in Wäldern des Tieflandes bis zu montanen Regenwaldgebieten, an Baumgruppen in der Küstenzone, in Galeriewäldern sowie in menschlichen Kulturlandschaften, wie Kokos- und Bananen-Plantagen, Städten, Gärten und Häfen vor. SCHMIDT (1979) fand an einem Baum oder Strauch zumeist ein adultes Männchen in Prachtfärbung, mehrere subadulte Männchen und 5-8 adulte Weibchen. Nach LAZELL (1972) kommen die Männchen in einer Höhe von 1-3,5 m vor. Jungtiere und Weibchen sind näher am Boden zu finden.

Fortpflanzung: Über die natürliche Reproduktion im Heimatgebiet ist nichts bekannt. Im Terrarium vergraben die Weibchen je ein 8 x 11 mm großes Ei bis zu 2 cm tief im Bodengrund. Nach 78-84 Tagen bei 23-28°C schlüpfen die Jungtiere (FLÄSCHENDRÄGER 1988 c).

Haltung: Die Haltung kann paarweise erfolgen, ein Männchen kann aber auch mit mehreren Weibchen zusammen gepflegt werden. Zur Balz signalisiert das Männchen seine Absicht durch Nickintervalle in schneller Folge. Bei Paarungsbereitschaft antwortet das Weibchen mit Nickintervallen in sehr langsamer Folge, wie es für andere Arten der *roquet*-Gruppe nicht typisch ist. Die Kopulation dauert ca. 70-90 Sekunden.

Zur Haltung sind hochformatige und hell beleuchtete Terrarien mit vertikalen Ästen geeignet. Eine lokale Wärmelampe sollte im oberen Bereich des Terrariums Temperaturen von ca. 35°C erzeugen.

Die Jungtiere sind unproblematisch. Im Alter von 3-4 Monaten lassen sich die Geschlechter unterscheiden. Erst mit dem Erreichen der Fertilität färben sich die Männchen von braun nach grün um.

Anolis marmoratus Duméril & Bibron, 1837

Unterarten: *A. m. marmoratus, A. m. alliaceus, A. m. caryae, A. m. chrysops, A. m. desiradei, A. m. girafus, A. m. inornatus, A. m. kahouannensis, A. m. setosus, A. m. speciosus, A. m. terraealtae*

Anolis marmoratus marmoratus ♂ (Capesterre-Belle-Eau, Guadeloupe) Foto: M. Schmidt

Beschreibung: Nach LAZELL (1972) erreichen die Männchen eine KRL bis 82 mm (GL bis 240 mm), die Weibchen bis 56 mm (GL bis 160 mm).
Anolis marmoratus ist ein typischer Vertreter der *bimaculatus*-Gruppe.
Unter klimatischen Einflüssen konnten sich innerhalb der Art *Anolis marmoratus* mehrere ökotypische Erscheinungsformen entwickeln, die heute als Unterarten aufgefaßt werden. Die unterschiedlichen Formen weichen voneinander nur geringfügig ab. Das betrifft die Größe, die Feinheit der Beschuppung auf dem Rücken und die Lamellenanzahl der Zehen. Die genaue Unterscheidung der einzelnen Unterarten ist recht schwierig und würde an dieser Stelle zu weit führen. Außerdem trifft die Beschreibung zumeist nur auf eine kleine Population im großen Gesamtareal der Art zu und erscheint somit eher „künstlich". Eine detaillierte Dokumentation mit schematischen Darstellungen findet sich bei LAZELL (1964, 1972) und SCHWARTZ & HENDERSON (1985), Bildmaterial bei HESELHAUS & SCHMIDT (1990), SCHMIDT (1981) und TOMEIJ (1984).

Die Grundfärbung der Männchen variiert je nach Herkunft von leuchtend grün, über blaugrün, gelbgrün und graugrün bis braun. Einige unterartspezifische Charakteristika sind orangefarbene bis rote Flecken im Kopf- und Nackenbereich (*Anolis m. marmoratus*), eine variabele Zeichnung von permanenten schwarzen Flecken auf der Körperseite (*Anolis m. girafus*), einzelne hell umrandete schwarze Flecken auf der vorderen Rückenpartie (*Anolis m. alliaceus*), feine gelbe und dunkle Flecken

Biotop von *Anolis marmoratus alliaceus* auf Guadeloupe. Foto: M. Schmidt

Anolis marmoratus alliaceus ♀ (St. Claude, Guadeloupe) Foto: M. Schmidt

Anolis marmoratus alliaceus ♂ (St. Claude, Guadeloupe) Foto: M. Schmidt

auf dem Rumpf (*Anolis m. chrysops, Anolis m. terraealtae*), orangefarbene bis rote Augenlider (*Anolis m. desiradei*) und ein oftmals dunkles Rautenmuster auf dem Rücken (*Anolis m. setosus*). Weiterhin gibt es Farbvarianten ohne eine auffallende Zeichnung, die recht einheitlich grün (*Anolis m. speciosus*), graugrün (*Anolis m. inornatus*) bzw. verwaschen hellgrün (*Anolis m. caryae*) erscheinen (LAZELL 1964, 1972). Zwischen den einzelnen Lokalformen der Hauptinsel treten alle Übergänge auf.

Die Weibchen besitzen oftmals einen variablen Dorsalstreifen, der durchgehend oder unterbrochen sein kann und sich aus schrägen Einzelbändern oder aus einzelnen Fragmenten zusammensetzt. Besonders bei älteren Weibchen kann dieser auch völlig fehlen. Daß die einzelnen Zeichnungstypen des Dorsalstreifens für die Unterartzugehörigkeit von Bedeutung sind (LAZELL 1964), ist rein hypothetisch. Die Unterseite ist weißlich, gelblich oder grünlich. Die Kehlfahne der Männchen ist gelb, gelborange oder orange bis gelblichgrau. Bei Erregung können die Männchen einen ca. 4 mm hohen Hautsaum auf dem Nacken- und einen niedrigeren auf dem Rückenbereich aufrichten. Sie besitzen außerdem vergrößerte postcloakale Schuppen.

Die Jungtiere haben eine KRL von ca. 23 mm (GL bis 64 mm). Die Zeichnung ist bei weiblichen Jungtieren bereits voll entwickelt. Juvenile Männchen besitzen häufig eine aus V-förmigen Elementen zusammengesetzte schwache Zeichnung auf dem Rücken. Sie sind anfänglich meist bräunlich bis olivgrün gefärbt. Erst im Alter entwickelt sich die Prachtfärbung.

Verbreitung: *Anolis marmoratus* stammt von Guadeloupe und den umliegenden Inseln, Ilet-à-Kahouanne, Iles de la Petite Terre, Iles des

Anolis marmoratus speciosus ♀ (Gosier, Guadeloupe)
Foto: M. Schmidt

Anolis marmoratus speciosus juv. (Gosier, Guadeloupe)
Foto: M. Schmidt

Saintes, La Désirade. Eingeschleppt wurde er in Cayenne, Französisch-Guayana (*Anolis m. caryae*?) (SCHWARTZ & HENDERSON 1991). Nach LESCURE (briefl. Mitt.) soll es sich bei den Tieren von Cayenne um *Anolis m. speciosus* handeln, die vom Hafengelände in Pointe-à-Pitre (Grande Terre) aus nach Französisch-Guayana gelangten.

Lebensraum und Verhalten: *Anolis marmoratus* kommt in den unterschiedlichsten Biotopen auf Guadeloupe sowie auf vielen Inselsatelliten vor. Bewohnt werden die trockenen Bereiche der Westküste bis hin zu humiden Gebieten an der Ostküste, sowie die montanen Regenwälder bis auf 900 m ü. NN. Im Tiefland treten hohe Populationsdichten auf. Zumeist sind Plantagen, Gärten, Parkanlagen, Alleebäume und die Küstenvegetation (*Coccoloba, Terminalia*) bevorzugte Biotope. Hauptsächlich werden die Tiere in einer Höhe von 1-3 m angetroffen. Montane Populationen (*Anolis m. alliaceus*) führen eine streng arboricole Lebensweise, da die heliothermen Tiere nur in der Kronenregion der Bäume zusagende Lebensbedingungen vorfinden (LAZELL 1972).

Nach HESELHAUS & SCHMIDT (1990) ist *Anolis m. girafus* an der trockenen Westküste heute fast ausschließlich ein Kulturfolger, der in Ortschaften an Häusern, Zäunen und Laternenpfählen sowie an großen Bäumen der Küstenstraße lebt.

Die meisten kleineren Exemplare von *Anolis m. marmoratus* kommen, wie auch SCHMIDT (1981) beobachtete, fast ausschließlich in den Bananen-Plantagen vor. Die großen Tiere leben zumeist paarweise an Bäumen der Plantagenrandzone sowie in den Ortschaften. Zum Beuteerwerb kommen sie in die unteren Schichten bzw. auch oft auf den Bodengrund.

Anolis marmoratus ist eine recht aggressive Art mit einem ausgeprägten Territorialverhalten.

Fortpflanzung: Die Reproduktion erfolgt vermutlich das ganze Jahr über. Das Weibchen vergräbt je ein Ei im Bodengrund, woraus nach 45-55 Tagen bei 23-28°C das Jungtier schlüpft. Nach eigenen Erfahrungen (FLÄSCHENDRÄGER)

Arten der Kleinen Antillen

Anolis marmoratus speciosus ♂ (Gosier, Guadeloupe)
Foto: M. Schmidt

kann ein einzelnes Weibchen bis zu 30 Eier pro Jahr ablegen.

Haltung: *Anolis marmoratus* ist ein anpassungsfähiger Saumfinger, der sich leicht halten und vermehren läßt. Wegen ihrer Aggressivität sollte die Art separat und paarweise (selten sind zwei Weibchen möglich) gehalten werden. Das Terrarium ist hochformatig zu wählen. Eine helle Beleuchtung und entsprechende Wärme (23-30°C; lokal 35°C) sind notwendig, damit sich die Tiere in ihrer Prachtfärbung zeigen. Die Luftfeuchte spielt eher eine untergeordnete Rolle. Nur *Anolis m. alliaceus* sollte bei etwas höheren Luftfeuchtigkeitswerten von mehr als 60% und Temperaturen unter 28°C gehalten werden.

Recht problemlos gestaltet sich die Aufzucht der Jungtiere. Gleich große Exemplare können zusammen gehalten werden. Die Geschlechtsreife wird im Alter von 8-12 Monaten erreicht.

Anolis nubilus GARMAN, 1888

Beschreibung: Nach LAZELL (1972) erreichen die Männchen eine KRL bis 81 mm, die Weibchen bis 52 mm. Ein einzelnes Männchen konnte bei einem der Autoren (WIJFFELS) vermessen werden. Es hatte eine KRL von 79 mm (GL 272 mm).

Anolis nubilus ähnelt im Habitus stark *Anolis gingivinus*. Er ist ein großer, kräftig gebauter *Anolis* mit langen Extremitäten und wenig verbreiterten Zehen.

Adulte Männchen sind in der dunklen Farbphase auf der Oberseite braun und im Ventralbereich hell-graubraun. Der Vorderkopf ist auf der Oberseite mit braunschwarzen Flecken versehen. Auf Hinterkopf und Nacken befinden sich gleichfarbige, schräg nach unten verlaufende Striche. Bei Erregung erscheint der Nacken-Hautsaum fast schwarz. Auf dem Rücken befinden sich vier dunkelbraune Querstreifen. Ein heller, oben und unten dunkel begrenzter Schulterstrich sowie eine schwarzbraun begrenzte hellbraune Längsbinde im Flankenbereich befinden sich auf jeder Seite. Die dunkelbraunen Gliedmaßen und der Schwanz sind schwarzbraun gebändert. Die Kehlhaut ist grauweiß mit hellbraunen Schuppen.

In der hellen Farbphase ist die Grundfarbe beige. Der Schulterstrich erscheint fast weiß, und die Längsbinde ist kaum sichtbar. Die dunkle Querstreifenzeichnung auf dem Rücken ist reduziert auf wenige kleine, schwarze Flecken. Gelbbraune Flecken befinden sich auf Hinterkopf, Nacken und Vorderrücken. Die Kehlfahne erscheint weißlich mit noch helleren Schuppen als denen der Zwischenhaut. Ein grünlicher oder bläulicher Farbton, wie es LAZELL (1972) beschreibt, konnte bei dem von einem der Autoren (WIJFFELS) beobachteten Männchen nicht festgestellt werden. Weibchen haben eine Streifenzeichnung im Dorsal- sowie im Lateralbereich (LAZELL 1972).

Verbreitung: *Anolis nubilus* stammt von Redonda (LAZELL 1972).

Lebensraum und Verhalten: Nach LAZELL (1972) und GORMAN (briefl. Mitt.) kommt *Anolis nubilus* überall auf dem karg bewachsenen Felsen „Redonda" vor. Die Tiere sind meist gezwungenermaßen Boden- und Steinhaufenbewohner schattiger Bereiche. Auf dem einzigen Baum (*Casuarina*) der Insel und an den von verwilderten Ziegen gemiedenen *Bougainvillea*-Sträuchern führen die *Anolis* jedoch eine arboricole Lebensweise.

Fortpflanzung: Über die Vermehrung von *Anolis nubilus* ist uns bisher nichts bekannt geworden.

Haltung: Durch die Unzugänglichkeit der Felseninsel ist die Art bis heute kaum bekannt. Erst wenige Exemplare konnten für Museen gesammelt werden. Ein von GORMAN gefangenes Männchen konnte über drei Jahre von einem der Autoren (WIJFFELS) im Gewächshaus beobachtet werden. Das Tier führte eine rein baumbewohnende Lebensweise und hielt sich fast ausschließlich hoch im Geäst unter dem Glasdach auf. Nach kühleren Nächten wärmte sich das Tier gern in der Sonne oder im Bereich der Wärmelampe. Die Nacht verbrachte es oft auf oder zwischen erwärmten Steinen.

Der Farbwechsel war erheblich. Die große Kehlhaut wurde bei voller Spreizung mit gestreckten Vordergliedmaßen präsentiert. Versuche, das Imponierverhalten durch eine Konfrontation mit anderen *Anolis* (*Anolis lineatus*) zu beobachten, schlugen fehl. Stattdessen biß das *Anolis nubilus*-Männchen sofort zu. Im Spiegelversuch aber zeigte sich eine heftige Reaktion mit Aufhellung der Farben, weißem Schulterstrich, Anheben des Körpers auf alle vier Gliedmaßen, kurzem Kopfnicken und Kehlhautspreizen in halber Größe, wie es in den taktorezeptibilen Stufen des Drohverhaltens üblich ist.

Das Männchen zeigte sich schnell und geschickt beim Erbeuten von größeren und schnell beweglichen Insekten, wie z. B. Nachtfaltern, Laubheuschrecken (*Tettigonia viridissima*) und Wanderheuschrecken. Willig nahm es auch Grillen, Mehlkäferlarven und Spinnen an.

Für die Haltung sollte ein hochformatiges Terrarium Verwendung finden, auch wenn die Tiere im natürlichen Lebensraum eine mehr terrestrische und petricole Lebensweise führen.

Nur auf Redonda lebt *Anolis nubilus* ♂.
Foto: L. C. M. Wijffels

Arten der Kleinen Antillen

Anolis oculatus cabritensis ♂ (Picard Estate, Dominica)   Foto: M. Schmidt

Anolis oculatus (COPE, 1879)

Unterarten: *A. o. oculatus, A. o. cabritensis, A. o. montanus, A. o. winstoni*

Beschreibung: Nach LAZELL (1972) erreichen die Männchen eine KRL von 70-96 mm (GL bis 250 mm), Weibchen 50-64 mm (GL bis 170 mm).
Anolis oculatus ist ein typischer Vertreter der *bimaculatus*-Gruppe (UNDERWOOD 1959). Die Grundfärbung variiert je nach Verbreitungsgebiet von hellbraun bis rotbraun (*Anolis o. oculatus, Anolis o. cabritensis, Anolis o. winstoni*) bis dunkelolivgrün (*Anolis o. montanus*). Auf dem Körper können leichte Schattierungen (*Anolis o. oculatus*), weiße bis cremefarbene Punkte (*Anolis o. montanus,* *Anolis o. winstoni*) bis weißliche ineinanderverlaufende Flecken (*Anolis o. cabritensis*) auftreten. Typisch für *Anolis o. cabritensis*, aber auch für *Anolis o. montanus*, sind schwarze Bereiche in der Flankengegend. Die Augenlider sind häufig auffallend hell bis weiß. Einzelne Männchen besitzen einen hohen Hautkamm auf dem Schwanz. Die Weibchen haben zumeist auf dem Rücken einen hellen bis dunklen Streifen, der oftmals dunkel eingefaßt ist. Zuweilen treten bei den Weibchen auch Linien- und Punktzeichnungen im Lateralbereich auf. Die Iris ist dunkelbraun bis blau. Die Männchen haben eine große, gelbe bis gelblich-orangefarbene Kehlfahne (LAZELL 1962, 1972). Auf dem Nacken- und Rückenfirst kann bei Erregung ein Hautsaum aufgerichtet werden.
Die Jungtiere haben eine KRL von ca. 23 mm (GL bis 60 mm). Die Färbung und Zeichnung

Arten der Kleinen Antillen

Oben: ***Anolis oculatus winstoni*** ♀ Foto: U. Manthey
Links: Ein prächtiges Männchen von ***Anolis oculatus winstoni*** im Biotop (O-Dominica). Foto: W. Schmidt

ist bei den Weibchen bereits voll ausgebildet, bei den Männchen hingegen im Verlauf der Entwicklung veränderlich. Die Punktzeichnungen treten erst bei halbwüchsigen Exemplaren deutlich in Erscheinung.

Verbreitung: *Anolis oculatus* lebt auf Dominica, von Meereshöhe bis auf 915 m ü. NN (LAZELL 1962).

Lebensraum und Verhalten: *Anolis oculatus* kommt in den verschiedensten Biotopen auf der gesamten Insel vor. Tieflandpopulationen führen zumeist eine arboricole Lebensweise in den Trockenwäldern der Westküste (*Anolis o. oculatus*) bis hin zu humideren Waldformationen im Osten (*Anolis o. winstoni*). Auch Plantagen, Gärten, Häuser und Mauern werden bewohnt. Populationen im montanen Regenwald führen eine mehr petricole Lebensweise. KRINTLER (1986) fand *Anolis o. montanus*

an den Trafalgar Falls bei Laudat an großen Felsbrocken mitten im Wasserlauf. Die Tiere sind recht scheu und verstecken sich bei Gefahr zwischen den Felsformationen.
Interessante Freilanduntersuchungen stammen von ANDREWS (1979). Er zählte in den Kakao-Plantagen eine Individuendichte von bis zu 573 Tieren pro 1000 m^2. Die Körpertemperatur der *Anolis* dieser Population lag zwischen 28,6 und 29,8°C. Untersuchungen zum Beutespektrum ergaben folgende Anteile: Ameisen 40,8-52,5 %, Zweiflügler 20,6-32,3 %, Hautflügler 3,1-10,7 % und Spinnentiere 4,5-11,8 %. Andere Wirbellose spielten nur eine untergeordnete Rolle.
SCHWARTZ & HENDERSON (1991) geben zur Körpertemperatur für Hochlandtiere mindestens 21,7°C, für solche aus dem Tiefland durchschnittlich 32°C, maximal sogar 36,4°C an.
Fortpflanzung: Die Reproduktion erfolgt das ganze Jahr über (SCHWARTZ & HENDERSON 1991). Die Weibchen vergraben im Abstand von 8-14 Tagen je ein Ei im Bodengrund. Die Jungtiere schlüpfen bei Inkubationstemperaturen von 23-28°C nach ca. 36-47 Tagen.
Haltung: *Anolis oculatus* ist aufgrund seiner Anpassungsfähigkeit leicht zu halten und auch zu vermehren. Die Art sollte paarweise gehalten und nicht mit anderen Arten vergesellschaftet werden. Geeignet ist ein hochformatiges Terrarium mit vertikalen Ästen, reichlicher Bepflanzung, Steinaufbauten und einem Wasserteil (*Anolis o. montanus*) sowie einer Fels- oder Rindenrückwand. Die Temperaturen sollten, je nach Herkunft der Tiere, wohl die natürliche Nahrung größtenteils aus kleinen und spezifischen Insekten-Gruppen besteht, ist die Fütterung im Terrarium nicht problematisch. Es werden alle üblichen Futterinsekten bereitwillig angenommen.
Die Aufzucht der Jungtiere ist mehrfach gelungen, z. T. in mehreren Generationen (WELZEL 1981, VAN DIJK & VAN DIJK 1979 a, b). Eigene Erfahrungen (FLÄSCHENDRÄGER) zeigen, daß die Jungtiere bei gleicher Größe zusammen aufgezogen werden können. Die Männchen werden erst im semiadulten Stadium untereinander unverträglich. Im Alter von ca. 8-12 Monaten erreichen die Tiere die Geschlechtsreife.

Anolis roquet (LACÉPÈDE, 1788)

Unterarten: *A. r. roquet, A. r. caracoli, A. r. majolgris, A. r. salinei, A. r. summus, A. r. zebrilus*

Beschreibung: Nach LAZELL (1972) beträgt die KRL der Männchen bis 86 mm (GL bis 200 mm), die der Weibchen bis 66 mm (GL bis 170 mm).

Anolis roquet caracoli ♂ (Île la Caravelle, Chât. Duhuc)   Foto: M. Schmidt

Ein Männchen der typischen Farbvariante von *Anolis roquet* aus dem Gebiet um Le Diamant.
Foto: L. C. M. Wijffels

Anolis roquet majolgris ♂ (Marigot)   Foto: M. Schmidt

Die Grundfärbung und Zeichnung der Männchen ist ausgesprochen variabel. Auf grünem bis blaugrünem (*Anolis r. roquet, Anolis r. summus*), graugrünem (*Anolis r. salinei*) bis braunem oder grauem Grund (*Anolis r. caracoli, Anolis r. majolgris, Anolis r. zebrilus*) treten helle, weißliche bis gelbliche, zu Querreihen angeordnete Punkte, die z. T. von dunklen Bereichen überdeckt bzw. umgeben sind (*Anolis r. roquet, Anolis r. summus*), dunkle bis schwarze Querbänder (*Anolis r. salinei, Anolis r. zebrilus*) oder eine dunkle Fleckenzeichnung (*Anolis r. caracoli, Anolis r. majolgris*) auf. Hochlandpopulationen können großflächige schwarze Bereiche am Kopf und dem Vorderkörper besitzen. Typisch für *Anolis r. majolgris* sind weiße Flächen am Kopf. HESELHAUS & SCHMIDT (1990) dokumentieren die wichtigsten Unterarten mit guten Bildern.
Zwischen den bekannten Zeichnungs- und Farbvarianten treten alle möglichen Übergangsformen auf. Daneben gibt es noch Farbvarianten aus den Gebieten Le Diamant, Rivière-Pilote, Le Lamentin und Macouba, die bisher undokumentiert geblieben sind.
Die Weibchen entsprechen in der Grundfärbung den jeweiligen männlichen Tieren. Ein durchgehender bis mehrfach unterbrochener Dorsalstreifen ist häufig vorhanden. Die kontinuierliche Nachzucht über einen Zeitraum von 11 Jahren bei einem der Autoren (FLÄSCHENDRÄGER) erbrachte interessante Zeichnungsvarianten bei Weibchen von *A. r. summus*. Es traten Exemplare mit der typisch männlichen

Anolis roquet salinei ♂ und sein natürlicher Lebensraum auf Martinique (Ste. Anne). Fotos: M. Schmidt

Ein Paar *Anolis roquet summus* (♂ links) am Rievière Lézarde-Fluß (Martinique).   Foto: L. C. M. Wijffels

Zeichnung auf: helle Punktreihen ohne und auch mit Dorsalstreifen. Derartige Zeichnungen sind in der Literatur bisher nicht erwähnt und verdeutlichen die enorme Variabilität.
Die große Kehlfahne der Männchen ist grau oder gelb bis orangefarben. Weibchen besitzen eine kleine Kehlfahne. Bei Erregung können die Männchen einen Hautsaum auf dem Nacken- und Rumpfbereich aufrichten.
Jungtiere haben eine KRL von ca. 24 mm (GL bis 70 mm). Weibchen verändern ihre Färbung und Zeichnung im Verlauf der Entwicklung nicht. Junge Männchen bekommen erst im zunehmenden Alter die typische Färbung und Zeichnung der Adulti.
Verbreitung: *Anolis roquet* stammt von Martinique und den umliegenden Satelliteninseln, von Meereshöhe bis auf 915 m ü. NN (LAZELL 1972, SCHWARTZ & HENDERSON 1991).
Lebensraum und Verhalten: *Anolis roquet* ist ein anpassungsfähiger Saumfinger, der eine zumeist arboricole Lebensweise führt. Die Art kommt sowohl im trockenen Tiefland als auch im montanen Regenwald vor. Die *Anolis* sind an Bäumen, Sträuchern, Kakteen, Bambus, Felsen, Mauern, Häusern sowie in Gärten und Plantagen zu finden (SCHWARTZ & HENDERSON 1991). Die höchste Populationsdichte wird in der Nähe von menschlichen Siedlungen erreicht (SCHMIDT 1980 b). Die Männchen leben oftmals höher (bis 3 m) an Baumstämmen als die Weibchen. Die Nahrung besteht zumeist aus Ameisen, Zweiflüglern und Käfern.
GORMAN (1968) untersuchte das Verhalten der *roquet*-Gruppe, um mögliche Verwandtschaftsbeziehungen aufzuzeigen.
Fortpflanzung: Über die natürliche Reproduktion ist nichts bekannt. Im Terrarium pflanzen sich die Tiere fast das ganze Jahr über fort. Das Weibchen vergräbt je ein Ei im Bodengrund, woraus nach ca. 43 Tagen bei 23-28°C das Jungtier schlüpft. Ein Weibchen kann bis zu 30 Eier pro Jahr legen (FLÄSCHENDRÄGER 1986).
Haltung: Die Art ist leicht zu halten und zudem anpassungsfähig. Zweckmäßig sind hellbeleuchtete, hochformatige Terrarien, die mit

Arten der Kleinen Antillen

Anolis roquet zebrilus ♂ (St. Pierre, Martinique) Foto: M. Schmidt

vertikalen Kletterästen und einer Rindenrückwand ausgestattet sind. Für Unterarten aus humideren Gebieten (*Anolis r. roquet, Anolis r. summus*) kann die Bepflanzung üppig ausfallen. Eine paarweise Haltung ist wegen der starken Territorialität angeraten.
Die Aufzucht der Jungtiere stellt kein Problem dar. Gleichgroße Exemplare lassen sich gut vergesellschaften. Um bei der Vielzahl von Farbvarianten keine ungewollten Vermischungen zu „produzieren", sollten zur Nachzucht möglichst nur Paare gleicher Herkunft zusammengesetzt werden (FLÄSCHENDRÄGER 1988 a).

Anolis sabanus GARMAN, 1887

Beschreibung: Die Männchen erreichen eine KRL bis 90 mm (GL bis 210 mm), die Weibchen bis 50 mm (GL bis 160 mm). Interessant erscheint, daß bereits Männchen mit einer KRL von wenig über 40 mm fertil sein können.
Auf der grünlichbraunen bis gelblichgrauen Grundfärbung ist eine typische bräunlich- bis bläulichschwarze Fleckenzeichnung auf dem Kopf, sowie der Körper- und Schwanzober-

Ein Männchen von *Anolis sabanus* im felsigen Biotop auf Saba. Foto: L. C. M. Wijffels

seite der Männchen zu finden. Bedeutend weniger ausgeprägt kommt sie auch bei den Weibchen vor. Häufig ist bei diesen eine Streifenzeichnung vorhanden. Ein dunkelgelber kurzer Schulterstrich wird unter Umständen deutlich sichtbar mit heller, weniger deutlicher Fortsetzung über die Körperseite. Die große Kehlfahne der Männchen ist hellgelb, im vorderen Zentrum mehr orangegelb.

In der lichten Farbphase ist die Grundfarbe ein helles Graubraun, und die schwarzen Flecken sind an den Rändern verwaschen. Die vordere Körperhälfte ist aufgehellt, hellgelb tritt der Schulterstrich hervor. Oberseite von Gliedmaßen und Schwanz sind dann hell braungrau mit dunkler Schattierung.

Die aktive Phase ist gekennzeichnet durch eine dunkle rostbraune Grundfärbung mit tiefschwarzen und scharf begrenzten Flecken bis zum vorderen Bereich des Schwanzes. Der restliche Schwanz erscheint gebändert. Die Schuppen auf der gelben Kehlfahne sind dunkler als diese. Der Schulterstrich erscheint grauweiß.

Bei Erregung, z. B. bei innerartlichen Auseinandersetzungen, zeigen sich zwei unterschiedliche Färbungen. Hell ist das dominante Tier, dunkel das bedrohte (WIJFFELS 1960).

Die Jungtiere haben eine KRL von ca. 23 mm (GL bis 59 mm). Die typische Färbung und Zeichnung ist bei ihnen noch nicht entwickelt. Die Fleckenbildung erfolgt allmählich von der Vertebrallinie ausgehend, wobei diese bis zum subadulten Stadium bei beiden Geschlechtern gleich ist.

Verbreitung: Die Art lebt auf Saba bis in 700 m ü. NN (WIJFFELS 1971 b).

Lebensraum und Verhalten: *Anolis sabanus* ist eine oftmals felsbewohnende (rupicole) Art, die innerhalb der *bimaculatus*-Gruppe das geckoähnlichste Vorkommen und Verhalten aufweist (LAZELL 1972). Im natürlichen Biotop leben die Tiere an Sträuchern und Bäumen, zumeist aber an Felspartien und Legesteinmauern. Die Männchen halten sich häufig ca. 1 m höher als die Weibchen und Jungtiere auf. Diese *Anolis* zeigen eine deutliche Thermophilie. In Höhen ab 350 m ü. NN, wo die Landschaft feuchter wird und Moose auftreten, wechseln die Tiere zu einer mehr arboricolen Lebensweise. Die Temperaturen in einer Höhe von 300 m ü. NN liegen bei ca. 27°C am Tage und 21-22°C in der Nacht (WIJFFELS 1971 b).

Beide Geschlechter dieser Art sind stark territorial und ausgesprochen aggressiv.

Fortpflanzung: Die Weibchen vergraben im Abstand von 5-7 Tagen über eine längere Periode je ein Ei der Größe 5 x 8 mm im Bodengrund. Die Jungtiere schlüpfen bei 20-25°C Inkubationstemperatur nach 35-45 Tagen. Pro Gelegeperiode können bis zu 30 Eier produziert werden (BLOK 1971, PETZOLD 1981).

Haltung: *Anolis sabanus* ist recht anpassungsfähig und leicht zu halten. Die Art sollte paarweise in geräumigen Terrarien mit Fels-

rückwand und Kletterästen gepflegt werden. Eine lokale Erwärmung auf über 30°C erscheint wichtig. In der Nacht können die Temperaturwerte bis auf 20°C absinken.
Die Art konnte bereits 1957 von MOLLE nachgezogen werden, der Tiere von einem der Autoren (WIJFFELS) von Saba mitgebracht bekam. Das erste Ei wurde am 30. Juni 1957 gelegt, und bereits Ende Oktober waren 12 Jungtiere geschlüpft. Jungtiere sollten einzeln aufgezogen werden, da die Unverträglichkeit recht groß ist. Mit 6 Monaten erreichen sie bereits die Geschlechtsreife.

Anolis trinitatis REINHARDT & LÜTKEN, 1863

Beschreibung: *Anolis trinitatis* ist ein typischer Vertreter der *roquet*-Gruppe. Nach LAZELL (1972) beträgt die KRL geschlechtsreifer Männchen 46-74 mm (GL bis 190 mm), die der Weibchen 41-57 mm (GL bis 150 mm).
Die Grundfärbung der Männchen ist je nach Herkunft ein leuchtendes Grün, Blaugrün, Blau oder Gelb. Blaue Schattierungen und fleckige Zonen können besonders in der ersten Hälfte des Rumpfes auftreten. Auf der Kopf- und Nackenpartie erscheinen bei Erregung oftmals dunkle bis schwarze Bereiche bzw. scharf umrissene Flecken. Die Umgebung der Augen kann hellblau, graublau oder schwarz erscheinen. Bei fast allen Farbvarianten ist der Labialbereich - besonders unter dem Auge - leuchtend gelb gefärbt. Die Gliedmaßen und der Schwanz sind blau, grün oder gelbgrün, wobei sich die hintere Schwanzhälfte bei Erregung schwarz färben kann. Die Unterseite ist gelbgrün. Die Weibchen haben eine mehr gelblichgrüne bis seltener bläulichgrüne Grundfärbung und blaue Augenpartien.

Anolis trinitatis ♂ (Kingstown/Botanischer Garten, St.Vincent)   Foto: M. Schmidt

Die große Kehlfahne der Männchen ist hellgelb bis gelb mit häufig bläulichen Einfärbungen, besonders im Basisbereich. Weibchen besitzen eine kleinere, gelbliche Kehlfahne. Bei Erregung kann auf dem Nackenbereich der Männchen ein Hautsaum aufgerichtet werden. Die Jungtiere haben eine KRL von ca. 18 mm (GL bis 45 mm). Die Färbung entspricht der adulter Weibchen. Blautöne treten erst bei subadulten Tieren auf.
Verbreitung: Das Verbreitungsgebiet von *Anolis trinitatis* erstreckt sich über St. Vincent, Chateaubelair Island und die umliegenden Satelliteninseln. Es werden Gebiete bis 915 m ü. NN besiedelt. Die Art wurde außerdem auf Trinidad eingeschleppt (SCHWARTZ & HENDERSON 1991).

Lebensraum und Verhalten: *Anolis trinitatis* ist im Tiefland ein Baum- und Strauchbewohner. In höheren Lagen führen die Tiere eine zunehmend terrestrische bzw. rupicole Lebensweise in felsigem Terrain (LAZELL 1972). Typische Biotope in der wärmeren Ebene sind lichte Trockenwälder, Kokos-, Bananen- und Kakao-Plantagen, Garten- und Parkanlagen sowie, in etwas höheren und humideren Lagen, die restlichen Regenwaldgebiete (SCHWARTZ & HENDERSON 1991). Nach LAZELL (1972) kommt *Anolis trinitatis* selten höher als 3 m über dem Boden an Baumstämmen vor. Die Art ist also in der beschatteten Zone unter dem Kronenbereich zu finden und hält sich keinesfalls den ganzen Tag in der prallen Sonne auf, wie es SCHMIDT (1980 a) behauptet. Auch HESELHAUS & SCHMIDT (1990) berichten von eher schattigen Biotopen mit Temperaturen von ca. 27°C.

Fortpflanzung: Die Weibchen vergraben je ein Ei der Größe 6,5 x 9 mm im Bodengrund. Bei Temperaturen von 25-28°C schlüpfen die Jungtiere nach 50-60 Tagen.

Haltung: *Anolis trinitatis* ist eine thermophile Art, die sich bei Temperaturen von 23-30°C und einer starken Beleuchtung paarweise gut halten läßt. Die Farbenpracht der Tiere kommt dann voll zur Geltung. Das hochformatige Terrarium sollte mit vertikalen Ästen und reichlicher Bepflanzung eingerichtet sein. Verstecksplätze für die Weibchen im wärmeren Oberbereich des Terrariums (eingehängte Rindenstücke) haben sich gut bewährt. So finden diese mehr Ruhe vor den ständig paarungsbereiten Männchen. Wichtig erscheint weiterhin die Möglichkeit der Eiablage an einer feuchtwarmen Stelle (ca. 25-28°C). Diesen Zweck erfüllen in der Nähe der Wärmelampe eingehängte Kokosschalen, die mit feuchtem Torf gefüllt sind.

Während der warmen Jahreszeit bieten sich mehrstündige Freiluftaufenthalte in Gazebehältern an. Die Tiere sollten jederzeit den Schatten aufsuchen können. Großflächige Rindenstücke im Behälter sowie eine partielle Beschattung sind notwendig.

Die Jungtiere sind bei entsprechend warmer Haltung (23-28°C) unproblematisch. Gleich große Exemplare können in den ersten 5 Monaten vergesellschaftet werden. Die Nachzucht ist bereits in der fünften Generation gelungen (FLÄSCHENDRÄGER 1990 b).

Anolis wattsi BOULENGER, 1894

Unterarten: *A. w. wattsi*, *A. w. forresti*, *A. w. pogus*, *A. w. schwartzi*

Beschreibung: *Anolis wattsi* ist ein typischer Vertreter der *bimaculatus*-Gruppe. Aus-

Männchen von *Anolis wattsi pogus* im Biotop (Columbier, St. Martin). Foto: L. C. M. Wijffels

Bevorzugt im trockenen Fallaub am Boden lebt der kleine **Anolis wattsi schwartzi** auf St. Eustatius.
Foto: L. C. M. Wijffels

gewachsene Männchen erreichen eine KRL von 35-50 mm, die Weibchen von 35-45 mm. Von Antigua sind größere Männchen mit einer KRL bis zu 58 mm bekannt (LAZELL 1972). Die Grundfärbung variiert zwischen braun, graubraun und olivbraun. Seitlich treten zumeist grünliche Farbtöne auf. Die Unterseite ist hellgelblich-beige. Je nach Herkunft, Geschlecht und Farbphase variiert die aus Querbändern oder Längsstreifen bestehende Zeichnung. Die Weibchen besitzen oft einen Dorsalstreifen, der einfach oder auch gebuchtet erscheint. Die Männchen haben besonders im Labialbereich gelbliche oder orangefarbige Flecken sowie auf dem Kopf bläuliche Farbtöne. Auffallend ist häufig der weiße bis hellblaue Bereich unter den Augen. Besonders ausgeprägt ist die Farbveränderung auf dem Kopf bei Männchen von St. Martin (*Anolis w. pogus*). Die große Kehlfahne der Männchen ist weißlich bis blaß gelborange. Die Weibchen haben eine kleine weißliche Kehlfahne.
Eine ausführliche Dokumentation der Unterschiede zwischen den anerkannten Formen gibt LAZELL (1972) bei seiner Beschreibung von neuen Unterarten. Er deutet Farben und Zeichnung im Zusammenhang mit dem natürlichen Vorkommen und Sympatrie.

Verbreitung: Die Art lebt auf Antigua und den umliegenden kleinen Inseln, sowie auf Barbuda, St. Martin, St. Eustatius, St. Christopher und Nevis (LAZELL 1972). *Anolis w. wattsi* wurde in der Umgebung von Castries (St. Lucia) eingeschleppt (UNDERWOOD 1959).

Lebensraum und Verhalten: *Anolis wattsi* ist eine kleine, bodengebundene, petricole Art, die auf allen Inseln im Verbreitungsgebiet mit einer größeren, mehr arboricolen *Anolis*-Art zusammentrifft. Aus diesem Grund kam es wohl zu einer Spezialisierung nicht nur hinsichtlich der Größe und Farben, sondern auch in bezug auf Lebensweise, Aufenthaltsorte und Beutespektra (PACALA & ROUGHGARDEN 1982). Die Art lebt bevorzugt am Boden zwischen Felsbrocken und Wurzelwerk, unter der Krautschicht und auf Legesteinmauern. In mehr trockenen und offenen Gebieten leben die Tiere zwischen der vertrockneten Laubstreu. Die Männchen können in einer Höhe von 1-1,5 m über dem Bodengrund beobachtet werden, wohingegen die Weibchen und Jungtiere viel mehr bodengebunden sind und den Schatten suchen. Von Insel zu Insel zeigen sich erhebliche Unterschiede in der Wahl der Aufenthaltsorte.

So ist *Anolis w. pogus* auf das Inselinnere von St. Martin beschränkt. Hier leben die Tiere in 3 oder 4 tiefen, schattig-feuchten Tälern, wo diese Form ausschließlich und in großer Populationsdichte vorkommt. Sobald sich so ein „Cul-de-Sac" verbreitert, trockener wird und weniger Schatten bietet, findet man diesen kleinen *Anolis* nicht mehr.

Auf den Inseln der St. Christopher-Bank kommt *Anolis w. schwartzi* in großen Stückzahlen an vergleichbaren feuchten Schattenstellen vor. Die Unterart tritt aber auch fast überall in geringerer Populationsdichte an Stellen im Trockenwald auf, wo ausreichend Vegetation und Schatten vorhanden sind. Dabei fällt auf, daß die Tiere den unteren Bereich des Trockenwaldes bewohnen. Der Küstenvegetation bleibt dieser kleine *Anolis* fern, im Gegensatz zu dem im gleichen Gebiet vorkommenden *Anolis bimaculatus*.

Noch mehr euryök zeigt sich *Anolis w. wattsi* auf Antigua, wo diese Unterart das mehr offene Gelände und die Küstennähe nicht meidet und auch auf vorgelagerten kleineren Inseln (Cays) gefunden wurde.

Auf der trockenen Insel Barbuda lebt *Anolis w. forresti* in wüstenähnlichen Gebieten. Diese Form kommt überall dort vor, wo größere Steine, Legesteinmauern und Pflanzen Schatten spenden. WILLIAMS (1962 b) fand Tiere in großen, mehrere Meter tiefen Bodensenken (Derby Cave), die sich von der trockenen Umgebung durch ein feuchteres Milieu und reichere Vegetation unterscheiden.

Anolis wattsi ist weniger aggressiv und begnügt sich wegen der Struktur seiner Aufenthaltsorte mit einem kleinen Revier, so daß stellenweise recht hohe Populationsdichten möglich sind. Aus Beobachtungen im Freien (WIJFFELS) wird deutlich, daß der Mensch durch die Errichtung von Legesteinmauern künstliche Biotope geschaffen hat.

Fortpflanzung: Über die natürliche Reproduktion ist nichts bekannt. Unter Terrariumbedingungen wird von den Weibchen je ein Ei im Bodengrund vergraben.

Haltung: In einem geräumigen Terrarium lassen sich zumindest Weibchen zusammen halten. Voraussetzung dafür sind genügend Klettermöglichkeiten, Sichtblenden (Rindenstücke, Bepflanzung) und Versteckmöglichkeiten (Steinaufbauten). *Anolis wattsi* ist im Terrarium im Regelfall ein scheuer Pflegling, so daß eine Vergesellschaftung mit anderen Arten wegen der Nahrungskonkurrenz nicht sinnvoll erscheint. Selbst bei äußerer Unruhe im Aufstellungsraum des Terrariums verschwanden z. B. *Anolis w. wattsi* bei einem der Autoren (FLÄSCHENDRÄGER) sofort in ihren Unterschlupf. Die Nachzucht gestaltet sich recht einfach und ist schon mehrfach gelungen. Bereits MOLLE (briefl. Mitt.) konnte *A. w. pogus* in den 60er Jahren im Gewächshaus zur Nachzucht bringen. Er beobachtete bei seinen Tieren die Aufnahme von kleinen Gehäuseschnecken.

9.2 Arten der Großen Antillen

Anolis allogus BARBOUR & RAMSDEN, 1919

Beschreibung: Nach SCHWARTZ & HENDERSON (1991) erreichen die Männchen eine KRL bis zu 62 mm (GL ca. 160 mm), die Weibchen eine KRL bis 49 mm (GL ca. 115 mm).
Anolis allogus ist von kräftiger und gedrungener Statur. Die Grundfärbung der Männchen ist stark stimmungsabhängig und reicht von hellbraun mit geringer Musterung über dunkelbraun mit schwarzbraunen Querbändern über dem Körper bis zu rotbraun mit gelben, punktartigen Aufhellungen. Zusätzlich können je zwei grünliche Lateralstreifen auftreten. Der Schwanz ist rötlich gebändert und trägt einen ausgeprägten Kamm. Die riesige Kehlfahne ist intensiv gelb und mit 3-4 roten transversalen Streifen versehen. Auf Nacken und Rumpf kann ein bis zu 7 mm hoher Hautsaum, der zudem stark gewellt erscheint, aufgerichtet werden. Weibchen sind dunkelbraun bis rotbraun gefärbt und zeigen einen linearen bis ausgebuchteten Dorsalstreifen.
Die KRL der Jungtiere beträgt nach dem Schlupf ca. 19 mm (GL bis 43 mm). Färbung und Zeichnung sind wie bei den Adulti, wobei männliche Tiere eher eine hellere Färbung zeigen.
Verbreitung: Die einzelnen regionalen Vorkommen dieser Art erstrecken sich über ganz Kuba bis auf eine Höhe von 1829 m ü. NN (RUIBAL & WILLIAMS 1961 b).
Lebensraum und Verhalten: *Anolis allogus* gehört zur Gruppe der Bodenanolis und bewohnt bewaldete Gebiete. Der Biotop zeichnet sich durch eine erhöhte Luftfeuchtigkeit von mehr als 70 % r.F, eine stark schatten-

Die Männchen von *Anolis allogus* besitzen eine große und prächtig gefärbte Kehlfahne.
Foto: A. Fläschendräger

spendende Vegetation und meist auch durch die Nähe zu Gewässern aus. Männchen sitzen gern an erhöhten Stellen, wie z. B. auf größeren Steinen oder an Baumstämmen, bis zu einer Höhe von 1 m über dem Boden. Die dunkel gebänderten oder rotbraunen Tiere sind im Biotop gut an dem typisch seitwärts eingerollten Schwanz zu erkennen. Weibchen können an extrem feuchten Stellen vorkommen. Oft sitzen sie auf moosbewachsenen Steinen oder auf dem laubbedeckten Boden im tiefen Schatten.

Fortpflanzung: Nach SCHWARTZ & HENDERSON (1991) korreliert die Reproduktion mit der Regenperiode. Vermutlich legen die Weibchen in begünstigten Gebieten, wie in der humiden Zone im Nordosten von Kuba, das ganze Jahr über Eier. Im Abstand von 10-14 Tagen legen die Weibchen je ein Ei in den Bodengrund. Nach 50-55 Tagen schlüpfen bei einer Inkubationstemperatur von 23-29°C die Jungtiere.

Haltung: Geeignet sind hoch- oder querformatige Regenwaldterrarien oder auch Paludarien, die mit stärkeren Ästen, Wurzelstücken und Steinaufbauten eingerichtet werden. Männchen scheinen wärmebedürftiger als die Weibchen zu sein, so daß sie öfter im Bereich der Wärmelampe zu finden sind. Es müssen feuchte, stark bepflanzte Bereiche vorhanden sein, in denen sich zumeist die Weibchen aufhalten. Wegen des ausgeprägten Territorialverhaltens sollte die Art paarweise gehalten werden.

Die Aufzucht von Jungtieren ist problemlos und erfolgt in Kleinstterrarien mit entsprechender Temperatur- und Feuchtigkeitsstaffelung. Weibchen sind mit ca. 6 Monaten, Männchen mit 8 Monaten geschlechtsreif.

Anolis alutaceus COPE, 1862

Beschreibung: Mit einer KRL von 35-37 mm (GL bis 136 mm) bei beiden Geschlechtern gehört *Anolis alutaceus* zu den kleinsten Arten überhaupt.

Die äußerst schlanken Grasanolis fallen durch einen extrem langen Schwanz auf. *Anolis alutaceus* besitzt im Unterschied zu den weiteren Arten der *alutaceus*-Gruppe (*A. alfaroi, A. anfiloquioi, A. inexpectatus, A. macilentus* und *A. vescus*) eine blaue Iris sowie eine große gelbe Kehlfahne. Die Kehlfahnen der verwandten Arten sind wesentlich kleiner und braun bis hellgrau gefärbt. Eine bläuliche Iris hat nur noch *Anolis alfaroi* (GARRIDO & HEDGES 1992).

Die Grundfärbung von *Anolis alutaceus* graubraun. Bei den Männchen befinden sich dorsal auf dunklem Grund hellere Flecken, die meist miteinander verbunden sind. Zum Kopf hin verläuft diese Zeichnung seitlich bis zu den Augen, wobei die Occipitalgegend dunkel erscheint. Lateral befinden sich jeweils ein bis zwei hellere Streifen. Die dunkle Augenpartie hebt sich kontrastreich von der hellen bis weißlichen Unteraugenpartie ab. Die große Kehlfahne ist gelb. Auf der Nackenpartie kann ein Hautsaum aufgerichtet werden. Weibchen sind in ihrer Färbung und Zeichnung extrem variabel. Sie können den Männchen gleichen; auch treten Morphen mit einem hellen, dunkel- bis schwarzgesäumten Dorsalstreifen auf, der sich, begrenzt durch die dunkle Occipitalgegend, seitlich bis zu den Augen zieht. Die Dorsolateralgegend ist braun bis schwarz und wird lateral von einem hellen Band abgelöst. Zusätzlich gibt es alle Übergänge zwischen beiden Varianten, so daß der Dorsalstreifen unterbrochen, ausgebuchtet oder in Form von seitlich gestellten Quadern auftreten kann.

Die Jungtiere haben eine KRL von ca. 15 mm (GL bis 53 mm); in Färbung und Zeichnung gleichen sie den Adulti.

Verbreitung: Die Art lebt auf Kuba, einschließlich der Isla de Pinos (SCHWARTZ & HENDERSON 1991).

Dünne Zweige, Farne und hochwachsende Stauden bilden den Lebensraum von *Anolis alutaceus* (Sierra de la Gran Piedra, ca. 1000 m ü. NN). Das Männchen (rechts) zeigt drohend seine Kehlfahne und streckt in typischer Weise die Zunge nach vorn. Das Weibchen ist links abgebildet. Fotos: A. Fläschendräger

Lebensraum und Verhalten: *Anolis alutaceus* kommt auf ganz Kuba in den unterschiedlichsten Biotopen vor. Eine gewisse Feuchtigkeit, nicht zu hohe Temperaturen und geeignete Lebensräume, wie z. B. hohes Gras, Krautvegetation, Sträucher und schmale Baumstämme, sind Voraussetzung für die Verbreitung. Auf 1000 m ü. NN in der Sierra de la Gran Piedra konnte die Art bereits bei einer Lufttemperatur von 20°C aktiv beobachtet werden. GARRIDO (1980) gibt Körpertemperaturen von 30,4-32,4°C an, was sicher der Vorzugstemperatur entspricht. Im Tiefland scheint die Art nur in bewaldeten Gebieten mit einer ausreichenden Beschattung vorzukommen. *A. alutaceus* ist häufig bis in eine Höhe von 1 m über dem Bodengrund zu finden. Im Gegensatz zu den anderen kubanischen Grasanolis bewegen sich die Tiere mehr hüpfend und springend fort (PETERS 1970). Interessant ist das Verhalten beim Beutefang. Die Art nähert sich sehr langsam flugfähigen Insekten, um die Beute dann zielsicher im Sprung zu ergreifen.

Anolis alutaceus erreicht in geeigneten Biotopen eine hohe Populationsdichte, die durch eine geringere Territorialität bedingt ist. Juvenile wie Adulti sind im gleichen Lebensraum zu finden.

Fortpflanzung: Die Fortpflanzung erfolgt vermutlich das ganze Jahr über. Je ein Ei der Größe 5 x 7 mm wird vom Weibchen im Bodengrund vergraben. Bei Inkubationstemperaturen von 23-28°C schlüpfen die Jungtiere nach 40-45, spätestens jedoch 60 Tagen.

Haltung: Zur Pflege dieser Art sind querformatige Terrarien, die ab 70 cm Breite mit zwei Männchen und mehreren Weibchen besetzt werden können, geeignet. Die Einrichtung besteht aus 2-10 mm starken Zweigen. Als Bepflanzung kommen z. B. Farne, schmalblättrige Bromelien und tropische Gräser in Frage. Der Bodengrund sollte großflächig feucht gehalten werden. Tägliches Sprühen ahmt die natürlichen Verhältnisse nach.

Bei ausreichender Fütterung der Adulti können die Jungtiere im Terrarium zum Schlupf kommen, sollten dann jedoch der besseren Kontrolle wegen separiert werden. Die Aufzucht ist sehr zeitaufwendig und verlangt ein hohes Maß an Geduld. Mit ca. 6 Monaten sind die *Anolis* geschlechtsreif. Die Nachzucht ist bereits in der 2. Generation gelungen.

Anolis angusticeps HALLOWELL, 1856

Unterarten: *A. a. angusticeps*, *A. a. oligaspis*

Anolis angusticeps angusticeps HALLOWELL, 1856

Beschreibung: PETERS (1970) gibt für eine besonders großwüchsige und langschwänzige Population eine KRL bis 49 mm (GL bis 151 mm) bei den Männchen und bis 39,2 mm (GL bis 95 mm) bei den Weibchen an. Die meisten Männchen erreichen jedoch nur eine KRL bis zu 39 mm (GL bis 87 mm), die Weibchen ca. 35 mm (GL bis 70 mm).

Anolis a. angusticeps ist schmal- und spitzköpfig sowie kurzschwänzig. Durch die glatten Ventralia läßt sich *Anolis a. angusticeps* recht gut von der nahe verwandten Art *Anolis paternus* unterscheiden (Garrido 1975 d).

Die Grundfärbung ist grau, gelbbraun oder dunkelbraun. Ein heller, teils gefleckter Dorsalstreifen wird abgelöst von dunkleren Dorsolateralbändern, die leicht gesprenkelt erscheinen. Ein markantes cremefarbenes Band zieht sich, an der Schnauze beginnend, unter dem Auge (Labialbereich) entlang bis zum Schwanzanfang. Ein dunkler Bereich,

der sich zur Unterseite hin aufhellt, beginnt im Ventrolateralbereich. Die Extremitäten sind dunkelbraun bis grau, kurz und gedrungen. Drei hellere Flecken befinden sich an der hinteren Oberseite der Schenkel. Der Schwanz ist gebändert. Die Kehlfahne der Männchen ist weißlich bis gelborange. Ein Hautsaum kann bei den Männchen auf dem Nacken und im geringeren Maß auch auf dem Rücken aufgerichtet werden.
Jungtiere messen nach dem Schlupf ca. 13,5 mm KRL (GL bis 33 mm). Die Färbung und Zeichnung gleicht der der Adulti.

Verbreitung: *Anolis a. angusticeps* lebt auf ganz Kuba, einschließlich der Isla de Pinos, dem Archipiélago de Sabana-Camagüey und dem Archipiélago de los Canarreos, Cayo de San Felipe, Archipiélago de los Colorados (SCHWARTZ & HENDERSON 1991).

Lebensraum und Verhalten: *Anolis a. angusticeps* ist heliotherm und bevorzugt offene, savannenähnliche Landschaften. Als Baumanolis wird er bis in eine Höhe von 2,5 m über dem Bodengrund an Baumstämmen, besonders an dünneren Ästen (PETERS & SCHUBERT 1968) sowie an der Strauchvegetation im Trocken- und Küstenwald (*Coccoloba uvifera* und *Terminalia* sp.) angetroffen.

Als Nischenbesetzer (Konkurrenzdruck) und wegen seiner verborgenen Lebensweise - die Tiere fliehen sofort auf die von der Gefahr abgewandte Seite eines Zweiges - ist *Anolis a. angusticeps* schwer zu finden (SILVA LEE 1984). Zudem scheint er im Osten Kubas häufiger als im Westen zu sein, wo er von anderen Arten, wie *Anolis argillaceus* und *Anolis centralis*, abgelöst wird (PETERS 1970).

Interessant ist eine Verhaltensweise, die bisher nur von wenigen *Anolis*-Arten bekannt ist. Begegnen sich zwei Männchen, erfolgt neben dem typischen seitlichen Abflachen des Körpers beim Drohen auch noch eine dorsoven-

Anolis angusticeps angusticeps bei der Kopulation.
Foto: A. Fläschendräger

trale Abflachung. Bemerkenswert ist das seitliche Abspreizen von Hautsäumen im Bereich der Ohrmembrane bei leicht geöffneter Schnauze. Der Körper ist dabei ein wenig gebogen, so daß dem Gegner die Oberseite präsentiert wird.

Fortpflanzung: Die Reproduktion ist sicher saisonal und korreliert mit der Regenperiode. Pro Gelege wird ein ca. 5 x 6 mm großes Ei im Bodengrund vergraben. Die Jungtiere schlüpfen bei Temperaturen von 23-28°C nach 45-55 Tagen.

Haltung: Schon kleine, hellbeleuchtete Terrarien bieten sich zur Haltung an, wobei größere Abmessungen von mehr als 60 cm in Höhe und Breite das interessante Verhalten einer

ner Gruppe (2 Männchen, 4 Weibchen) ermöglichen. Dünne vertikale Zweige, lichte Bepflanzung und unbedingt eine interne Wärmequelle (Glühlampe) gehören zur Einrichtung.

Bei der Wahl der Beute ist *Anolis a. angusticeps* vermutlich spezialisiert, so daß Raupen, Käferlarven, Spinnen, Motten und Fliegen z. B. gegenüber Grillen bevorzugt werden.

Die Haltung der Adulti bereitet keine Probleme, wohingegen die Aufzucht der Jungtiere problematisch erscheint (FLÄSCHENDRÄGER 1990b, 1993, ZERNIKOW 1987a). Die sehr kleinen Jungtiere sind in bezug auf das visuelle Schema der Futtertiere recht wählerisch. Raupenähnliche Beutetiere (Wachsmottenraupen, Kornkäferlarven) und *Drosophila* spp. sollten anfänglich in unmittelbarer Nähe der Jungtiere angeboten werden. Eine separate Haltung in kleinsten Terrarien hat sich bewährt. Die Nachzucht ist bereits in der 5. Generation gelungen.

Anolis argenteolus COPE, 1861

Beschreibung: Nach SCHWARTZ & HENDERSON (1991) beträgt die KRL der Männchen ca. 54 mm (GL bis 150 mm), die der Weibchen bis 44 mm (GL bis 120 mm).

Der Körperbau ist schlank und grazil, wobei die langen Extremitäten, besonders die Hinterbeine und der peitschenförmige Schwanz, auffallen.

Anolis argenteolus (♂) hält sich im Terrarium gern an der Felsrückwand auf. Foto: A. Fläschendräger

Die Grundfärbung ist braun, grau oder silbergrau mit fleckigen Aufhellungen. Eine aus 5-6 Segmenten bestehende V-förmige bzw. sattelähnliche Zeichnung zieht sich entlang der Rückenlinie bis zum Schwanzanfang. Der Schwanz ist gebändert. Eine weißliche Unteraugenpartie hebt sich markant von der dunkleren Grundfärbung ab. Bei Erregung wird ein recht hoher Hautsaum im Nackenbereich sowie ein schwächerer auf dem Rücken aufgerichtet. Die Kehlfahne der Männchen ist groß, weißlich und hat eine braune oder graue Basiszone. Weibchen besitzen eine kleine weißliche Kehlfahne.

Die Jungtiere haben eine KRL von ca. 23 mm (GL bis 68 mm) und sind ebenso wie die Adulti gefärbt.

Verbreitung: Die Art ist in Kuba vom südlichen Teil der Camagüey-Provinz aus im gesamten Osten verbreitet (SCHWARTZ & HENDERSON 1991).

Lebensraum und Verhalten: *Anolis argenteolus* zeichnet sich durch ein hohes Feuchtigkeitsbedürfnis, eine Aktivitätszeit in den frühen Morgen- und späten Nachmittagsstunden und eine Lebensweise in feucht-schattigen Felsbiotopen bzw. an sonnenabgewandten Baumstämmen aus (PETERS 1970, RUIBAL 1964). In günstigen Biotopen wird *Anolis argenteolus* in hoher Individuenzahl angetroffen.

Die Art ist äußerst flink und vollführt nach kurzen Sprints charakteristische, zuckende Bewegungen mit dem Schwanz. Eine weitere Besonderheit ist die Transparenz von zwei Schuppen im unteren Augenlid (im Gegensatz zu drei solcher Schuppen bei *Anolis lucius*).

Fortpflanzung: Die im Verhältnis zum Körper mit ca. 6 x 12 mm sehr großen Eier werden einzeln in feuchten Gesteinsspalten, unter Wurzelgeflecht an Bäumen und Felsen oder unter loser Rinde abgelegt. Im Jahr können maximal 10, meist jedoch nur 4-6 Eier pro Weibchen produziert werden. Die Jungtiere schlüpfen nach 55-70 Tagen bei Inkubationstemperaturen von 23-30°C.

Haltung: Zur Pflege von *Anolis argenteolus* eignet sich ein hochformatiges Terrarium mit Fels- oder Rindenrückwand, vertikalen Ästen und Versteckmöglichkeiten in Form von an die Rückwand gelehnten Rindenstücken. Die Bepflanzung sollte zumindest im Bodenbereich üppig ausfallen, um feuchte Stellen zu schaffen. Die Haltung kann paarweise erfolgen, ein Männchen kann auch mit mehreren Weibchen zusammen gepflegt werden. Die Aufzucht der Jungtiere ist problemlos (FLÄSCHENDRÄGER 1990 b, 1993, ZERNIKOW 1987 b) und mittlerweile schon in der 4. Generation gelungen. Das Wachstum der Jungtiere ist recht langsam, so daß die Geschlechtsreife erst im Alter von ca. 12-14 Monaten erreicht wird.

Anolis bahorucoensis NOBLE & HASSLER, 1933

Unterarten: *A. b. bahorucoensis, A. b. southerlandi*

Anolis bahorucoensis bahorucoensis NOBLE & HASSLER, 1933

Beschreibung: Die Männchen erreichen eine KRL bis 51 mm (GL ca. 160 mm), die Weibchen eine KRL bis 44 mm (GL bis 130 mm). Die Art ist schlank und spitzköpfig.

Auf dem Rücken der Männchen sind blaue, sattelähnliche Farbelemente, die von dunkelbraunen Partien abgelöst werden, angeordnet. Ein cremefarbener Lateralstreifen, der sich teilweise mit den blauen Dorsalzeichnungen berührt, ist typisch für die Nominatform

(SCHWARTZ 1978, SCHWARTZ & HENDERSON 1991, WILLIAMS 1963 a). Die sehr kontrastreiche Färbung setzt sich im Kopfbereich fort. Die Hinteraugenpartie ist blau und grünlich, ebenso das untere Augenlid; das obere Augenlid ist rot bis gelb. Die Kehle zeigt sich gelb bis bläulich mit dunkler Streifenzeichnung. Die Kehlfahne ist reduziert. Im Nacken- und Rückenbereich kann eine Hautleiste aufgerichtet werden.

Die Weibchen haben eine braune, kontrastreiche Grundfärbung. Auf ihrem Rücken ist ein gerader oder ausgebuchteter Streifen zu sehen. Jungtiere messen nach dem Schlupf ca. 18 mm KRL (GL bis 59 mm). Männliche Tiere sind sofort an der unterbrochenen Dorsalzeichnung zu erkennen, wenn auch die farbliche Entwicklung erst viel später erfolgt.

Zu den farblich schönsten Saumfingern gehören die Männchen von *Anolis bahorucoensis bahorucoensis*.
Foto: A. Fläschendräger

Verbreitung: Die Art kommt in der Dominikanischen Republik vom Hochland der Sierra de Baoruco (Provinz Barahona, 46-1402 m ü. NN) bis zu den nördlichen, östlichen und südöstlichen Abhängen vor (SCHWARTZ & HENDERSON 1991).

Lebensraum und Verhalten: *Anolis b. bahorucoensis* besiedelt schattige Laubwälder, Galeriewälder und feuchte Schluchten. Der eigentliche Lebensraum ist der untere Bereich von Büschen, die Krautschicht und der laubstreubedeckte Boden, wo die Tiere nach Nahrung suchen (FITCH & HENDERSON 1987, NOBLE & HASSLER 1933). FLORES, LENZYCKI &

Die Weibchen von *Anolis bahorucoensis bahorucoensis* sind kontrastreich und markant gezeichnet.
Foto: A. Fläschendräger

PALUMBO (1994) beobachteten die Art am Waldrand, wo sie bevorzugt auf Stäuchern zu finden war.

Das Verhaltensrepertoire mutet etwas eigentümlich an, denn die Männchen nicken mit dem Kopf in äußerst schneller Folge und führen zudem auch Seitwärtsbewegungen aus (FLÄSCHENDRÄGER 1990 a). Nach SCHWARTZ & HENDERSON (1991) kommt die Art in recht kleinen Einzelterritorien vor. Für ein Männchen werden 1,5 m^2 und für ein Weibchen 2,3 m^2 angegeben. Ganz im Gegensatz zu vielen anderen Arten scheinen also die Weibchen die größeren Reviere zu beanspruchen.

Das Fehlen einer großen Kehlfahne machen die Männchen durch ihre beeindruckende Färbung und Zeichnung wett. Die leuchtenden Farben treten besonders bei der Annäherung der Geschlechter oder beim Aufeinandertreffen zweier Männchen hervor. Während der inaktiven Phase kann das strahlende Blau der Dorsalzeichnung völlig verschwinden. FITCH & HENDERSON (1987) diskutieren das Phänomen der reduzierten Kehlfahne. Durch den hohen Prädationsdruck der sympatrisch vorkommenden *Anolis cybotes* und *Anolis coelestinus* befindet sich *Anolis b. bahorucoensis* in ständiger Fluchtbereitschaft. Ein auffälliges Verhalten würde das Risiko erhöhen, gefressen zu werden. Aus diesem Grund hat sich wohl das sonst so typische Kehlhautspreizen „zurückentwickelt". Die kontrastreiche Zeichnung ist die perfekte Antwort auf den Lebensraum, den blätterbedeckten Waldboden.

Fortpflanzung: Fast das ganze Jahr über werden Eier im feuchten Bodengrund, der 19-28°C warm ist, vergraben. Das Gelege besteht immer aus einem Ei. Je nach Temperatur schlüpfen die Jungtiere nach 40-70 Tagen, wobei sich deutlich mehr Weibchen bei Zeitigungstemperaturen von weniger als 26°C entwickeln (FLÄSCHENDRÄGER 1990 a).

Haltung: Wegen der angeborenen Scheu wird eine separate Haltung der Art empfohlen. Das Terrarium sollte eher breit als hoch sein. Die paarweise Haltung ist vorteilhaft. Ab einer Terrariengröße von 60 x 60 x 60 cm kann eventuell auch ein zweites Weibchen dazugesetzt werden.

Als Bodengrund eignet sich ein Torf-Sand-Gemisch mit einer Abdeckung aus Laubstreu. Eine reiche Bepflanzung, sowie viele Wurzeln und Zweige komplettieren die Einrichtung. Die Weibchen sitzen gern im Schutz der Pflanzen nahe dem Boden. Eine Temperaturstaffelung von 22-26°C (lokal bis 30°C) ist wichtig.

Jungtiere müssen wegen ihrer Schreckhaftigkeit zumindest die ersten zwei Monate einzeln in Kleinstterrarien aufgezogen werden. Die Aufzucht ist sehr zeitaufwendig (FLÄSCHENDRÄGER 1990 a,b).

Bemerkenswert ist das Alter eines Männchens, das 1986 adult importiert wurde und sich noch immer (1996) bester Gesundheit erfreut und sexuell aktiv ist.

Anolis bartschi (COCHRAN, 1928)

Beschreibung: *Anolis bartschi* wurde von COCHRAN (1928) als zweite Art der Gattung *Deiroptyx* beschrieben. *Deiroptyx* gilt inzwischen als ein Synonym von *Anolis* (ETHERIDGE 1960).

Die Männchen erreichen eine KRL bis zu 76 mm (GL bis 230 mm), die Weibchen bis 62 mm (GL bis 170 mm). Beide Geschlechter besitzen eine reduzierte Kehlfahne. Die Grundfärbung ist recht variabel. Man unterscheidet grob eine helle und eine dunkle Grundphase (FLÄSCHENDRÄGER 1988 b, WIJFFELS 1972). Bei heller Beleuchtung und trockener Luft herrscht eine schmutzig olivbräunliche

Während der lichten Farbphase zeigen die Männchen von *Anolis bartschi* ihre ganze pastellfarbene Pracht.
Foto: A. Fläschendräger

Grundfärbung vor. Dorsal zeichnen sich bei den Männchen große, helle und sattelähnliche Bereiche ab. Von den Flanken bis zur Schwanzwurzel verlaufen 20-22 vertikale schmale, gelbe Querstreifen, die wellig und z. T. unterbrochen sind. Diese Zeichnung zieht sich immer verwaschener und fleckiger werdend bis zum Schwanz hin. Bei einer erhöhten Luftfeuchte und geringerer Lichtstärke hellt sich die Grundfärbung bis fast zur Transparenz hin auf. Ein großer Fleck vor der Ohrmembran, der hintere Ohrbereich, die Augenlider sowie einzelne Lippenschilder und Teile des Schwanzes und der Füße färben sich blauviolett. Die gelben Querlinien nehmen eine leuchtend goldene Färbung an.

Bei den Weibchen zieht sich ein mehr oder weniger unterbrochener Streifen von heller, gelblichweißer Farbe auf dem Rücken entlang. Im Dorsolateralbereich befindet sich jeweils ein breites bronze- bis ockerfarbenes Band, das wiederum von einem hellen, z. T. unterbrochenen Lateralband abgelöst wird. Seltener ist auch eine leichte Querbänderung, ähnlich der der Männchen, vorhanden. Die Augenlider und der Bereich vor der Ohrmembran sind schwach bläulich.

Jungtiere haben nach dem Schlupf eine KRL von ca. 27 mm (GL bis 90 mm). Sie zeigen die gleiche Färbung und Zeichnung wie die Weibchen. Die Männchen färben sich erst mit dem Erreichen der Fertilität in typischer Weise um.

Verbreitung: Die Art lebt im Westen Kubas in der Sierra de los Organos, der Sierra del Rosario sowie in den Tieflandbereichen der Provinz Pinar del Río (SCHWARTZ & HENDERSON 1991).

Lebensraum und Verhalten: *Anolis bartschi* führt eine petricole Lebensweise an feuchtschattigen Kalkfelsformationen. Direkte Besonnung wird gemieden (PETERS 1970). VOGEL

(1965) beobachtete die Art in den späten Nachmittagsstunden (Abendstunden?) bei der Nahrungssuche. *Anolis bartschi* reagiert besonders auf Jungtiere kleiner *Anolis*-Arten, die sicher im Biotop einen nicht unwesentlichen Anteil des Beutespektrums ausmachen dürften.

Das Kopfnicken unterscheidet sich durch seinen langsamen Ablauf deutlich von dem anderer Arten (FLÄSCHENDRÄGER 1988 b).

Fortpflanzung: SCHWARTZ & HENDERSON (1991) geben als Beginn der Fortpflanzungsperiode Mitte März an, wobei Jungtiere vom 11. August bis zum 5. September beobachtet wurden. Je ein Ei (selten zwei) mit einer durchschnittlichen Größe von 9 x 13 mm wird in feuchte Gesteinsspalten eingeklemmt. Durch Volumenzunahme vergrößert sich der Halt zusätzlich. SILVA RODGRÍGUEZ, BEROVIDES ÁLVAREZ & ESTRADA ACOSTA (1982) fanden im Biotop gemeinsame Eiablageplätze. Bei einer Inkubationstemperatur von 23-28°C schlüpfen die Jungtiere nach ca. 60-70 Tagen. Pro Weibchen werden maximal 12, meistens 6-7 Eier im Jahr abgelegt.

Haltung: Terrarien mit großzügigen Felsrückwänden, die durch Spalten stark strukturiert sein sollten, sind zur Pflege dieser Art geeignet. Ebenso sollten kräftige Wurzelteile und Äste zum Klettern angeboten werden. Zur Eiablage hat sich das Einbringen eines porösen Tuffsteins auf feuchtem Grund bewährt. Die Eiablage erfolgt in die Hohlräume (FLÄSCHENDRÄGER 1988 b).

Anolis bartschi sollte paarweise gehalten werden. Männchen können den Weibchen mitunter stark zusetzen. Eine zeitweilige Trennung oder das Einbringen von Sichtblenden wie großen Rindenstücken kann Abhilfe schaffen. Jungtiere sind untereinander meist unverträglich, so daß eine separate Aufzucht angeraten ist. Bei der Aufzucht sind die Tiere etwas anfällig gegenüber Jodmangel (KADEN 1985). Die Art konnte bereits in der 5. Generation nachgezogen werden (FLÄSCHENDRÄGER 1993).

Anolis centralis PETERS, 1970

Unterarten: *A. c. centralis*, *A. c. litoralis*

Anolis centralis litoralis GARRIDO, 1975

Beschreibung: Die Männchen erreichen eine KRL von ca. 45 mm (GL ca. 125 mm), die Weibchen bleiben kleiner.

Anolis centralis litoralis unterscheidet sich von der Nominatform durch einen größeren und kräftigeren Wuchs und durch eine geringfügig andere Färbung (GARRIDO 1975 b).

Die Grundfärbung ist grauweiß, bräunlich oder sandfarben. Der graue, z. T. fleckige Dorsalstreifen wird von einem dunkelbraunen Dorsolateralband abgelöst, das mittig durch eine feine helle Linie geteilt ist. Dieses Dorsolateralband verläuft direkt bis durch die Augenregion zur Schnauze hin. Lateral befindet sich ein weißlicher bis cremefarbener Streifen, der zur hellen Ventralseite hin von einem dunklen Band getrennt wird. Diese markante Linienzeichnung kann sich je nach Erregung fleckig aufhellen bzw. ineinander verschwimmen, was besonders bei den Weibchen der Fall ist. Die große Kehlfahne der Männchen ist gelborange.

Verbreitung: *Anolis c. litoralis* bewohnt im Osten Kubas die südöstliche Küstenregion von Santiago de Cuba bis Imías und Cajobabo, ferner die Sierra Maestra und die Sierra del Cobre (SCHWARTZ & HENDERSON 1991).

Lebensraum und Verhalten: *Anolis centralis litoralis* ist ein heliophiler Baumbewohner aus der Gruppe der Rindenanolis. Die Art kommt

Arten der Großen Antillen

Recht selten ist der kleinwüchsige ***Anolis centralis litoralis*** (♂) im küstennahen Trockenwald zu finden (Daiquirí, Kuba). Foto: A. Fäschendräger

vor allem in der heißen Küstenzone mit ihrer Sukkulenten-Dornbusch-Vegetation vor. Die Tiere sind jedoch nirgends häufig, sondern eher vereinzelt oder zu wenigen Individuen zu beobachten. Besonders in den Morgen- und Nachmittagsstunden konnten die *Anolis* an der Stammbasis gefunden werden. Ein interessanter Fund gelang einem der Autoren (FLÄSCHENDRÄGER) auf einer kiesigen Landzunge an der Karibikküste bei Daiquirí. Ein einzelnes kleinwüchsiges Männchen lebte direkt auf dem Kiesgrund. Der Fundort war ohne jegliche Sträucher, nur mit Ziegenfußwinden (*Ipomoea pes-caprae*) bewachsen. Gleiches berichtet schon PETERS (1970) von der Nominatform aus der Sierra de Trinidad, wo er ein einzelnes Exemplar im steinigen Bett eines im tiefen Waldschatten liegenden Bachlaufes fand.
ALBINSKY (pers. Mitt.) fand die Art bevorzugt an Säulenkakteen (*Pilosocereus, Ritterocereus*), wo sie sich speziell in den dornenfreien Zonen zwischen den bewehrten „Rippen" aufhielten.

Fortpflanzung: Über die Fortpflanzung dieses *Anolis* ist kaum etwas bekannt. SCHWARTZ & HENDERSON (1991) berichten von Gelegefunden im April, einem Monat, der im Verbreitungsgebiet den Beginn der Regenperiode markiert (BORHIDI 1991). Die Größe der einzelnen Eier betrug 4,5-5 x 6,6-7,4 mm.

Haltung: Die Art dürfte in hochformatigen, gut belüfteten und hell beleuchteten Terrarien günstige Bedingungen vorfinden. Vertikale Äste und Zweige sowie eine starke örtliche Erwärmung (Glühlampe) sollten nicht fehlen. Die Temperatur im Biotop erreicht Werte von 30°C tagsüber und ca. 26°C nachts.

Anolis chlorocyanus DUMÉRIL & BIBRON, 1837

Unterarten: *A. ch. chlorocyanus, A. ch. cyanostictus*

Anolis chlorocyanus chlorocyanus
DUMÉRIL & BIBRON, 1837

Beschreibung: Nach MERTENS (1939) und SCHWARTZ & HENDERSON (1991) erreichen die Männchen eine KRL bis 76 mm (GL bis 225 mm), die Weibchen eine KRL bis 53 mm (GL bis 155 mm).
Die Grundfärbung der Männchen ist einfarbig smaragdgrün, z. T. türkisblau bis braun und ohne jegliche Zeichnung. Weibchen sind meist bräunlicher gefärbt und zeigen 2-4 helle Lateralstreifen. In der dunklen Farbphase zeichnet sich häufig eine helles graubraunes Dorsalband ab.
Die Nominatform läßt sich gut von der südöstlich verbreiteten Unterart (*Anolis ch. cyanostictus*) durch das Fehlen der hellblauen Augenringe bei den Männchen sowie durch

Anolis chlorocyanus chlorocyanus (♀) im Küstenbiotop bei Playa Grande (Nähe San Juan, Dominikanische Republik). Foto: A. Fläschendräger

die Linienzeichnung der Weibchen - adulte Weibchen von *Anolis ch. cyanostictus* sind einfarbig - unterscheiden.

Die Kehlfahne der Männchen ist blau bis hellgraublau mit schwarzblauem Basalfleck und weißen bis blauen Schuppen.

Jungtiere besitzen wie die adulten Weibchen eine Linienzeichnung (MERTENS 1939).

Verbreitung: Die Art bewohnt die Insel Hispaniola. *Anolis ch. chlorocyanus* kommt dort von Plaine de Cul de Sac bis nach Valle de Neiba und nördlich bis ins Tiefland, im Nordhang der Cordillera Central, in der Cordillera Septentrional, sowie auf der Samana-Halbinsel bis Nord- und Nordwest-Haiti vor (MERTENS 1939, SCHWARTZ & HENDERSON 1991).

Lebensraum und Verhalten: *Anolis ch. chlorocyanus* führt eine arboricole Lebensweise. Typische Biotope sind vegetationsreiche Gebiete wie Wälder, Plantagen und Gärten, wo die Tiere auch an Häusern und Zäunen vorkommen. Die Art hält sich vorzugsweise im Schatten auf (MERTENS 1939). Nach RAND (1962) werden die *Anolis* besonders oft im oberen Stamm- und Kronenbereich von Bäumen gefunden. Auch die Nahrung wird hauptsächlich in luftiger Höhe an Blättern und Zweigen erbeutet. Die Tiere schlafen in einer typischen Haltung in Höhen von 1-4,5 m auf Blättern und dünnen Zweigen: ihr Körper ist dann gestreckt, während die hinteren Extremitäten dicht an den Schwanz gezogen sind (RAND 1962).

Fortpflanzung: Die Weibchen legen ihre Eier der Größe 7,5 x 11,5 mm an der Basis von Bäumen im Boden oder unter der Laubschicht ab. Aus einem Ei, das am 22. Juli gefunden wurde, schlüpfte am 20. August ein Jungtier (SCHWARTZ & HENDERSON 1991).

Haltung: Die Art ist im hochformatigen, reich bepflanzten Terrarium mit ausreichend Kletterästen gut zu halten. *Anolis ch. chlorocyanus* sollte paarweise gepflegt werden. Bei heller Beleuchtung und einer Luftfeuchte von mehr als 70 % zeigen die Tiere ihre leuchtendgrüne Färbung.

Anolis christophei WILLIAMS, 1960

Beschreibung: Die KRL der Männchen beträgt ca. 49 mm (GL ca. 125 mm), die der Weibchen ca. 45 mm (GL ca. 110 mm).

Die Art hat einen schlanken Körperbau und lange Extremitäten.

Die Grundfärbung beider Geschlechter ist in der lichten Phase grün- bis gelbbraun. In der dunklen Phase verstärken sich die Brauntöne, und die Zeichnung tritt deutlicher hervor. Dorsal zeichnen sich entlang der Rückenlinie 4 dunkelbraune, bronzefarbene oder grünlichbraune Figuren ab, die Ähnlichkeit mit Schmetterlingen haben (WILLIAMS 1960, 1962a).

Arten der Großen Antillen

Nachzuchtmännchen von *Anolis christophei* mit gespreizter Kehlhaut. Foto: A. Fläschendräger

Zwischen den Extremitäten verläuft ein helles Lateralband, das von dunkleren Bereichen eingefaßt ist. Die Occipitalgegend kann bei beiden Geschlechtern bläulich erscheinen. Die Iris ist blau. Der Schwanz ist hell und dunkel gebändert. Die Männchen haben eine sehr große Kehlfahne, die violett bis grau gefärbt ist. Die hellgelben, weißlichen oder bläulichen Kehlhautschuppen ergeben beim Spreizen ein Linienmuster. Die Kehlfahne der Weibchen ist nur schwach entwickelt. Die Männchen können vom Nacken- bis zum Rückenbereich einen Hautsaum aufrichten.

Jungtiere entsprechen in der Färbung und Zeichnung den Adulti, wobei ihre Grüntöne etwas intensiver sind. Die KRL nach dem Schlupf beträgt ca. 19 mm (GL ca. 45 mm). Die große Kehlfahne der männlichen Tiere kann bereits dann erkannt werden.

Verbreitung: *A. christophei* bewohnt auf Hispaniola Gebiete in einer Höhe von 76-1300 m ü. NN. Die Art kommt im Massif du Nord in Haiti, sowie in der Cordillera Central, der Cordillera Septentrional und in den Provinzen Hato Mayor und San Cristóbal in der Dominikanischen Republik vor (SCHWARTZ & HENDERSON 1991).

Lebensraum und Verhalten: Nach SCHIRRA (1993) bewohnt *Anolis christophei* feuchte, kühle und schattige Bergwälder in der Nähe von Fließgewässern. Die gemessenen Temperaturen lagen dort am Tage zwischen 19 und 25°C, nachts bei 17°C. Die Luftfeuchtigkeit schwankte am Tage zwischen 60 und über 90 % sowie nachts zwischen 90-100 %. Bevorzugter Aufenthaltsort sind die schattige Stammregion bis 6 m Höhe (meist jedoch bis 2 m) und größere Gesteinsblöcke. Als Schlafplätze werden krautige Pflanzen und Laubblätter aufgesucht (THOMAS & SCHWARTZ 1967). SCHIRRA (1993) konnte in der Cordillera Central recht große Abstände von bis zu 8 m zwischen den einzelnen Männchen beobachten.

Fortpflanzung: Über die natürliche Reproduktion im Biotop ist nichts bekannt. Im Terrarium legen die Weibchen das ganze Jahr über je ein 5 x 8 mm großes Ei in den feuchten Bodengrund. Bei Temperaturen von 22-27°C schlüpfen die Jungtiere nach 36-43 Tagen.

Ein aus der Cordillera Central (nahe La Vega, Dominikanische Republik) stammendes Weibchen von ***Anolis christophei***   Foto: A. Fläschendräger

Haltung: *A. christophei* wird in einem üppig bepflanzten Terrarium von mindestens 60 cm Höhe gepflegt. Die Temperaturstaffelung sollte von 20°C am Boden bis zu 30°C an einigen exponierten Stellen reichen. Im Bodenbereich, wo sich besonders gern die Weibchen aufhalten, muß eine Luftfeuchtigkeit von mehr als 75% herrschen. Dicke Äste sowie größere Rindenstücke und eine Felsrückwand sind vorteilhaft. In großen Terrarien können mit einem Männchen bis zu zwei Weibchen vergesellschaftet werden.

Jungtiere sollten unbedingt in separaten Kleinstterrarien aufgezogen werden, da eine Vergesellschaftung zumindest in den ersten zwei Monaten schlecht toleriert wird.

Anolis coelestinus Cope, 1863

Unterarten: *A. c. coelestinus*, *A. c. demissus*, *A. c. pecuarius*

Anolis coelestinus coelestinus Cope, 1863

Beschreibung: Nach Schwartz & Henderson (1991) erreichen die Männchen eine KRL bis 84 mm (GL bis 240 mm), die Weibchen eine KRL bis 60 mm (GL bis 190 mm).
Die Grundfärbung ist stimmungsabhängig und reicht von leuchtendgrün, gelbgrün bis braun bzw. olivbraun. Die Weibchen besitzen keinen Dorsalstreifen (Henderson & Schwartz 1984). Die Augenringe sind weißlich, hellblau oder auch gelblich. Ein markanter weißer Lateralstreifen verläuft, unter dem Auge beginnend, unter der Ohröffnung vorbei bis zu den hinteren Extremitäten. Dieses Merkmal kommt bei keiner anderen Art aus der Verwandtschaftsgruppe (*Anolis aliniger, Anolis chlorocyanus, Anolis singularis*) vor (Williams 1965 a). Die Kehlfahne der Männchen ist sehr variabel gefärbt: sie kann grau, grünlichgrau bis bläulichgrau mit weißen bis gelblichen Schuppen sein.

Verbreitung: *Anolis c. coelestinus* lebt auf Hispaniola im gesamten Gebiet südlich von Plaine de Cul-de-Sac (Haiti) und im Valle de Neiba (Dominikanische Republik); dort besiedelt er Gebiete von Meereshöhe bis 1707 m ü. NN (Schwartz & Henderson 1988).

Lebensraum und Verhalten: *Anolis coelestinus coelestinus* ist ein Baumanolis, der bevorzugt im Stamm- und Kronenbreich, sowie auf Sträuchern und Zaunpfählen vorkommt. Typische Biotope sind schattig-kühlere Situationen in Trockenwäldern (Schwartz & Henderson 1991) bis zu sonnigen Waldrändern im Hochland (Flores, Lenzycki & Palumbo 1994).

Männchen von *Anolis coelestinus coelestinus* während der lichten Farbphase.   Foto: U. Bartelt

Fortpflanzung: Über die Reproduktion dieser Art ist uns noch nichts bekannt.
Haltung: Das Terrarium sollte hochformatig sein sowie stärkere Äste und ausreichende Versteckmöglichkeiten (z.B. Rindenstücke, Bepflanzung) enthalten. *Anolis c. coelestinus* ist recht scheu und färbt sich bei Beunruhigung von grün nach olivbraun um. Eine vordergründige Bepflanzung zum Deckungsschutz wird empfohlen. Die Art sollte paarweise gehalten werden.

Anolis cuvieri MERREM, 1820

Beschreibung: *Anolis cuvieri* ist die größte *Anolis*-Art auf Puerto Rico. Nach SCHMIDT (1928) und WIJFFELS (1975) erreicht die KRL der Männchen 135 mm (GL bis 418 mm), die der Weibchen 102 mm (GL bis 310 mm).
Die Grundfärbung ist grün oder smaragdgrün bis gelbgrün. Die Weibchen sind dunkler gefärbt. In der dunklen Phase variiert die Färbung bis zu grünlichgrau oder bräunlich mit dunklen, zu Querbändern angeordneten Flecken. Während der lichten Phase treten bei den Männchen bläuliche Flecken im Kopfbereich auf (RIVERO 1978). Die Augenlider sind gelb bis schwärzlich. Der Bereich unter den Augen ist auffallend hellblau gefärbt. Die Ventralseite ist weiß mit dunkler Sprenkelung. Männchen besitzen eine etwas größere Kehlhaut als die Weibchen und einen höheren Schuppenkamm auf dem Schwanz. Die Kehlfahne der Männchen ist gelb und mit weißen Randschuppen versehen, die der Weibchen ist grün bis grünlichgelb.

Jungtiere haben eine KRL von ca. 49 mm (GL bis 127 mm). Sie weichen in der Färbung und Zeichnung erheblich von den Adulti ab. Die Grundfärbung ist braun mit lichter Fleckenzeichnung (WIJFFELS 1975).

Verbreitung: *Anolis cuvieri* siedelt auf Puerto Rico von einzelnen Biotopen im Tiefland bis ins Hochland, hauptsächlich von 500-1200 m ü. NN; möglicherweise kommt er auch auf der Isla Vieques vor (RIVERO 1978, SCHWARTZ & HENDERSON 1991).

Lebensraum und Verhalten: *Anolis cuvieri* führt eine arboricole Lebensweise, meist oberhalb 3 m über dem Bodengrund (SCHMIDT 1928). Bevorzugte Biotope sind gekennzeichnet durch große, alte Bäume, die ausreichend Schatten und Kühle spenden, wie z. B. Schattenbäume der montanen Kaffeeplantagen (RIVERO 1978). Stellenweise kommt die Art auch in den Städten vor. So fand GORMAN (pers. Mitt.) einige Tiere in San Juan hinter einem modernen Hotel auf hohen Bäumen entlang einer Straße.
Interessant erscheint die terrestrische Lebensweise der Jungtiere im Zusammenhang mit ihrer Färbung. Durch die kryptische, braunweiße Fleckenzeichnung sind sie gut an das Leben auf dem schattigen Waldboden bzw. an der Basis von Baumstämmen angepaßt (GORMAN 1977).
Die Nahrung besteht aus großen Insekten, Krustentieren, Tausendfüßern, Regenwürmern, Schnecken, kleinen *Anolis*-Arten, Kolibris, Kaffeebeeren und Früchten. Kleine Beutetiere werden bereits aus einer Entfernung von 3 m lokalisiert. Die *Anolis* schleichen sich erst langsam bis auf 25-40 cm an, um dann blitzschnell zuzustoßen (SCHWARTZ & HENDERSON 1991).

Fortpflanzung: Die Reproduktion korreliert mit der Regenperiode. Die Weibchen vergraben ihre ca. 11 x 21 mm großen Eier im Bodengrund (RIVERO 1978). Bei einer Inkubationstemperatur von 20-25°C schlüpfen nach ca. 95 Tagen die Jungtiere (HESELHAUS & SCHMIDT 1990).

Haltung: *Anolis cuvieri* kann paarweise in geräumigen, hochformatigen Terrarien mit kräftigen Kletterästen und großen Blattpflanzen, die als Deckungsschutz dienen, gehalten werden. Die Tiere sind recht aktiv, jedoch langsam in der Bewegung. Neben der Nahrung aus Insekten wurden auch geschickt Eidechsen (*Lacerta* ssp.) erbeutet (WIJFFELS 1975).
Die Nachzucht ist wiederholt gelungen.

Anolis cybotes COPE, 1862

Unterarten: *A. c. cybotes*, *A. c. doris*, *A. c. ravifaux*

Anolis cybotes cybotes COPE, 1862

Beschreibung: Männchen erreichen eine KRL bis 77 mm (GL bis 200 mm), die Weibchen eine KRL bis 66 mm (SCHWARTZ & HENDERSON 1991). Der Körperbau ist gedrungen. Die Männchen besitzen einen auffallend großen Kopf.
Die Grundfärbung reicht von einem Graubraun über ein Braunrot bis hin zu einem Dunkelbraun. Die variable Zeichnung kann aus jeweils zwei hellen bis grünlichen Lateralstreifen bestehen. Dorsal können bei den Männchen Querbänder oder auch nur Reste von die-

---

Juveniles Männchen von **Anolis cuvieri** während der Umfärbung. Der braun-weiß-gefleckten Juvenilfärbung folgt die grüne Körpergrundfärbung adulter Tiere. Foto: A. Fläschendräger

Anolis cybotes cybotes (♂) von der S-Küste der Dominikanischen Republik.   Foto: Fläschendräger

sen auftreten. Der Augenring ist hellbraun. Auf der Schwanzwurzel sind häufig zwei helle Flecken vorhanden. Die Weibchen besitzen ein einfaches bis stark ausgebuchtetes, rhombenförmiges Dorsalband, das an den Seiten dunkel eingefaßt ist. Die große Kehlfahne der Männchen ist weißlich bis hellgrau (MERTENS 1939).

Jungtiere gleichen in Färbung und Zeichnung den Adulti.

Verbreitung: Die Unterart besiedelt ganz Hispaniola sowie die Ile-à-Vache, Ile de la Tortue, Isla Catalina, Ile Grande Cayemite, Cayos Siete Hermanos (Cayo Grande) und die Ile à Cabrit im Golfe de la Gonâve. Wahrscheinlich wurde sie erfolgreich in der Umgebung von Miami, Florida, eingebürgert (SCHWARTZ & HENDERSON 1988).

Lebensraum und Verhalten: *Anolis c. cybotes* ist sehr anpassungsfähig und kommt in den verschiedensten Biotopen stellenweise recht häufig vor. MERTENS (1939) fand die Art bis zu einer Höhe von 1450 m ü. NN in der Umgebung von Kenskoff. Die *Anolis* leben in Bodennähe an Baumstämmen, von den heißen, trockenen Ebenen bis hin zu schattigen, feuchten Urwäldern. Als Kulturfolger sind sie auch an Häusern, Mauern und Zäunen zu finden. Selbst auf schwimmenden *Eichhornia*-Beständen und in der Mangroven-Vegetation kommen sie noch vor. Nachts werden erhöhte Plätze auf Zweigen und Pflanzen aufgesucht (MERTENS 1939, RAND 1962). Zumeist nehmen die *Anolis* eine typische Haltung ein. Mit dem Kopf nach unten sitzen sie in einiger Höhe über dem Boden an Baumstämmen oder ähnlichen Aussichtspunkten. Der Kopf wird dabei oftmals rechtwinklig zum Körper gehalten. Aufmerksam beobachten sie den Bodenbereich, um Nahrung wie z. B. Insekten und an-

dere Wirbellose, kleine Geckos (*Sphaerodactylus* spp.) und *Anolis*-Arten zu erbeuten (MERTENS 1940, RAND 1962 b). Im Biotop wurden Körpertemperaturen von 29,9-31,6°C gemessen (SCHWARTZ & HENDERSON 1991). Jungtiere sind mehr am Boden und in der Krautschicht zu finden.
Fortpflanzung: Die Eier werden in den Bodengrund vergraben. Die Jungtiere schlüpfen nach einer Inkubationszeit von ca. 45-55 Tagen bei 25-28°C.
Haltung: *Anolis c. cybotes* ist leicht zu halten und zu vermehren. Geeignet sind hochformatige Terrarien mit starken Ästen, Wurzelstücken im Bodenbereich und Versteckplätzen, wie etwa loser Rinde. Wegen des ausgeprägten Territorialverhaltens sollte eine paarweise Haltung erfolgen. Die Aufzucht der Jungtiere ist problemlos.

Anolis distichus COPE, 1862

Unterarten: *A. d. distichus*, *A. d. aurifer*, *A. d. biminiensis*, *A. d. dapsilis*, *A. d. distichoides*, *A. d. dominicensis*, *A. d. favillarum*, *A. d. floridanus*, *A. d. ignigularis*, *A. d. juliae*, *A. d. ocior*, *A. d. patruelis*, *A. d. properus*, *A. d. ravitergum*, *A. d. sejunctus*, *A. d. suppar*, *A. d. tostus*, *A. d. vinosus*

Anolis distichus ignigularis MERTENS, 1939

Beschreibung: Nach SCHWARTZ (1968) erreichen die Männchen eine KRL von 50-55 mm (GL bis 120 mm), die Weibchen eine KRL bis 41 mm (GL bis 100 mm).
Der Körperbau ist gedrungen und dorsoventral abgeflacht. Der Kopf ist auffallend kurz und breit.

Die Grundfärbung der Männchen ist moosgrün und fast ohne Zeichnung; die der Weibchen tendiert mehr zu bräunlichen Grüntönen. Hinterrücken, Hinterbeine und Schwanz können rotbraun erscheinen. Die Unterseite ist grau, die des Schwanzes ockergelb. Die Färbung ist stimmungsabhängig und wechselt von durchgehend grün bis hin zu grau mit Rindenzeichnung. Unter dem Auge befindet sich ein hellgrüner, gebogener Strich (MERTENS 1939). Die Kehlfahne der Männchen ist orangerot mit gelbem Saum. Männchen besitzen vergrößerte postcloakale Schuppen.
Durch die zweifarbige Körpergrundfärbung sowie die rotgelbe Farbkombination der Kehlfahne ist *Anolis d. ignigularis* gut von den anderen Unterarten auf Hispaniola zu unterscheiden (SCHWARTZ 1968).
Jungtiere messen nach dem Schlupf ca. 19 mm (GL bis 43 mm). Färbung und Zeichnung sind wie bei den Adulti.
Verbreitung: Die Unterart lebt in der Dominikanischen Republik. Dort kommt sie von der Provinz San Cristóbal im Westen, östlich bis zur Provinz San Pedro de Macorís, ins Landesinnere bis zur Umgebung von Higüey sowie bis zur Nordküste (östlich von Miches) in der Provinz El Seibo, südlich bis zur Provinz Monte Plata (Bayaguana) und westlich bis zur Cordillera Central (bis 1830 m ü. NN) vor; außerdem auf der Península de Samaná, im Westen bis zur Umgebung von Yayales. *Anolis d. ignigularis* wurde in Miami, Florida, eingeschleppt (SCHWARTZ & HENDERSON 1988).
Lebensraum und Verhalten: *Anolis d. ignigularis* ist ein sehr agiler Anolis, der an partiell beschatteten Stämmen lebt. Die anpassungsfähige Art siedelt auch in Agrarlandschaften, im montanen Regenwald an Waldrändern, in Trockenwäldern und selbst an Häusern und Mauern (MERTENS 1939,

Besonders attraktiv und recht zutraulich im Terrarium ist *Anolis distichus ignigularis*. Foto: A. Fläschendräger

SCHWARTZ & HENDERSON 1991). Nach RAND (1962) bevorzugt die Art solitäre Bäume mit kräftigem Stamm. Bis zu einer Höhe von 4,5 m wurden Tiere beobachtet, wobei die Männchen höhere Regionen als die Weibchen aufsuchen. Dünne Baumstämme und Sträucher stellen den Aufenthaltsort der Jungtiere dar. Als Schlafplätze werden Zweige und Blätter aufgesucht. Interessant erscheint die Kopfhaltung parallel zum Stamm. Vermutlich hängt dieses Verhalten mit der Beutewahl zusammen. *Anolis d. ignigularis* stellt vorwiegend kleinsten Insekten nach.

Fortpflanzung: Die Reproduktion erfolgt in den Trockenbiotopen saisonal, in humideren Gebieten sicher das ganze Jahr über. Weibchen vergraben je ein Ei der Größe 6 x 9 mm im Bodengrund. Nach ca. 40-50 Tagen bei 23-28°C schlüpfen die Jungtiere.

Haltung: *Anolis d. ignigularis* ist wegen seiner geringen Scheu und seines agilen und interessanten Verhaltens ein empfehlenswerter Pflegling. Hochformatige Terrarien mit starken, vertikalen Ästen und lokaler Wärmestelle (ca. 35°C) sind zur Haltung geeignet. Die *Anolis* können paarweise oder, bei entsprechender Strukturierung des Terrariums mit zahlreichen Versteckmöglichkeiten, auch in Gruppen mit mehreren Weibchen gehalten werden. Die Nachzucht ist recht einfach. Jungtiere sollten wenigstens die ersten 2 Wochen separat aufgezogen werden, damit sie ihre anfängliche Scheu ablegen können. Als Nahrung kommen nur kleinste Beutetiere in Frage, um einer Darmverstopfung vorzubeugen. Mit ca. 9 Monaten sind die Tiere fertil. Die Nachzucht ist bereits in der 5. Generation gelungen (FLÄSCHENDRÄGER 1990 b).

Anolis equestris MERREM, 1820

Unterarten: *A. e. equestris, A. e. buidei, A. e. cincoleguas, A. e. juraguensis, A. e. persparsus, A. e. potior, A. e. thomasi, A. e. verreonensis*

Anolis equestris equestris MERREM, 1820

Beschreibung: Nach SCHWARTZ & HENDERSON (1991) erreichen die Männchen eine KRL bis 188 mm (GL bis 550 mm), die Weibchen bis 170 mm (GL bis 500 mm).
Anolis e. equestris hat einen kräftigen Körperbau, eine grobe Kopf- und Rückenbeschuppung, wobei insbesondere die stark entwickelten „Oberkieferkanten" (Canthus rostralis) auffallen.

Die einzelnen Unterarten unterscheiden sich im wesentlichen durch ihre Färbung und Zeichnung (BREUSTEDT 1991; SCHWARTZ & HENDERSON 1958, 1964).
Die auch als „Ritteranolis" bezeichnete *equestris*-Verwandtschaftsgruppe umfaßt die weiteren kubanischen Arten *Anolis baracoae, Anolis luteogularis, Anolis noblei, Anolis smallwoodi* und *Anolis pigmaequestris*.
Die Grundfärbung von *Anolis e. equestris* ist hell- bis dunkelgrün. Die Haut zwischen den großen Dorsalia ist ebenfalls grün. Gelbe Bereiche befinden sich auf dem Hinterkopf, im Labialbereich sowie auf den „Oberkieferkanten". Das Schulterband ist gelb und zeigt häufig eine dunkelgrüne Umrandung. Die Kehlfahne der Männchen ist nur wenig größer als die der Weibchen. Sie hat eine rosarote Fär-

Junges Nachzuchtmännchen von *Anolis equestris equestris* (ursprüngliche Herkunft: Provinz La Habana, Kuba).
Foto: U. Bartelt

bung. Adulte Männchen lassen sich von den Weibchen durch ihre kräftigeren Körperproportionen, einen massigeren Kopf und eine deutlich verdickte Schwanzwurzel unterscheiden.
Die Jungtiere messen nach dem Schlupf ca. 50 mm KRL bei einer GL von ca. 140 mm (BECH 1986, BREUSTEDT 1991). Die Färbung entspricht denen der Adulti. Juvenile Weibchen sind zumeist an einer weißlichen Querstreifung zu erkennen, die mit zunehmendem Alter verschwindet.
Verbreitung: Die Art lebt auf Kuba, wo sie über die Region vom nördlichen Teil der Provinz Pinar del Río bis zur Provinz Villa Clara verbreitet ist. Eingeschleppt wurden die Tiere im südöstlichen Florida einschließlich der Inseln Elliott- und Virginia Key, Plantation Key und Monroe Co. (SCHWARTZ & HENDERSON 1988).
Lebensraum und Verhalten: *Anolis equestris equestris* ist ein Riesenanolis, der vor allem im oberen Stamm- und Kronenbereich von Laubbäumen und Palmen lebt. Typische Biotope sind savannenähnliche Landschaften, Parkanlagen und Alleen. Dieser Lebensraum ist in starkem Maße den klimatischen Schwankungen und der intensiven Sonneneinstrahlung (hohe Erwärmung am Tage) ausgesetzt (COLLETTE 1961, RUIBAL 1964). Die Temperaturen können in den Wintermonaten durchaus Minimalwerte von 10°C erreichen. Am Tage sind >30°C keine Seltenheit. Jungtiere sind offensichtlich mehr Bewohner der Strauchvegetation bzw. halten sich an dünnstämmigen Bäumen auf.
Zum Beutespektrum gehören die verschiedensten Insekten, Spinnentiere, Frösche, Echsen, Jungvögel und im Terrarium auch Kleinsäuger. Neben der tierischen Nahrung werden gelegentlich auch Früchte und Blüten gefressen (BOWERSOX, CALDERÓN, POWELL, PARMERLEE, SMITH & LATHROP 1994). Sich bewegende Beutetiere werden auf mehrere Meter Distanz wahrgenommen. Die „Ritteranolis" pirschen sich bis auf einen Meter heran, um dann blitzschnell das Opfer zu überwältigen (SCHWARTZ & HENDERSON 1991). Im subtropischen Verbreitungsgebiet der Nominatform nehmen die Tiere während der kühleren Jahreszeit kaum Nahrung auf.
Fortpflanzung: Die Reproduktion erfolgt in den Sommermonaten. Die Weibchen vergraben jeweils ein Ei der Größe 18 x 25 mm im Bodengrund (BREUSTEDT 1991). Ein Weibchen legte bei BECH (1986) in der Saison 12 Eier ab. Die Jungtiere schlüpfen bei 18-30°C nach 60-92 Tagen (BECH 1986, BREUSTEDT 1991).
Haltung: „Ritteranolis" lassen sich paarweise halten. Die Temperaturwerte sollten am Tage 28-30°C, örtlich bis 35°C und in der Nacht 18-23°C erreichen. Gefüttert werden die Tiere nur einmal pro Woche. Das Trinkbedürfnis von *Anolis equestris* ist groß. Alleiniges Sprühen reicht nicht aus, um den Flüssigkeitsbedarf der Echsen zu decken. Ein Wasserbehälter muß daher unbedingt installiert werden. Die Mindesthöhe des gut belüfteten Terrariums sollte bei einer Grundfläche von 60 x 40 cm 1 m betragen,. Größere Abmaße sind zu bevorzugen. Vertikale, armstarke Äste, eine Rindenrückwand sowie größere und robuste Pflanzen dienen der zweckmäßigen Einrichtung. Oftmals lassen sich aber auch geschickt kleinere Pflanzen verwenden, da die Tiere ein recht ruhiges Verhalten zeigen. In den Sommermonaten bekommt ihnen ein Aufenthalt im Freiluftterrarium sehr gut. Auch ein kleiner Baum, der von einem Gestell mit Gazebespannung umhüllt ist, bietet einen idealen Aufenthaltsort. Für ausreichend Schatten muß jedoch gesorgt werden.
Oft wird beobachtet, daß *Anolis e. equestris* in den Wintermonaten eine Fastenzeit einlegt.

Zeitweilige geringe bis keine Futtergaben fördern im Zusammenhang mit niedrigen Temperaturen in der Nacht (15-18°C) die sich anschließende Fortpflanzungsperiode (SZIDAT 1969).
Die Jungtiere sind, sobald sie das dargebotene Futter annehmen, recht problemlose Pfleglinge. Eine anfängliche Futterverweigerung ist wohl auf das nicht artgerechte Futterangebot zurückzuführen. Kleine Echsen, insbesondere juvenile *Anolis*, werden dagegen häufig sofort erbeutet. Bei Futterproblemen kann man sich damit helfen, daß junge „Ritteranolis" leicht bei Provokation in Drohstellung gehen, wobei die Kiefer aufgerissen werden. Ein im richtigem Moment eingeschobenes Futterinsekt wird in der Regel nach dem Zubiß nicht mehr losgelassen und geschluckt.
Bei der Aufzucht sollten die Tiere getrennt gehalten werden. Andernfalls kann es durch ihr aggressives Verhalten zu Verlusten kommen. Selbst beinahe gleichgroße Artgenossen können so zur Beute werden (BECH 1986).
Mit ca. 15 bis 24 Monaten erreichen die *Anolis* die Geschlechtsreife.

Anolis garmani STEJNEGER, 1899

Beschreibung: Nach UNDERWOOD & WILLIAMS (1959) und SCHWARTZ & HENDERSON (1991) erreicht die KRL der Männchen 131 mm (GL bis 385 mm), die der Weibchen 80 mm (GL bis 250 mm).
Anolis garmani ist eine große, kräftige Art mit langen Nacken- und Rückenschuppen. Die Männchen zeigen einen ausgeprägten Schwanzkamm.
Die Grundfärbung ist leuchtend smaragdgrün, wobei sich häufig auf dem Körper dunklere Querbänder abzeichnen. Die Tiere können in

Anolis garmani   Foto: U. Manthey

Streßsituationen völlig braun bzw. schwarz werden. Die Augenringe sind hellgrün bis gelblich. Die große Kehlfahne der Männchen ist gelb bis orangegelb, z. T. mit grünlichgelber Randzone. Vergrößerte postcloakale Schuppen, ein stärker entwickelter dorsaler Schuppenkamm sowie kräftigere Körper- und Schädelproportionen unterscheiden die Männchen leicht von den Weibchen.
Jungtiere messen nach dem Schlupf ca. 27 mm KRL (GL bis 75 mm) bei gleicher Zeichnung und ähnlicher Färbung, allerdings eher ins Bräunlichgrüne gehend, wie bei den Adulti (KRINTLER 1985).
Verbreitung: Die Art lebt ursprünglich auf Jamaica. Sie wurde in den Südosten Floridas, sowie auf Grand Cayman Island und den Cayman Islands eingeschleppt (SCHWARTZ & HENDERSON 1991).
Lebensraum und Verhalten: *Anolis garmani* ist ein streng arboricol lebender Riesenanolis, der die direkte Sonne meidet. Er kommt nur

in geschlossenen Waldformationen vor, bevorzugt in Bambus-Beständen und auf großen Bäumen. Offene Landschaften mit vereinzelten Baumgruppen werden gemieden (RAND 1967). Verbreitungsschwerpunkte sind die noch vorhandenen Bergwälder bis auf eine Höhe von 1220 m ü. NN (SCHWARTZ & HENDERSON 1991). Im Biotop wurden am Tage 28-32°C bei ca. 60 % relativer Feuchte und nachts 20-23°C bei ca. 90 % relativer Feuchte gemessen. Während der Regenzeit liegen die Luftfeuchtigkeitswerte am Tage sogar bei 75-85 % (KRINTLER 1985). LACHNER (1987) berichtet von einem Tier, welches in einem Bambusrohr unter dem Dach einer Veranda zu schlafen pflegte. Die Art kommt also in geeigneten Situationen auch in der Umgebung menschlicher Siedlungen vor. Nach SCHWARTZ & HENDERSON (1991) umfaßt der Aktionsradius eines Männchens die Territorien mehrerer Weibchen. Die Nahrung besteht aus großen Gliederfüßern, Schnecken, kleinen *Anolis*-Arten und Früchten (BOWERSOX, CALDERÓN, POWELL, PARMERLEE, SMITH & LATHROP 1994, SCHWARTZ & HENDERSON 1991).

Fortpflanzung: Die Reproduktion erfolgt vermutlich das ganze Jahr über. Die Weibchen legen bis zu 2 Eier der Größe 8 x 12 mm an der Basis von Bäumen in den Bodengrund bzw. an geeigneten Stellen in der humusansammelnden Epiphyten-Flora ab. Die Jungtiere schlüpfen bei Temperaturen von 24-26°C nach 60-75 Tagen (KRINTLER 1985).

Haltung: *Anolis garmani* verlangt ein geräumiges Regenwaldterrarium. KRINTLER (1985) nennt Mindestmaße von 150 x 100 x 60 cm (H x B x T). Die Einrichtung sollte aus kräftigen Ästen, einer Rindenrückwand sowie einer strapazierfähigen Bepflanzung (z. B. Bromelien, *Philodendron*) bestehen.

Wegen des ausgeprägten Territorialverhaltens der Männchen und des Größenunterschiedes zu den Weibchen muß genau beobachtet werden, ob eine paarweise Haltung ständig oder nur zeitweilig erfolgen kann. Gestreßte Weibchen verfärben sich dunkel oder halten sich auf dem Bodengrund auf.

Die recht kleinen Jungtiere lassen sich in Kleinstterrarien mit Versteckmöglichkeiten, wie z. B. Schutz bietenden Blattpflanzen, problemlos aufziehen. Nach ca. 15 Monaten erreichen die Jungtiere die Geschlechtsreife. Nach KRINTLER (1985) kann diese auch in 35 Wochen erreicht werden, was jedoch nur bei reichlicher Ernährung und hohen Temperaturen möglich erscheint.

Anolis grahami GRAY, 1845

Unterarten: *A. g. grahami, A. g. aquarum*

Anolis grahami grahami GRAY, 1845

Beschreibung: Männchen erreichen eine KRL bis 75 mm (GL bis 190 mm), Weibchen bis 64 mm (SCHWARTZ & HENDERSON 1991). Die Art besitzt einen kräftigen, gedrungenen Körperbau.

UNDERWOOD & WILLIAMS (1959) beschrieben eine östliche Form als *Anolis grahami aquarum*, die sich von der Nominatform durch eine intensive smaragdgrüne Grundfärbung mit leichter Fleckung, einem häufig hellblauen Bereich an der Schwanzbasis sowie durch die großflächig gelbe Kehlfahne mit kleinem, orangefarbenem Zentrum unterscheidet.

Die Grundfärbung der Männchen von *Anolis g. grahami* ist grün bis bläulichgrün, in der dunklen Phase fast schwarz. Der Schwanz ist an der Basis blau bis violett, sonst zimtfarben. Die Kehlfahne ist orangefarben mit schmalem gelben Rand und gelben Schuppen. Bei Erregung kann im Nackenbereich ein Hautsaum aufgestellt werden. Die Weibchen sind grün bis bräunlichgrün und zeigen einen hellen Dorsalstreifen.

Jungtiere haben eine KRL von ca. 17 mm (GL bis 45 mm). Färbung und Zeichnung sind wie bei den adulten Weibchen.

Verbreitung: *Anolis g. grahami* lebt im gesamten Westteil von Jamaica, östlich bis Port Maria (Nordküste) einschließlich Cabarita Island und an der Südküste bis Morant River. Die Art wurde auf den Bermudas eingeschleppt (SCHWARTZ & HENDERSON 1988).

Lebensraum und Verhalten: *Anolis g. grahami* ist zumeist ein Baumbewohner, der häufig offene, sonnige Landschaften, seltener Waldformationen besiedelt. In stark beschatteten Bereichen kommen die Tiere nicht vor (SCHOENER & SCHOENER 1971 a). Die Art lebt in einer Höhe von 1,5-3 m (max. 9 m) über dem Bodengrund (RAND 1967). Außer auf Bäumen und Sträuchern werden diese *Anolis* an Mauern, Häusern und Zaunpfählen angetroffen.

Bei kämpferischen Auseinandersetzungen kommt es zu Lautäußerungen (SCHWARTZ & HENDERSON 1991).

Fortpflanzung: Weibchen vergraben 1-2 Eier pro Gelege im Bodengrund, aus denen nach 38-45 Tagen bei 23-28°C die Jungtiere schlüpfen.

Haltung: *Anolis g. grahami* ist eine recht aggressive Art, die paarweise, in geräumigen Terrarien jedoch auch in Gruppen mit mehreren Weibchen, gehalten werden kann. Durch eine entsprechende Tiefe des Terrariums und eine Vordergrundbepflanzung, die den Tieren Deckungsschutz bietet, kann die Scheu von *Anolis g. grahami* etwas gemildert werden. Die Stellen zur Eiablage sollten Mindesttemperaturen von 25°C aufweisen. Die Art ist recht produktiv, so daß bis zu 30 Eier pro

Männchen von ***Anolis grahami grahami*** mit aufgespannter Kehlhaut.   Foto: P. Schlagböhmer

Weibchen und Legeperiode möglich sind. Die Aufzucht ist unproblematisch.

Anolis homolechis (COPE, 1864)

Unterarten: *A. h. homolechis, A. h. turquinensis*

Anolis homolechis homolechis (COPE, 1864)

Beschreibung: Nach SCHWARTZ & HENDERSON (1991) errreicht die KRL der Männchen 70 mm (GL bis 165 mm), die der Weibchen ca. 48 mm (GL bis 110).

Weibchen von ***Anolis homolechis homolechis*** im natürlichen Lebensraum bei „El Saltón" am Nordhang der Sierra Maestra (ca. 500 m ü. NN). Im Gebirge führen die Weibchen zumeist eine mehr arboricole Lebensweise. Foto: A. Fläschendräger

Die Art ist leicht durch die glatten Bauchschuppen (Ventralia) von der *sagrei*-Gruppe zu unterscheiden. Die reinweiße bis gräuliche Kehlfahne zeichnet die Tiere gegenüber den anderen Arten der *homolechis*-Gruppe aus (ESTRADA & GARRIDO 1991). *Anolis h. turquinensis* besitzt im Unterschied zur Nominatform einen schwarzen Fleck im basalen Bereich der Kehlfahne.

Die Grundfärbung ist stimmungsabhängig und reicht von einfarbig gelbbraun bis grau-, dunkel- oder rotbraun, bei den Männchen bis schwarz. Bei diesen können auch 4 dunkle, V-förmige Zeichnungen im Dorsalbereich auftreten. Die Seiten sind oft mit Längsstreifen sowie gelben bis dunklen Flecken gemustert. Männchen richten bei Erregung einen Nacken- und Rückensaum auf. Der Schwanzkamm ist bei einigen Exemplaren sehr ausgeprägt. Weibchen besitzen einen hellen, geradlinigen bis stark gebuchteten Dorsalstreifen. Am Nordhang der Sierra Maestra konnten von einem der Autoren (FLÄSCHENDRÄGER) erstaunlich viele Weibchen mit rötlichem Kopf gefunden werden.

Die Jungtiere haben eine KRL von ca. 17 mm (GL bis 39 mm). In Färbung und Zeichnung gleichen sie den Adulti.

Verbreitung: Die Nominatform kommt auf ganz Kuba, der Isla de Pinos, dem Archipiélago de los Canarreos, den Cayos de San Felipe sowie den Inseln nördlich von Cárdenas vor (SCHWARTZ & HENDERSON 1991).

Lebensraum und Verhalten: *Anolis h. homolechis* ist eine heliophile Art, die lichte Wälder, besonders Waldränder sowie Parkanlagen und Plantagen besiedelt. Die direkte Nähe zu Siedlungen wird allerdings gemieden (PETERS & SCHUBERT 1968, RUIBAL & WILLIAMS 1961). Die Männchen sind häufig in 1-2 m Höhe zu finden, die Weibchen dagegen an der Stammbasis bzw. am laubbedeckten Bodengrund. Das seitliche Einrollen des Schwanzes während des inaktiven Verhaltens ist typisch.

Nach BEROVIDES ÁLVAREZ & SAMPEDRO MARÍN (1980) setzt sich das Beutespektrum hauptsächlich aus Insekten, mit einem Anteil von 68,27 % an Hautflüglern zusammen.

Fortpflanzung: Die Fortpflanzungsperiode korreliert mit der Regenzeit. Je ein 9,5 x 12,5 mm großes Ei wird im Bodengrund vergraben. SCHWARTZ & HENDERSON (1991) geben als Fundort eines Geleges die Zisterne einer Bromelie an. Jungtiere schlüpfen nach ca. 40-55 Tagen bei Inkubationstemperaturen von 20-29°C.

Haltung: *Anolis h. homolechis* ist eine anpassungsfähige und gut haltbare Art, die sich leicht vermehrt. Geeignet sind hochformatige

Terrarien mit heller Beleuchtung und vertikalen Ästen. Da die Weibchen mehr terrestrisch leben, sollte der Bodengrund an einigen Stellen trockener gehalten werden. Hierzu können Steinplatten, Rindenstücke oder trockenes Laub dienen.
Die Aufzucht der Jungtiere bereitet keine Probleme.

Anolis krugi PETERS, 1876

Beschreibung: Nach PETERS (1876) und SCHWARTZ & HENDERSON (1991) erreichen die Männchen eine KRL bis 45 mm (GL bis 170 mm), die Weibchen bis 36 mm.
Anolis krugi hat einen schlanken Körperbau. Auffallend ist der kräftig gebaute Kopf der Männchen, deren Grundfärbung leuchtend gelblich-olivgrün ist. Lateral befindet sich je ein gelblicher, weißlicher oder cremefarbener Streifen, der von kleinen schwarzen Flecken und Punkten im Ventro- und Dorsolateralbereich umgeben ist. Die Nackengegend ist mit weißen bis hellblauen Flecken gemustert. Die Unterseite ist grünlich-gelb bis leicht rötlich, der Schwanz dunkel gebändert. Die Kehlfahne der Männchen ist gelb bis orangefarben, zum Rand hin pfirsichfarben. Die Weibchen sind dagegen olivbraun gefärbt. An den Seiten befindet sich je ein heller Streifen und auf dem Rücken ein helles ausgezacktes Band.
Die Jungtiere sind wie die Weibchen gezeichnet, jedoch ist ihr Dorsalband auffallend weiß gefärbt (SCHWARTZ & HENDERSON 1991).
Verbreitung: Die Art kommt auf Puerto Rico vor, wo sie von 61 m ü. NN bei Juana Díaz bis 1158 m ü. NN in der Nähe von Ponce gefunden wurde (SCHWARTZ & HENDERSON 1988).

Imponierendes Männchen des puertoricanischen Grasanolis *Anolis krugi*. Foto: U. Bartelt

Lebensraum und Verhalten: *Anolis krugi* gehört zusammen mit *Anolis poncensis* und *Anolis pulchellus* zu den auf Puerto Rico vorkommenden Grasanolis. Sein Hauptverbreitungsgebiet ist das kühlere Hochland. Bevorzugte Biotope sind hohe Grasbestände, Strauchvegetation, Farne und rankende Pflanzen entlang der Wege sowie Randbereiche der Kaffeeplantagen. Die Tiere halten sich häufig bis 1 m über dem Boden auf. Die Männchen sitzen gern an höheren Stellen, wie z. B. an dünnen Zweigen. Der intensiven Sonneneinstrahlung weichen sie aus. Nachts werden erhöhte Stellen in 1-2,5 m Höhe aufgesucht, wie z. B. Sträucher, Farne und Bromelien (*Tillandsia usneoides*). Das Nahrungsspektrum setzt sich aus Schmetterlingen und deren Larven (ca. 35 %), Schnecken, Wanzen, Zecken, Fliegen, Schrecken, Ameisen, Spinnen usw. zusammen (SCHOENER & SCHOENER 1971 b SCHWARTZ & HENDERSON 1991).
Fortpflanzung: Nach RIVERO (1978) korreliert die Reproduktion mit der Regensaison. Die Eier werden im Bodengrund vergraben.

Haltung: *Anolis krugi* kann paarweise oder im geräumigen Terrarium auch in einer Gruppe mit mehreren Weibchen gehalten werden. Die Einrichtung sollte aus dünnen Zweigen, rankenden Pflanzen und schmalblättrigen Bromelien bestehen. Es ist vorteilhaft, wenn eine Seite dichter bepflanzt ist als die andere. Eine eingebaute Wärmelampe (ca. 15 Watt) sorgt an der lichteren Stelle für ein trockenwarmes Mikroklima.
Die Nachzucht ist bereits vereinzelt gelungen.

Anolis loysianus Duméril & Bibron, 1837

Beschreibung: Die KRL der Männchen erreicht nach Schwartz & Henderson (1991) ca. 40 mm (GL bis 87 mm), die der Weibchen ca. 37 mm (GL bis 78 mm).
Der Körper ist gedrungen, dorsoventral abgeflacht und weist einen relativ kurzen Schwanz auf. Charakteristisch für *Anolis loysianus* sind vereinzelte, auf beiden Seiten gleichermaßen angeordnete, weiche Stachelschuppen.
Die Grundfärbung ist grau bis bräunlich mit weißlichen und dunklen Marmorierungen. Der Dorsalbereich bis hin zur Schwanzmitte setzt sich zusammen aus grauen, ausgebuchteten Einzelsegmenten, die auch zusammentreffen können. Diese sind zu den Seiten hin und in den Zwischenräumen von einem dunklen Bereich umgeben. Die Seiten sind hell, dunkel gesprenkelt und mit den größten Stachelschuppen besetzt. Beide Augen verbindet kopfoberseits ein dunkles Querband. Färbung und Zeichnung sind kryptisch, so daß sich die

Nachzuchtmännchen von *Anolis loysianus*. Foto: A. Fläschendräger

Konturen der Tiere auf rauher Rinde völlig auflösen.
Die große Kehlfahne der Männchen ist gelb bis hell-orangerot. Weibchen haben eine kleinere, gelblichweiße Kehlfahne. Jungtiere messen nach dem Schlupf ca. 15 mm (GL ca. 31 mm). OLEXA (1972) gibt Maße von 17 mm KRL und 38 mm GL an.

Verbreitung: Die Art lebt auf ganz Kuba, ist jedoch überall selten (RUIBAL 1964, SCHWARTZ & HENDERSON 1991). Die meisten Fundorte liegen im Westen der Insel (PETERS 1970).

Lebensraum und Verhalten: *Anolis loysianus* ist ein spezialisierter Rindenanolis, der besonders an rauhrindigen Baumstämmen vorkommt. Offene, savannenähnliche Biotope, Sekundärwälder sowie Parkanlagen und zunehmend auch Agrarlandschaften sind typische Lebensräume (PETERS 1970, SCHWARTZ & HENDERSON 1991). CERNÝ (1992) fand die Tiere in höheren Lagen der Sierra Maestra, wo sie sich bevorzugt in feuchten Tälern mit geschlossenem Mischwald an der Basis von Baumstämmen und auf Baumwurzeln aufhielten.
Wenn Gefahr droht, schmiegen sich die *Anolis* dicht an die Rinde und sind dann kaum noch wahrzunehmen (Mimese). Die Art kann sich extrem langsam an Beute heranschleichen. Auch sonst bewegt sich *Anolis loysianus* eher langsam fort und vermeidet ein „auffälliges" Springen.

Fortpflanzung: Von März bis Oktober konnte OLEXA (1972) Fortpflanzungsaktivitäten und Eiablagen unter Terrarienbedingungen beobachten. Eigene Untersuchungen (FLÄSCHENDRÄGER) erbrachten den Nachweis der Fähigkeit zur verzögerten Befruchtung (Amphigonia retardata) bis zu 6 Monaten.
Je ein einzelnes Ei wird im Bodengrund vergraben und bei 23-29°C inkubiert. Nach 50-65 Tagen schlüpfen die Jungtiere.

Haltung: Empfohlen wird ein Terrarium mit grobstrukturierter Rindenrückwand, Ästen und Wurzelstücken. Wichtig sind trockene, warme (30°C) und feucht-kühle (24°C) Bereiche. Gelegentlich sollen Temperaturen bis zu 15°C toleriert werden (OLEXA 1972).
Anolis loysianus sollte paarweise gehalten werden. Bezüglich der Futterinsekten sind adulte Tiere nicht wählerisch. Die Jungtiere sind etwas scheu. Sie reagieren in den ersten Tagen stark auf fliegende Insekten. Später werden auch Raupen und Grillen angenommen. Eine separate Aufzucht in den ersten drei Monaten ist angeraten. Die Jungtiere wachsen erstaunlich langsam heran.

Anolis lucius DUMÉRIL & BIBRON, 1837

Beschreibung: Die Männchen erreichen eine KRL bis 66 mm (GL bis 180 mm), die Weibchen bis 42 mm (GL bis 120 mm).
Die Grundfärbung ist weißlich, gräulich, schwach gelblich oder verwaschen grünlichblau. Lokale Populationen aus Pinar del Rio sollen leuchtendblau sein (RUIBAL 1964, SCHWARTZ & HENDERSON 1991), wobei nicht auszuschließen ist, daß es sich bei den beobachteten Tieren um *Anolis bartschi* handelte. Auf dem hellen Rücken befinden sich vier hintereinanderliegende rötlichbraune Flecken, die z. T. seitlich ausgezogen sein können. Kopf, Nackenpartie sowie Supralabialbereich sind weißlich gebändert; diese Bänderung zeigt sich etwas schwächer auch auf den Gliedmaßen und dem Schwanz. Der Parietalbereich ist auffallend weiß. Ein besonderes Merkmal sind jeweils drei transparente Schuppen im unteren Augenlid. Männchen können einen hohen Hautsaum auf Nacken und Rücken aufrichten. Die große Kehlfahne

der Männchen ist weißlich und hat eine gelbe Basis. Weibchen besitzen eine kleine Kehlfahne.

Jungtiere messen nach dem Schlupf ca. 26 mm (GL bis 75 mm). In Färbung und Zeichnung gleichen sie den Adulti.

Verbreitung: *Anolis lucius* lebt auf Kuba in den Provinzen La Habana östlich bis Holguín (Playa Guardalavaca), Granma und West-Santiago de Cuba. Möglicherweise gibt es ein isoliertes Vorkommen in der Provinz Pinar del Rio. Außerdem wurde die Art auf den Archipiélago de los Canarreos eingeschleppt (SCHWARTZ & HENDERSON 1991).

Lebensraum und Verhalten: *Anolis lucius* ist ein Geckoanolis (PETERS 1970), der in feucht-warmen Gegenden an Kalkfelsformationen, Legesteinmauern, Häusern und starken Baumstämmen (*Ficus* spp., *Roystonia*) anzutreffen ist (HARDY 1957, SCHWARTZ & HENDERSON 1991). Seine Aktivitätszeiten liegen in den frühen Morgenstunden sowie am späten Nachmittag. In schattigen Biotopen sind die Tiere auch während der Mittagsstunden zu beobachten. Die größte Aktivität entfalten sie in ihrem Lebensraum bei Temperaturen von 26-29°C. Gleiche Werte fand HARDY (1957) auch an Eiablageplätzen.

Eine Besonderheit dieser *Anolis* ist die Fähigkeit zur Lautäußerung.

Fortpflanzung: Die Fortpflanzungszeit reicht von April bis August. Weibchen legen einzelne 7,6-9,9 x 14,7-16 mm große Eier in feuchte Gesteinsspalten oder zwischen Wurzeln ab (ALLEN & NEILL 1957, HARDY 1957, RUIBAL

Oben: Weibchen des kubanischen „Geckoanolis" *Anolis lucius*.
Unten: Ein aus Guardalavaca (Provinz Holguin, Kuba) stammendes Männchen von *Anolis lucius* mit aufgerichtetem Nacken- und Rückenhautsaum.
Fotos: A. Fläschendräger

Ein ca. drei Wochen altes Jungtier von *Anolis lucius*.
Foto: A. Fläschendräger

1964). Die Eier werden regelrecht angeklebt (BAEDERMANN 1989, FLÄSCHENDRÄGER 1992 a). Bei Temperaturen zwischen 24 und 29°C schlüpfen die Jungtiere nach 60-70 Tagen.

Haltung: Der petricolen Lebensweise entsprechend sollte die Fläche der Rückwand, die z. B. mit Kalksteinplatten gestaltet werden kann, genügend groß gewählt werden, mindestens jedoch die Maße 60 x 60 cm aufweisen. Starke Äste, lose Rindenstücke als Versteckmöglichkeiten, sowie eine Bepflanzung vervollständigen die Einrichtung. Neben feuchteren Bereichen müssen unbedingt auch trocken-warme Stellen (lokal bis 35°C) angeboten werden. BAEDERMANN (1989) beobachtete das Absterben von Lamellen der Fußflächen bei zu feuchter Haltung. *Anolis lucius* ist paarweise zu pflegen. Die Jungtiere sind recht groß und unproblematisch in der Aufzucht.

Anolis mimus SCHWARTZ & THOMAS, 1975

Beschreibung: Die Männchen erreichen eine KRL bis 37 mm (GL bis 140 mm), die Weibchen bis 32 mm (GL bis 120 mm).
Anolis mimus ist ein schlanker Grasanolis mit langem, kräftigem Schwanz und einem vom Körper kaum abgesetzten Kopf. Die gesamte *cyanopleurus*-Gruppe, zu der auch *Anolis mimus* gehört, läßt sich durch die großen, gekielten Dorsalia leicht von den übrigen kubanischen Grasanolis unterscheiden (GARRIDO 1975 c).
Die Iris ist grünlichblau. Die Grundfärbung ist hellbraun bis grünlich-gelb. Ein heller Dorsalstreifen, der sich zum Kopf hin verbreitert, wird von dunklen Dorsolateralbändern abgelöst. Ein weißlicher Lateralstreifen zieht sich von der Schnauzenspitze über die Supralabialregion bis hin zum Schwanz. Zum Bauch hin wird dieser von einem fleckigen, bräunlichen Band abgelöst. Weibchen sind oberseits dunkler und weisen eine intensivere Zeichnung auf. Auf der Oberseite der hinteren Extremitäten befindet sich ein auffallend heller Längsstreifen. Die Kehlfahne der Männchen ist groß und gelb.

Verbreitung: Die Art lebt auf Kuba, wo sie in Höhenlagen oberhalb von 1000 m ü. NN vorkommt. Fundorte sind aus der Sierra de la Gran Piedra, der Sierra de los Ciegos (Santa María del Loreto) und der Sierra de Boniato bekannt (GARRIDO 1975 c, SCHWARTZ & HENDERSON 1988).

Lebensraum und Verhalten: *Anolis mimus* ist ein hochspezialisierter Grasanolis, der montane Graslandschaften mit vereinzeltem Baumbewuchs in sonniger Lage besiedelt. Die Art ist heliotherm und konnte oft beim Sonnen beobachtet werden. In der bis zu 1 m hohen Grasvegetation sind die *Anolis* durch ihre perfekte Tarnung kaum wahrzunehmen. In warmer Hanglage konnten große Populationsdichten gefunden werden. Die Tiere bewegen sich gleitend durch das dichte Gras, wobei der lange Schwanz der Balance dient.

Fortpflanzung: Über die Reproduktion dieser *Anolis*-Art ist bislang nichts bekannt geworden.

Haltung: Zur Pflege von *Anolis mimus* sind querformatige, hellbeleuchtete Terrarien, die mit 2-6 mm dünnen Zweigen ausgestattet

Anolis mimus (♂) – ein zur *cyanopleurus*-Gruppe gehörender Grasanolis. Foto: A. Fläschendräger

werden, geeignet. Eine lokale Wärmequelle sollte Temperaturen von ca. 30°C schaffen, wobei auch die trockene Umgebung wichtig erscheint. Tägliches Sprühen ahmt die heimatliche Taubildung am Morgen nach.
Als Nahrung werden besonders fliegende Insekten wie Mehlmotten und *Drosophila*, aber auch Grillen und Raupen angenommen. Ein männliches Tier wird bereits seit zwei Jahren problemlos im Terrarium gepflegt.

Anolis opalinus GOSSE, 1850

Beschreibung: Nach UNDERWOOD & WILLIAMS (1959) erreichen Männchen eine KRL bis 47 mm (GL ca. 127 mm), Weibchen bis 40 mm (GL ca. 100 mm).
Damit ist *Anolis opalinus* der kleinste Saumfinger auf Jamaica.
Die Grundfärbung beider Geschlechter ist grau bis braun mit feiner Fleckung. Der helle, leicht gefleckte bis gebänderte Dorsalbereich wird von einem dunklen Streifen dorsolateral abgelöst. Auf dem Rücken der Weibchen ist in Höhe der Hinterbeine eine markante Pfeilzeichnung zu sehen. Ein cremefarbenes Lateralband beginnt unter dem Auge und zieht sich bis zum Schwanz. Die Extremitäten und der Ventrolateralbereich sind fleckig graubraun. Die Unterseite ist weißlich. Die große Kehlfahne der Männchen ist gelb und hat ein orangerotes Zentrum. Bei Erregung stellen diese

Ein imponierendes Männchen von *Anolis opalinus* zeigt seine farbige Kehlfahne. Foto: A. Fläschendräger

einen hohen Hautsaum auf Nacken und Rücken auf.
Jungtiere gleichen in Färbung und Zeichnung den Adulti, wobei die Zeichenelemente kontrastreicher sein können.
Verbreitung: *Anolis opalinus* kommt auf ganz Jamaica (bis 1524 m ü. NN: Morce's Gap) vor, ist jedoch in manchen Gebieten nicht häufig (SCHWARTZ & HENDERSON 1988, 1991).
Lebensraum und Verhalten: *Anolis opalinus* führt eine arboricole Lebensweise an Baumstämmen und Sträuchern (SCHOENER & SCHOENER 1971 a), seltener an Felsen oder auf dem Boden (RAND 1967). Die meisten Tiere werden in einer Höhe von 1-2 m angetroffen. *Anolis opalinus* besetzt im Biotop eine Nische, die zum einen von dem an der Stammbasis lebenden *Anolis lineatopus* und zum anderen in den höheren Regionen von *Anolis grahami* begrenzt wird. Im Tiefland ist die Art ausnahmslos in schattigen Biotopen anzutreffen, während im Hochland auch sonnigeres Terrain besiedelt wird (SCHOENER & SCHOENER 1971 a). Interessant sind Beobachtungen von RAND (1967), der Jungtiere nicht auf dem Boden fand, wie es für viele andere Arten typisch ist.
Anolis opalinus stößt bei aggressiven Verhaltensweisen kurze Laute aus.
Die natürliche Nahrung besteht zu einem großen Teil (bis 70 %) aus Ameisen (SCHWARTZ & HENDERSON 1991).
Fortpflanzung: Weibchen vergraben während der Legeperiode im Abstand von 7-10 Tagen jeweils ein Ei im Bodengrund. Die Jungtiere schlüpfen bei Inkubationstemperaturen von 24-28°C nach ca. 36 Tagen.
Haltung: *Anolis opalinus* ist recht aggressiv, so daß eine paarweise Haltung im hochformatigen Terrarium mit vertikalen Ästen anzuraten ist. Obwohl im Biotop Ameisen Hauptbestandteil der Nahrung sind, nimmt die Art im Terrarium problemlos andere Insekten an. Jungtiere sind anfänglich etwas scheu, jedoch einfach in der Haltung. Das Geschlecht kann sofort an der typischen Pfeilzeichnung auf dem Dorsalstreifen erkannt werden. Die Nachzucht gelang bereits bis zur 3. Generation.

Anolis porcatus GRAY, 1840

Beschreibung: Die Männchen erreichen eine KRL von ca. 74 mm (GL bis 215 mm), die Weibchen von 55 mm (GL bis 170 mm).
Die Art hat einen kräftigen, langgestreckten Körperbau. Der Kopf ist extrem langschnäuzig und spitz.
Anolis porcatus unterscheidet sich leicht von dem sympatrisch vorkommenden *Anolis allisoni* durch die kreisförmige Ohröffnung, die nicht zur Körpermitte hin ausgezogen ist (RUIBAL & WILLIAMS 1961 a, WIJFFELS 1971 a). Die Grundfärbung ist braun oder gelbgrün bis leuchtend grün und unterliegt einem ausgeprägten Farbwechsel. Teilweise sind ein dunkles Fleckenmuster und selten auch weiße Einzelschuppen auf dem Körper zu sehen. Die Ventralseite ist weißlich bis grau. Weibchen - selten auch Männchen - besitzen häufig einen weißlichen, dunkel umrandeten Dorsalstreifen. Die Kehlfahne der Männchen ist weinrot mit weißen Schuppen, die am Kehlbasisbereich häufig einen leichten Blauton haben. Die Männchen sind auch an den vergrößerten postcloakalen Schuppen zu erkennen. Ein vom Nacken bis zum Rücken hin laufender Hautsaum kann ca. 4 mm hoch aufgerichtet werden (FLÄSCHENDRÄGER 1986).
Jungtiere haben eine KRL von ca. 22 mm (GL bis 67 mm). Die anfänglich mehr bräunlich-

Subadultes Weibchen von *Anolis porcatus* auf einem *Pedilanthus*-Strauch (*Euphorbiaceae*), der durch seine Reichblütigkeit eine Vielzahl von Insekten anlockt (Daiquirí, Kuba).   Foto: A. Fläschendräger

grünen Jungtiere nehmen mit zunehmendem Alter immer intensivere Grüntöne an.

Verbreitung: Dieser *Anolis* kommt auf ganz Kuba, der Isla de Pinos, dem Archipiélago de los Canarreos, den Cayos de San Felipe, dem Archipiélago de Sabana-Camagüey und dem Archipiélago de los Colorados vor. Außerdem wurde er nach Santo Domingo (Dominikanische Republik) und Hawaii eingeschleppt (GARRIDO 1975 a, RUIBAL 1964, SCHWARTZ & HENDERSON 1991).

Lebensraum und Verhalten: *Anolis porcatus* ist ein anpassungsfähiger, heliothermer Baumanolis, der in seinem Verbreitungsgebiet überall häufig ist (VOGEL 1965) und im besonderen Maße Kulturlandschaften besiedelt (VERGNER & POLAK 1990). Adulti sind überwiegend an besonnten Baumstämmen, Häusern und Zäunen, Jungtiere im Gras, an Sträuchern und in der Zierbepflanzung zu finden (COLLETTE 1961). Im Biotop ist *Anolis porcatus* fast ausschließlich in der grünen Farbphase anzutreffen. Braune Tiere sieht man an kühleren, verregneten Tagen. Bevorzugte Beutetiere sind fliegende Insekten, die erstaunlich geschickt erjagt werden.

Fortpflanzung: Die Fortpflanzungsperiode liegt zwischen März und Oktober (VERGNER & POLAK 1990). Je ein etwa 8 x 12 mm großes Ei wird im Bodengrund vergraben, wobei ein Weibchen bis zu 30 Eier im Jahr legen kann (SCHRÖTER 1986). Nach 40-50 Tagen bei Temperaturen von 24-28°C schlüpfen die Jungtiere (FLÄSCHENDRÄGER 1986).

Haltung: *Anolis porcatus* ist wegen seiner großen Anpassungsfähigkeit sehr gut zu halten und auch zu vermehren. Geeignet sind hochformatige, hell beleuchtete Terrarien mit lokaler Erwärmung auf 35°C und vertikalen Ästen. Bei warmem Wetter empfiehlt sich die Unterbringung im Freiluftterrarium. Die Art kann paarweise oder in einer Gruppe mit mehreren Weibchen gehalten werden. Es ist zu beachten, daß die Tiere aus westlichen Populationen (meist an einer dunklen Zeichnung zu erkennen) eine winterliche Ruheperiode einlegen, in der kaum Nahrung aufgenommen wird.

Jungtiere lassen sich problemlos aufziehen und tolerieren eine Vergesellschaftung gut.

Anolis sagrei DUMÉRIL & BIBRON, 1837

Unterarten: *A. s. sagrei, A. s. greyi, A. s. luteosignifer, A. s. nelsoni, A. s. ordinatus*

Anolis sagrei sagrei DUMÉRIL & BIBRON, 1837

Beschreibung: Die Männchen erreichen eine KRL bis 65 mm (GL bis 180 mm), die Weibchen bis 43 mm (GL bis 130 mm).
Die Art hat einen gedrungenen Körper mit kurzem, stumpfschnäuzigem Kopf.
Die Grundfärbung ist hell-, dunkel-, gelb- oder graubraun, wobei der Kopf rötlich sein kann. Männchen besitzen auf dem Rücken

Anolis sagrei sagrei ♂ (Miami). Foto: M. Schmidt

Anolis sagrei sagrei ♀ Foto: U. Manthey

zumeist dunkle Zeichnungen, die aus einzelnen dreieckigen Figuren beidseitig der Rückenlinie bestehen. Diese können auch zu V-förmigen Elementen zusammenfließen. Die Seiten sind in der lichten Phase einfarbig hellbraun, in der dunklen Phase zeigen sie kontrastreiche gelbliche Flecken. Auf Nacken und Rücken stellen sie bei Erregung einen ca. 4 mm hohen Hautsaum auf. Weibchen besitzen eine markante helle Rückenlinie, die geradlinig oder bis zu den Seiten hin stark ausgebuchtet sein kann. Selten treten auch Weibchen mit der typisch männlichen Zeichnung auf. Die Kehlfahne der Männchen ist orangerot bis rot mit gelbem Randbereich und zumeist schwarzen Schuppen. Weibchen haben eine kleine, rote Kehlfahne.

Jungtiere haben eine KRL von ca. 15 mm (GL bis 33 mm). In Färbung und Zeichnung gleichen sie den Adulti.

Verbreitung: Nach SCHWARTZ & HENDERSON (1988) und HEDGES & THOMAS (1989) lebt *Anolis s. sagrei* auf ganz Kuba, den kleineren umliegenden Inseln und Isla de Pinos. Außerdem wurde die Unterart nach Jamaica, den Cayman Islands, Florida und an die Atlantikküste von Mexiko (Yucatán, Campeche, Tabasco, Quintana Roo und Isla Cozumel) bis Belize sowie auf die Isla de la Bahía (Isla de Roatán) eingeschleppt.

Lebensraum und Verhalten: *Anolis s. sagrei* gehört zu den anpassungsfähigsten Arten und ist heute über seine ursprüngliche Verbreitung hinaus ein erfolgreicher Neubesiedler. Die heliotherme Art wird zu den Bodenanolis gezählt (PETERS & SCHUBERT 1968) und kommt in offenen Biotopen sowie Kulturlandschaften häufig vor. Besonders Zaunpfähle von Weideflächen werden oft von adulten Männchen besetzt. Man kann die Tiere in ihrer typischen

Position, wobei sie den Kopf nach unten halten, überall beobachten. Durch ihr auffälliges Kehlhautspreizen sind sie leicht aufzufinden. Gern werden auch Legesteinmauern, einzeln stehende Bäume im Stammbereich, Sträucher sowie Schutthaufen besiedelt. Männchen sind bis zu einer Höhe von ca. 1 m über dem Boden anzutreffen. Weibchen und Jungtiere führen eine mehr terrestrische Lebensweise im dichten Gras, das trotz des trockenen Großklimas in den frühen Morgenstunden erstaunlich feucht sein kann.
SCHWARTZ & HENDERSON (1991) geben als Körpertemperatur 33°C an. Die größte Aktivität zeigt *Anolis s. sagrei* zwischen 9.30 und 11.00 Uhr sowie zwischen 13.00 und 14.30 Uhr. Das Nahrungsspektrum setzt sich aus Hautflüglern (26,32 %), Schmetterlingen (28,95 %), Käfern (13,16 %), Spinnentieren (11,84 %) und anderen Gliederfüßern zusammen (BEROVIDES ÁLVAREZ & SAMPEDRO MARÍN 1980).
Fortpflanzung: Die Reproduktion ist saisonal. Die meisten Eier, die eine Größe von ca. 5,8 x 8,7 mm haben, werden von April bis Juni, die wenigsten in der Zeit von November bis Februar gelegt (SCHWARTZ & HENDERSON 1991). Jungtiere schlüpfen bei Temperaturen von 22-28°C nach 32-45 Tagen (FLÄSCHENDRÄGER 1986).
Haltung: Zur Pflege dieser *Anolis* sind gut belüftete, hell beleuchtete Terrarien mit lokaler Wärmequelle (ca. 35°C) geeignet. Der Bodengrund sollte sowohl trockene (Steinplatten, Sandbereich) als auch feuchtere Stellen (Eiablageplatz) aufweisen. In den Sommermonaten kann eine Haltung im Freiluftterrarium erfolgen. Über das Winterhalbjahr wird eine kühlere Haltung empfohlen, bei der die Wärmelampe nur zeitweilig einschaltet wird und die Nachttemperaturen auf 18°C abgesenkt werden.

Die Nachzucht ist problemlos und über mehrere Generationen gelungen (FLÄSCHENDRÄGER 1986).

Anolis smallwoodi SCHWARTZ, 1964

Unterarten: *A. s. smallwoodi, A. s. palardis, A. s. saxuliceps*

Anolis smallwoodi smallwoodi
SCHWARTZ, 1964

Beschreibung: Nach SCHWARTZ (1964) und SCHWARTZ & HENDERSON (1991) erreichen die Männchen eine KRL bis 190 mm (GL bis 520 mm), die Weibchen bis 165 mm (GL bis 480 mm).
Die Art hat einen kräftigen Körper mit großem Kopf und spitz zulaufender Schnauze. Im Unterschied zu dem bekannteren *Anolis equestris* besitzt sie kleinere, kaum auffallende Stachelschuppen auf dem Rückenkamm.
Die Grundfärbung ist grün; eine hell- bis gelbgrüne Punktzeichnung zieht sich über den ganzen Körper. Der Augenbereich ist grau, der Hinterkopf hellgrün bis cremefarben. Der Postlabialbereich ist weißlich bis hellgrün, das Schulterband weißlich bis leuchtend gelb. Die Extremitäten und der Schwanz sind leicht gebändert und mit hellgrünen Flecken versehen. Die Unterseite ist hellgrün. Die Kehlfahne beider Geschlechter zeigt sich in rosa bis schwach orangefarbenen Tönen.
SCHWARTZ (1964) fand bei Playa Juraguá - östlich von Santiago de Cuba - ein Jungtier mit einer KRL von 61 mm. Juvenile besitzen vier helle Körperbinden zwischen den Beinpaaren.
Verbreitung: Die Tiere stammen aus Ost-Kuba: von Hongolosongo (im Westen) östlich

bis zur Bahía de Guantánamo, sowie aus der Sierra de la Gran Piedra (SCHWARTZ & HENDERSON 1991).

Lebensraum und Verhalten: *Anolis s. smallwoodi* ist ein Riesenanolis mit einem Verbreitungsschwerpunkt im trockenen Küstenbereich mit seiner Sukkulenten-Dornbusch-Vegetation; einzelne Exemplare wurden bis in einer Höhe von 1021 m ü. NN gefunden (SCHWARTZ & HENDERSON 1988). Die *Anolis* kommen recht selten vor und beanspruchen große Einzelterritorien. Nie konnten zwei Tiere zugleich gefunden werden. Die Art lebt auf den bis zu 5 m hohen, schmalstämmigen Dornbüschen, die durch ihre Kleinblättrigkeit auffallen. Während der Trockenzeit verlieren viele Pflanzenarten ihre Blätter, so daß *Anolis s. smallwoodi* mit recht hohen Temperaturen von mehr als 30°C in einer wenig Schatten bietenden Vegetation zurechtkommen muß. Aus diesem Grund trifft man in der Mittagszeit oft Tiere in Bodennähe an (SCHWARTZ & HENDERSON 1991). Die Wasseraufnahme erfolgt sicher zu einem nicht unwesentlichen Teil über die Nahrung. Riesenanolis nehmen oft vegetarische Bestandteile (z. B. Früchte, Blätter und Blüten) sowie auch Vogeleier zu sich (BOWERSOX, CALDERÓN, POWELL, PARMERLEE, SMITH & LATHROP 1994), die z. T. hohe Wassermengen speichern können. Im Biotop konnten Kakteenfrüchte und Nester mit Eiern vom Ricordkolibri (*Chlorostilbon r. ricordii*) gefunden werden.

Fortpflanzung: Über die Reproduktion von *Anolis smallwoodi* liegen keine Angaben vor.

Haltung: Zur Pflege dieser Art sind große, hochformatige Terrarien mit heller Beleuchtung und Temperaturen von lokal über 30°C geeignet. Da die *Anolis* im Biotop meist einzeln vorkommen, sollte bei der Haltung überprüft werden, ob sich ein Paar auf Dauer vergesellschaften läßt, oder ob eine getrennte Haltung günstiger ist.

Als Nahrung kommen neben großen Insekten auch Kleinsäuger und Früchte in Frage. Um die Fortpflanzungsaktivitäten zu stimulieren, sollte eine winterliche Ruheperiode mit kühlerer Haltung bei sparsamerer Fütterung eingelegt werden. Von *Anolis equestris* ist bekannt, daß in dieser Periode oftmals über den Zeitraum von einem Monat kaum Nahrung aufgenommen wird.

Anolis stratulus COPE, 1862

Beschreibung: Die KRL der Männchen beträgt ca. 47 mm, die der Weibchen ca. 44 mm. Die Grundfärbung ist gelblichgrau, gelblichbraun bis grünlicholiv mit brauner und weißer Sprenkelung. Auf dem Rücken befinden sich 3-4 schwarzbraune Sattelflecken, die z. T. weißlich umrandet sind. Die Weibchen sind häufig heller gefärbt als die Männchen. Die Unterseite ist weißlich bis grünlich. Der Schwanz weist eine leichte Bänderung auf. Die Kehlfahne der Männchen ist orangerot mit einem schmalen, gelben Rand und gelben Schuppen. Bei Erregung können Sie einen Hautsaum auf der Nacken- und Rückenpartie aufrichten.

Jungtiere gleichen in Färbung und Zeichnung den Adulti; nur die Dorsalflecken erscheinen noch nicht sehr ausgeprägt.

Verbreitung: Die Art bewohnt Puerto Rico und die umliegenden Inseln, außerdem die Isla Vieques, Isla Culebra, sowie die U.S. und

Der Riesenanolis *Anolis smallwoodi smallwoodi* im Sukkulenten-Dornbusch bei Daiquiri (Santiago de Cuba). Fotos: A. Fläschendräger

Ein weibliches Jungtier des puertoricanischen *Anolis stratulus*. Die typische Dorsalzeichnung adulter Tiere ist kaum zu erkennen.   Foto: A. Fläschendräger

Männchen von *Anolis stratulus* aus Puerto Rico.
    Foto: A. Fläschendräger

British Virgin Islands (SCHWARTZ & HENDERSON 1991).
Lebensraum und Verhalten: *Anolis stratulus* ist ein Baumanolis des Stamm- und Kronenbereichs. Die Art kommt vor allem im wärmeren Tiefland vor, wobei sie offene Landschaften und Parkanlagen bevorzugt. Die Anolis sonnen sich gern kurze Zeit, um dann wieder in den Schatten zu wechseln (SCHOENER & SCHOENER 1971 b). Das Nahrungsspektrum setzt sich aus Ameisen (>25 %), Käfern, Spinnen, Schaben, Ohrwürmern und Fliegen zusammen (SCHMIDT 1928). Die Art ist recht aggressiv und agil. Die Männchen bekommen bei Auseinandersetzungen eine intensive Fleckenzeichnung. Zusätzlich flachen sie sich seitlich extrem ab und erscheinen dann äußerst imposant.
Fortpflanzung: Nach RIVERO (1978) korreliert die Reproduktion mit der Regensaison. Je ein Ei wird im Bodengrund vergraben. Nach 40-50 Tagen (24-28°C) schlüpfen die Jungtiere.
Haltung: Eine paarweise Haltung ist wegen der starken Territorialität zu empfehlen. Auch gegenüber größeren, artfremden Echsen sind *Anolis stratulus* recht unverträglich, so daß sie allein gehalten werden sollten. An das Terrarium werden keine besonderen Anforderungen gestellt. Genügend Äste und Versteckmöglichkeiten, wie Rindenstücke, bieten sich zur Einrichtung an.
Die Jungtiere sind in der Aufzucht problemlos.

Anolis valencienni DUMÉRIL & BIBRON, 1837

Beschreibung: Nach UNDERWOOD & WILLIAMS (1959) erreichen Männchen eine KRL bis 80

mm (GL bis 190 mm), Weibchen bis 65 mm (GL bis 150 mm).
Der Körper ist kräftig, der Schwanz ist lateral abgeflacht.
Die kryptische Grundfärbung beider Geschlechter ist grau bis braun. Darauf befinden sich 5-6 unregelmäßige, schwarze Bänder, die fleckig aufgelöst oder fast körperumfassend sein können. Die Unterseite ist weißlich. Die Kopfregion zeichnet sich durch schwarze Linien aus, die zentralisiert zum Auge verlaufen. Der Schwanz ist dunkel quergebändert. Die Kehlfahne der Männchen ist gräulichgelb, rot bis bläulichrot mit weißen Schuppen (SCHWARTZ & HENDERSON 1991). Die Weibchen besitzen eine geringfügig kleinere Kehlfahne.
Jungtiere haben eine KRL von ca. 23 mm (GL ca. 55 mm) bei gleicher Färbung und Zeichnung wie die Adulti (UNDERWOOD & WILLIAMS 1959).

Verbreitung: *Anolis valencienni* lebt auf Jamaica: vom Tiefland, wo er eher lokal vorkommt, bis zu 1219 m ü. NN (SCHWARTZ & HENDERSON 1988, 1991).

Lebensraum und Verhalten: *Anolis valencienni* ist arboricol, heliophil und kommt in den verschiedensten Biotopen vor. Die Art lebt auf Bäumen bis in einer Höhe von maximal 13 m, auf Sträuchern, Mangroven und Zaunpfählen (RAND 1967, SCHOENER & SCHOENER 1971 a). Weibchen sind im Gegensatz zu den Männchen untereinander vollkommen friedlich. Es wurden sogar gemeinsame Eiablageplätze gefunden (SCHWARTZ & HENDERSON 1991).
Im Gegensatz zu allen anderen Arten auf Jamaica geht *Anolis valencienni* aktiv auf Beutesuche. RAND (1967) erwähnt die schleichend langsame Fortbewegungsweise.

Fortpflanzung: Die Eier haben eine Größe von ca. 6 x 12 mm und werden in feuchtem Moos oder unter loser Rinde mit Humusansammlungen abgelegt. Man fand gemeinsame Gelege mit 30 Eiern, maximal sogar bis 100, in Baumhöhlen bis in 6 m Höhe (SCHWARTZ & HENDERSON 1991). Die Jungtiere schlüpfen bei Inkubationstemperaturen von 23-28°C nach ca. 50-60 Tagen.

Haltung: Zur Pflege eignen sich hochformatige, hell beleuchtete Terrarien mit lokaler Wärmelampe. Empfohlen wird die Haltung von einem Männchen mit einem bzw. mehreren Weibchen. Starke Äste und Rindenstücke dienen der Einrichtung. Zur Eiablage kann eine im oberen Bereich des Terrariums ange-

Kryptisch gezeichnet und langsam in den Bewegungen ist der jamaicanische Schwertschwanzanolis – ***Anolis valencienni*** (♀). Foto: A. Fläschendräger

brachte halbierte Kokosschale, gefüllt mit groben Torffasern oder Moos, angeboten werden. Die Nachzucht ist wiederholt gelungen.

Anolis vermiculatus Duméril & Bibron, 1837

Beschreibung: *Anolis vermiculatus* ist eine große Art mit lateral abgeflachtem Schwanz. Nach Schwartz & Henderson (1991) erreichen die Männchen eine KRL bis 123 mm (GL bis 390 mm), die Weibchen bis 83 mm (GL bis 260 mm).

Die Iris ist auffallend blau. Die Männchen sind oliv- bis gelbgrün gefärbt und mit sechs V-förmigen, sich nach hinten öffnenden, breiten Querbändern, die sich aus zahlreichen dunklen, wurmförmigen Strichen zusammensetzen, gezeichnet. In der dunklen Farbphase breiten sich diese Striche fast über den ganzen Körper aus (Wijffels 1972). Die Weibchen sind dunkel olivgrün. Auf dem Rücken befindet sich ein heller Streifen, der sich bis zum Schwanz hin fortsetzt. Labialbereich, Partien am Kopf sowie die Ansatzstellen der Extremitäten sind markant weißlich gefärbt. Dunkle Querbänder ohne Strichzeichnung sind beson-

Die Weibchen des kubanischen Wasseranolis – *Anolis vermiculatus* – sind besonders markant gezeichnet.
Foto: A. Fläschendräger

ders im hinteren Drittel des Rumpfes vorhanden. Die Kehlfahne beider Geschlechter ist reduziert. Jungtiere haben eine KRL von ca. 30 mm (GL bis 90 mm). In Zeichnung und Färbung gleichen sie den adulten Weibchen (KADEN 1985).
Verbreitung: Die Art kommt in West-Kuba in der Sierra de los Organos, der Sierra del Rosario (Provinz Pinar del Río) und von Pan de Azucar östlich bis Soroa im Westen vor (SCHWARTZ & HENDERSON 1988).
Lebensraum und Verhalten: *Anolis vermiculatus* führt eine semiaquatische Lebensweise. Die Art kommt in unmittelbarer Nähe von Wasserläufen vor. GARRIDO (1976) fand die Tiere besonders häufig in partiell beschatteten Biotopen an Bäumen (*Eugenia*), an Felsen und Steinen sowie am Boden im Uferbereich von Flüssen. Jungtiere wurden z. T. in der Sonne beobachtet. Männchen leben mehr arboricol und sind bis in einer Höhe von 3 m an Bäumen zu finden (SILVA LEE 1984). Weibchen und Juvenile sind vorwiegend terrestrisch. Interessant ist das Nahrungsspektrum, das sich, neben Insekten und anderen Wirbellosen, aus Krustentieren, Fischen (*Girardinus* sp.) und Fröschen (*Eleutherodactylus* spp.) zusammensetzt (GARRIDO 1976). Die Tiere gehen aktiv ins Wasser und können erstaunlich lange tauchen. GARRIDO (1976) beobachtete ein Männchen, das 30 Min. unter Wasser blieb. Bei KADEN (1985) verblieb ein Tier 25 Min. untergetaucht im Wasserteil eines Terrariums. Unter Umständen ist mit einer maximalen Tauchzeit von 50 Minuten zu rechnen. *Anolis vermiculatus* kann auf den Hinterbeinen über die Wasseroberfläche laufen. Die Tiere sind zu Lautäußerungen fähig.
Fortpflanzung: Die Eier messen 9-11,2 x 15-16,8 mm und werden in feuchte Gesteinsritzen abgelegt (GARRIDO 1976). Die Jungtiere schlüpfen nach ca. 70 Tagen (KADEN 1985).

Haltung: Empfohlen wird die paarweise Haltung in geräumigen Paludarien, die eine Tiefe von mehr als 60 cm aufweisen sollten. *Anolis vermiculatus* legt seine Scheu nie ganz ab und flüchtet bei der kleinsten Beunruhigung panikartig. Sind die Terrarien genügend tief, läßt sich durch eine geschickte Vordergrundbepflanzung (z. B. mit Epiphyten und Hängepflanzen) ein gewisser Sichtschutz herstellen, der den Tieren ihr ängstliches Wesen nimmt. Starke Äste über dem Wasserteil dienen den *Anolis* als Ruheplatz und Deckungsschutz. Jungtiere sind problemlos in der Aufzucht, zumal sie anfänglich nicht so scheu sind.

Chamaeleolis barbatus GARRIDO, 1982

Beschreibung: Aus der Gattung *Chamaeleolis* wurden bislang vier Arten beschrieben. Da weitere Populationen mit z. T. erheblichen Unterschieden zu den bekannten Formen existieren (GARRIDO 1982; GARRIDO, PÉREZ-BEATO & MORENO 1991), ist damit zu rechnen, daß die taxonomische Bearbeitung weitere Unterarten oder auch valide Arten erbringen wird. *Chamaeleolis barbatus* unterscheidet sich von *Ch. chamaeleonides* und *Ch. porcus* durch den im Verhältnis zur KRL kürzeren Schwanz. Dieser ist, im Gegensatz zu *Ch. porcus*, im letzten Schwanzdrittel bedingt zum Greifen fähig und mit einem wesentlich kräftigeren, stumpfen Schwanzende versehen (GARRIDO 1982). Nach HOTTMAR (1991) sind die zweireihig angeordneten randständigen Kegelschuppen der Kehlfahne bei *Chamaeleolis barbatus* bis zu 7 mm lang, bei *Ch. porcus* bis 2,5 mm und bei *Ch. chamaeleonides* nur bis 1 mm lang. Die Kegelschuppenreihe von *Ch. guamuhaya* ähnelt der von *Ch. porcus*, jedoch werden die einzelnen Schuppen vom Zentrum

Zu den wohl imposantesten Erscheinungen unter den anolinen Leguanen gehören die Arten der kubanischen „Falschen Chamäleons", wie dieses prächtige Männchen von **Chamaeleolis barbatus**. Foto: I. Vergner

zu den Randbereichen hin immer feiner und kleiner (GARRIDO, PÉREZ-BEATO & MORENO 1991).
Nach GARRIDO (1982) erreichen die Männchen von *Ch. barbatus* eine KRL bis 170 mm (GL bis 338 mm). Die Weibchen erreichen eine KRL bis 157 mm (SCHWARTZ & HENDERSON 1991).
Der Körperbau ist kräftig und gedrungen, wobei besonders die massigen Schädelproportionen und die kräftigen, kurzen Extremitäten auffallen. Beide Geschlechter besitzen einen helmartigen Hinterkopf.
Die Grundfärbung variiert je nach Farbphase von dunkelgrau über dunkelbraun bis weißgrau mit hellgrauen Flecken. Die großen Schuppen der Lateralgegend sind oftmals heller gefärbt. Die Unterseite ist gräulich bis fast weiß. Auf dem Schwanz befinden sich breite, dunkle Querbinden. Die große Kehlfahne der Männchen ist weißgrau bis weiß, zum Rand hin leicht rosa. Auch die Weibchen besitzen eine Kehlfahne, die grau gefärbt ist. Das Grau wird von 4-5 Bändern durchzogen, die sich aus zahlreichen Punkten zusammensetzen. Die Färbung der Mundschleimhäute ist rosa mit leichten Schwarzfärbungen; die Zunge ist oberseits tiefschwarz gefärbt und mit grauweißen Punkten an den Seiten und an der Spitze gezeichnet (GARRIDO 1982).

Die Jungtiere haben eine KRL von ca. 40 mm (GL ca. 76 mm). Die Färbung entspricht der der Adulti. Die Zunge ist anfänglich hell gefärbt (HOTTMAR 1991).

Verbreitung: *Chamaeleolis barbatus* lebt auf Kuba; dort ist er nur von den mittleren Höhen (maximal 500 m ü. NN) der Sierra del Rosario (Provinz Pinar del Río), aus einem Gebiet von Rangel im Westen, nach Loma del Salón (9 km südöstlich von Cayajabos) bis 7 km nordöstlich von Candelaria, bekannt (SCHWARTZ & HENDERSON 1988).

Lebensraum und Verhalten: *Chamaeleolis barbatus* führt zumeist eine arboricole Lebensweise im Lianendickicht und auf Schling- und Kletterpflanzen, kommt aber zur Nahrungssuche häufig auch auf den Boden. Der typische Biotop ist bewaldetes Gelände auf porösem Kalkuntergrund. Die Art lebt streng solitär; es wurden zumeist nur Einzeltiere gefunden. Die schattige und sehr feuchte Situation des Lebensraumes bietet in Kombination mit den anfallenden pflanzlichen und tierischen Abfallprodukten einer Schneckenart (*Veronicella* sp.) eine ideale Lebensgrundlage, die wiederum Hauptbestandteil der Nahrung von *Chamaeleolis barbatus* ist.

Interessant erscheint das Sexualverhalten. Begegnen sich Geschlechtspartner, beobachten sich beide Tiere erst einmal minutenlang. Zumeist ergreift das Weibchen die Initiative durch langsames Kopfheben und abruptes - senken in mehreren Intervallen. Das Männchen antwortet mit dem gleichen Verhaltensmuster und führt zusätzlich waagerechte Bewegungen aus, wobei die Schnauze gegen Zweige o. ä. geschlagen wird. Dies kann minutenlang so gehen, ehe es seitens des Männchens zur langsamen Annäherung kommt. Das Männchen führt an der Halsregion des Weibchens rotierende Bewegungen mit dem Kopf aus. Bevor es zur eigentlichen Kopulation kommt, verharrt das Männchen ca. 50 Sekunden. Ohne begleitende Bewegungen wird die Kopulation eingeleitet. Dabei ergreift das Männchen mit der Schnauze vorsichtig den Helmfortsatz des Weibchens. Die Kopulation erfolgt mit dem Kopf beider Tiere nach unten und dauert durchschnittlich 22,7 Minuten, maximal jedoch bis zu 4 Stunden (GARRIDO 1982).

Fortpflanzung: Die Reproduktion fällt wahrscheinlich mit der sommerlichen Regenperiode zusammen. Vom Weibchen wird im Abstand von 5-8 Tagen jeweils ein etwa 14 x 22 mm großes Ei im Bodengrund verscharrt. Das anfänglich weiche und sehr klebrige Ei wird mit der Schnauze herumgewälzt, damit sich Substratpartikel anheften. Die Eier besitzen nach der Aushärtung eine recht harte, dicke und zerbrechliche Schale. Bei 28-29°C schlüpfen die Jungtiere nach ca. 49-57 Tagen (HOTTMAR 1991).

Haltung: HOTTMAR (1991) beschreibt seine Haltungs- und Nachzuchterfahrungen mit einem Männchen und zwei Weibchen. Er hielt alle Tiere zusammen in einem Terrarium (75 x 100 x 50; H x B x T). Da die Tiere von Natur aus Einzelgänger sind, aber leider noch keine langjährigen Erfahrungen vorliegen, bleibt es Spekulation, ob eine Separierung eventuell günstiger ist.

Die Art wurde bei Temperaturen von 26-28°C tagsüber und 18-22°C nachts gehalten. Eine lokale Wärmelampe, starke Kletteräste, reichliche Bepflanzung und eine dicke Bodenschicht aus Torf-Sand bildeten die Terrariumeinrichtung. Als Nahrung wurden Grillen, Larven von Käferarten, Schnecken, nestjunge Mäuse, große Nachtfalter sowie kleinere *Anolis*-Arten angenommen; seltener wurde auch weiches Obst gefressen.

Die Aufzucht der Jungtiere bereitete keine Probleme, sollte aber wegen ihrer Aggressivität separat erfolgen. Anfänglich wurden den Jungtieren Insekten direkt an die Schnauze gehalten, da ein selbständiges Aufnehmen durch gezieltes Erjagen erst im Alter von einem Monat erfolgte. Vielleicht sollten Schneckenarten als erste Nahrung angeboten werden.

Chamaelinorops barbouri SCHMIDT, 1919

Beschreibung: Die monotypische Gattung *Chamaelinorops* unterscheidet sich von der Gattung *Anolis* durch den lateral extrem abgeflachten Körperbau, die schmalen Zehenendglieder (SCHMIDT 1919) und Merkmale der Skelettstruktur (ETHERIDGE 1960, GUYER & SAVAGE 1986).

Die Männchen erreichen nach SCHWARTZ & HENDERSON (1991) eine KRL bis 44 mm, die Weibchen bis 55 mm. SCHMIDT (1919) gibt für ein Exemplar mit einer KRL von 47 mm eine GL von 181 mm an.

Der Kopf ist im Verhältnis zum Rumpf recht gedrungen und kurz. Die Extremitäten sind lang, der Schwanz sogar sehr lang. An den feinschuppigen Körperseiten fällt jeweils eine Längsreihe von größeren Granularschuppen auf, die zumeist in zwei Reihen angeordnet sind (COCHRAN 1941). Die stark gekielten und großen Dorsalschuppen in 4-10 Reihen sind ebenfalls charakteristisch.

Die Grundfärbung variiert von hell graubraun bis braun mit fleckiger bis linearer Zeichnung. Die Dorsalregion ist hellbraun bis rötlichbraun. Im Augenbereich beginnend, ziehen sich ein bis mehrere (z. T. unvollständige) dunkelbraune Bänder entlang der Dorsolateralzone bis hin zur Schwanzbasis. Die Augen verbindet kopfoberseits ein dunkles Band. Vom Auge zur Ohrmembran verläuft ebenfalls jeweils ein dunkler Streifen. Ein cremefarbener Längsstreifen befindet sich über dem oberen Labialbereich. Der Labialbereich und die Ventralseite sind dunkelorange-braun bis hellbraun und weisen eine Fleckenzeichnung auf. Die schmale Kehlfahne der Männchen ist schwarz und hat einen hellgelben Rand (SCHMIDT 1919, SCHWARTZ & HENDERSON 1991). SCHMIDT (1919) beschreibt ein Jungtier von 80 mm GL. Die Grundfärbung ist weißlich, auf dem Rücken sind drei Querbänder zu sehen. Die Unterseite ist sehr dunkel und der Schwanz gebändert.

Verbreitung: *Chamaelinorops barbouri* bewohnt den gesamten Süden Hispaniolas von 300-1710 m ü. NN. Fundorte sind aus dem Massif de la Hotte, dem Massif de la Selle, der Sierra Baoruco bis nördlich zur Cordillera Central bei Limoncito (Provinz La Vega) und der Sierra de Neiba (17 km SW Hondo Valle, Provinz Elías Pinas; 21 km NNW Los Pinos, Provinz Independencia) bekannt (SCHWARTZ & HENDERSON 1988, 1991).

Lebensraum und Verhalten: Die vollständigsten Informationen zu Lebensraum und Verhalten geben FLORES, LENZYCKI & PALUMBO (1994). Die Untersuchungen stammen aus einem Gebiet 15 km südöstlich von Cabral (1000-1140 m ü. NN) in der Nähe der Stadt Barahona (Provinz Barahona). *Chamaelinorops* führt eine streng terrestrische Lebensweise. Die Art wird vorwiegend im tiefen Schatten von intakten Wäldern, vor allem in trockenen Flußbetten gefunden. Die Tiere leben auf der lockeren Fallaubschicht des Bodengrundes, seltener auf Felsdurchbrüchen, Steinen und laubfreien Bodenbereichen. *Chamaelinorops* benötigt keine direkte Sonnenbestrahlung zum Aufwärmen. Die Körpertemperatur korreliert mit der Lufttemperatur; sie schwankt von 22-31°C, zumeist liegt sie bei 26°C. Interessant ist auch die Strategie des Beutefangs. *Chamaelinorops* verhält sich über größere Zeiträume hin inaktiv und wartet auf in Reichweite kommende Beutetiere. Durch die kryptische Körperfärbung, den lateral abgeflachten Körperbau und das inaktive Verhalten sind die Tiere optimal in ihrem Lebensraum getarnt: Sie ähneln dem trockenen Falllaub. Bei Gefahr laufen oder springen die Tiere abrupt los, um in einiger Entfernung ebenso plötzlich wieder zu verharren. Eine komplizierte Wirbelstruktur (Knochenpanzerung) soll der Rückenpartie einen gewissen mechanischen Schutz vor Angriffen von Feinden verleihen.

Die Männchen zeigen im Gegensatz zu den Weibchen und Jungtieren ein aggressives Territorialverhalten. Die Art ist zur Lautäußerung befähigt.

Fortpflanzung: Zum Fortpflanzungsverhalten liegen bislang keine Daten vor.

Haltung: Über eine erfolgreiche Haltung ist uns nichts bekannt. Querformatige Terrarien mit einer auf dem Bodengrund aufgebrachten Laubschicht und hohl aufliegenden Rindenstücken dürften den artspezifischen Anforderungen gerecht werden. Zusätzlich sollten dünnere Zweige und Schattenpflanzen den benötigten Deckungsschutz bieten. Die Temperatur sollte zwischen 20 und 28°C schwanken, auf keinen Fall jedoch Werte über 32°C erreichen.

9.3 Arten der venezolanischen Inseln

Anolis bonairensis RUTHVEN, 1923

Beschreibung: Die Männchen erreichen eine KRL bis 70 mm (GL ca. 200 mm), die Weibchen bis 55 mm. *Anolis bonairensis* ist eine geckoähnliche Art von flacher Gestalt. Auf hellem, weißgrauem Untergrund befinden sich beim Männchen tiefschwarze, schräge Querstreifen und Flecken. Bei den Weibchen ist diese Zeichnung weniger ausgeprägt und graubraun. Auf dem Rücken sind 9 bis 11 Querstreifen, auf dem vorderen Schwanzteil 2 oder 3 deutlich breitere Querbänder. Das Schwanzende ist ohne Zeichnung. Die markante schwarze Zeichnung verblaßt während der Schlafphase zu einem lichten Braun. Die Unterseite ist hell und mit dunklen Flecken gemustert. Die Kehlfahne der Männchen ist gelblich.

Verbreitung: Wie der Name nahelegt, stammt dieser *Anolis* von den Inseln Bonaire und Klein Bonaire (WAGENAAR HUMMELINCK 1940).

Lebensraum und Verhalten: *Anolis bonairensis* ist ein Baumanolis. Typische Habitate sind lockere, aber zusammenhängende Bestände von Bäumen und Sträuchern (*Haematoxylum, Acacia, Caesalpinia*) mit lichtem Unterwuchs (WIJFFELS 1971). Im Verbreitungsgebiet herrschen Temperaturen von 17-35°C, durchschnittlich 27°C, bei einer relativen Luftfeuchte von 75 %. Die Jahresniederschläge betragen etwa 500 mm.

Im Lebensraum fällt *Anolis bonairensis* durch seine verborgene Lebensweise kaum auf. Wie viele *Anolis*-Arten wechselt er bei Gefahr auf die gegenüberliegende Seite des Baumstammes. Zusätzlich flachen sich die Tiere extrem ab, wobei sie sich eng an den Stamm anschmiegen. Die kryptische Färbung wirkt außerdem

Ein Männchen von *Anolis bonairensis* im natürlichen Lebensraum auf Bonaire. Foto: L. C. M. Wijffels

noch konturenauflösend. Deshalb erscheint dem Beobachter die Populationsdichte zunächst recht gering. Bei längerer Beobachtung können jedoch bis zu einem Dutzend Tiere pro Baumgruppe gezählt werden. Ein großes Männchen in 3-4 m Höhe und zwei oder drei Weibchen am unteren Stamm sind dominant. Die ständig verjagten subadulten Männchen halten sich meist höher am Baum auf. Juvenile finden sich an der Stammbasis und im Unterwuchs.

Fortpflanzung: Über die Fortpflanzung im Biotop ist nichts bekannt. Die meisten Jungtiere dürften während der kurzen Regenperiode schlüpfen.

Haltung: Als Bewohner von stark licht- und windexponierten Bäumen und größeren Sträuchern sollten die *Anolis* in einem hohen, hell beleuchteten Terrarium gehalten werden. Senkrechte Äste mit Versteckmöglichkeiten, wie lose Rinde, und eine Rindenrückwand bieten sich für die Einrichtung an. Die Art

Den typischen Lebensraum für *Anolis bonairensis* bilden größere Bäume von *Haematoxylum brasiletto* (Westküste Bonaires). Foto: L. C. M. Wijffels

sollte paarweise gehalten werden, man kann aber auch ein Männchen mit zwei Weibchen vergesellschaften. Eine örtliche Maximaltemperatur um 30°C ist notwendig, damit keine Verdauungsprobleme auftreten.
Die Jungtiere sind recht scheu und sollten separat aufgezogen werden.

Anolis lineatus (DAUDIN, 1802)

Beschreibung: Die Männchen von *Anolis lineatus* erreichen eine KRL bis zu 85 mm (GL ca. 285 mm), die Weibchen bleiben kleiner. Die Grundfarbe ist ein lichtes Braun, unterseits weißlich. Helle, fast weiße, meist unterbrochene Laterallinien befinden sich zwischen Vorder- und Hinterbeinen. Diese sind oben und unten von tiefschwarzen, zwei- oder dreimal unterbrochenen Streifen begrenzt. Die Kopfoberseite weist dunkelbraune Marmorierungen und ein unregelmäßiges, dunkles Querband zwischen den Augen auf. Dorsal zeichnen sich dunkle Querbänder ab, die in der Rückenmitte schmaler werden. Sie sind voneinander durch lichtere Quaderzeichnungen (6 bis 7 auf dem Rücken und 2 bis 3 auf dem vorderen Schwanzteil) getrennt. Der übrige Schwanz ist gebändert. Die Oberseite der Gliedmaßen ist marmoriert. Die große Kehlfahne der Männchen ist hellorange gefärbt und hat ein schwarzblaues Zentrum. Tiere von Aruba sind dunkler und markanter in der Zeichnung und Färbung.

Verbreitung: Die Art lebt auf Curaçao, Klein Curaçao und Aruba (RAND & RAND 1967, WAGENAAR HUMMELINCK 1940).

Lebensraum und Verhalten: *Anolis lineatus* ist ein reiner Baumbewohner, der überall vorkommt, wo es ausreichend Bäume und Sträucher in der sonst wüstenähnlichen Landschaft gibt. Diese *Anolis* sind ausgezeichnete Kletterer und Springer und haben ein hohes Licht- und Wärmebedürfnis. In der ursprünglichen Vegetation ist die Art meist nur in wenigen Exemplaren bzw. paarweise anzutreffen. Dabei halten sich beide Geschlechter etwa in der gleichen Höhe am Baum auf. Jungtiere und subadulte Tiere sind in der unteren Vegetationsschicht zu finden. Größere Populationen trifft man in Gärten und Schattenbepflanzungen in der Stadt oder an Hotels an. Hier gibt es offenbar bessere Lebensbedingungen, die durch die von Abfällen und Blütenpflanzen angelockten Insekten bedingt sind.

Fortpflanzung: In Willemstad auf Curaçao konnte einer der Autoren (WIJFFELS) mehrere Gelege (8 Eier aller Entwicklungsstadien) in Töpfen von Zierpflanzen vorfinden. Sie waren bis zu 4 cm tief eingegraben. Vermutlich erfolgt die Eiablage in den ursprünglichen Biotopen mit dem Einsetzen des spärlichen Niederschlags während der Regenzeit, wogegen die Kulturfolger unabhängiger geworden sind.

Haltung: Eine paarweise Haltung ist in kleineren Terrarien nicht ganz unproblematisch. Die fast gleichgroßen Weibchen können, wenn sie nicht paarungsbereit sind, den Männchen durchaus zusetzen. Die Aggressivität kann u. U. bis zum Verlust des Männchens führen. Man sollte daher genau beobachten, ob das jeweilige Paar harmoniert. Die Haltung erfolgt in hohen Terrarien mit starker Beleuchtung und örtlichen Temperaturen über 30°C. Senkrechte Äste und Pflanzen mit langen, herabhängenden Blättern (z. B. Bromelien) als bevorzugte Schlafplätze dienen der Einrichtung. *Anolis lineatus* eignet sich auch gut zur Haltung im sonnenexponierten Gewächshaus. Hier wurden gern erwärmte Steine zum Sonnen aufgesucht.

Neben der Insektennahrung lecken die Tiere mit Vorliebe an süßen, zerquetschten Früchten.

Anolis onca im Strandbiotop auf Isla Margarita (Venezuela). Foto: W. -R. Große

Anolis onca (O'Shaughnessy, 1875)

Beschreibung: *Anolis onca* ist eine relativ robuste *Anolis*-Art mit einer KRL bis zu 75 mm (GL bis ca. 230 mm).

Die Grundfärbung beider Geschlechter ist grau bis graubraun mit weißen und dunklen, z. T. auch grünlichen Zeichnungen. Weibchen besitzen eine deutlichere Rückenzeichnung aus dreieckigen Ornamenten. *Anolis onca* ist durch seine kryptische Färbung perfekt an seinen Biotop angepaßt. Die große Kehlfahne beider Geschlechter ist weinrot bis rot mit gelblichen Schuppen. Als Besonderheit besitzt *Anolis onca* nicht die für alle übrigen Vertreter typischen Haftlamellen unter den Zehen Vielfach gekielte Schuppen treten an deren Stelle. Durch dieses Merkmal war *Anolis onca* lange unter dem monotypischen Gattungsnamen „*Tropidodactylus*" von der Gattung *Anolis* getrennt (WILLIAMS 1974).

Verbreitung: Die Tiere leben entlang der Küste Venezuelas, im Nordosten Kolumbiens und auf der Isla Margarita.

Lebensraum und Verhalten: *Anolis onca* bevorzugt Küstenbereiche mit xerophytischer Strandvegetation (COLLINS 1972). Durch ihre mehr terrestrische Lebensweise bedingt, findet man die Tiere vor allem im niedrigen Gebüsch nicht höher als 1 m an Kakteen oder auf dem Sandstrand unter Windengewächsen (*Ipomoea pes-caprae*). Obwohl die *Anolis* schlecht klettern können, suchen sie bevorzugt einen erhöhten Ruheplatz z. B. in der Strandvegetation auf, um der extremen Hitze am Tage zu entgehen. Die Flucht erfolgt über den Bodengrund. Als Nahrung gibt COLLINS (1972) Heuschrecken, Käfer, Spinnen und Fliegen an.

Fortpflanzung: Über die Fortpflanzung ist nichts bekannt. Jungtiere sind im Biotop nur ab dem Frühjahr zu finden, so daß die Fort-

pflanzung mit der Regenzeit und dem erhöhten Nahrungsangebot korrelieren dürfte.
Im Terrarium konnte beobachtet werden, wie ein Weibchen ein Ei in etwa 30 cm Höhe über dem Bodengrund an die Korkrückwand „klebte".
Haltung: Zur Pflege von *Anolis onca* wird ein trockenes Terrarium, das eher breit als hoch sein sollte, empfohlen. Eine starke Beleuchtung (HQI-Lampen) sowie eine zusätzliche Wärmelampe kurz über dem sandigen Bodengrund, die eine Stelle bis auf 40°C aufheizt, sind notwendig. Der Sandboden sollte in einer Ecke feuchter gehalten werden. Trockene Äste und Rindenstücke vervollständigen die Einrichtung. Bei warmem Wetter ist die Haltung im Freiluftterrarium empfehlenswert.

9.4 Arten aus Nord- und Zentralamerika

Anolis aquaticus Taylor, 1956

Beschreibung: Nach Fitch, Echelle & Echelle (1976) erreichen die Männchen eine KLR bis 63 mm (GL bis 167 mm), die Weibchen bis 60 mm (GL bis 159 mm). Der Körperbau ist gedrungen, wobei der kurze Kopf auffällt. Der Schwanz ist lateral abgeflacht.
Die Grundfärbung ist oliv bis olivgrün, zumeist finden sich sieben dunkle Querbänder auf dem Rücken. Die Rückenmittellinie ist

Anolis aquaticus im natürlichen Lebensraum nahe bei San Vito (Provinz Puntarenas, ca. 1200 m ü. NN, Costa Rica). Foto: K.-H. Jungfer

hell gefleckt. Der Kopf erscheint olivbraun, wobei zwei im Labialbereich beginnende cremefarbene Bänder am Nacken zusammenlaufen. Lateral befindet sich ein helles, cremefarbenes Band, von dem helle Streifen quer zum Ventralbereich ausstrahlen. Die Extremitäten und der Schwanz sind gebändert. Die Iris ist blau. Die Männchen haben eine dunkle, gelblich-orangefarbene Kehlfahne mit weißen Schuppen. Auf dieser befinden sich vier dunkelrote Streifen, von denen die mittleren am deutlichsten sind (FITCH 1975).
Die Jungtiere besitzen die gleiche Zeichnung wie die Adulti. Der Kopf ist braun, die Grundfärbung mehr bläulichgrün (MUDDE & VAN DIJK 1984) bis grün (MYERS 1971).
Verbreitung: Diese Art lebt nur auf der pazifischen Seite Panamas und Costa Ricas. Das Verbreitungsgebiet liegt zwischen den Provinzen Puntarenas (Costa Rica) und Chiriquí (Panama) (FITCH, ECHELLE & ECHELLE 1976, MYERS 1971 a).
Lebensraum und Verhalten: *A. aquaticus* ist ein Wasseranolis, dessen Verbreitung an Wasserläufe gebunden ist. Typische Biotope sind beschattete, schnellfließende Gebirgsbäche mit steinigem bzw. felsigem Uferbereich. Die *Anolis* kommen an Steinen, auf Wurzeln und an umgefallenen Baumstämmen vor. Auch auf aus dem Wasser ragenden Pflanzenstengeln und Ästen sind die Tiere zu finden. Sie sind geschickte Schwimmer, die bei Gefahr tauchen und sich unter Wasser verstecken können. *A. aquaticus* besitzt eine im Verhältnis zu anderen *Anolis*-Arten niedrige Vorzugstemperatur von weniger als 27°C (FITCH 1975).
Fortpflanzung: Die Reproduktion erfolgt vermutlich über das ganze Jahr (FITCH 1975).
Haltung: *Anolis aquaticus* ist ein wärmeempfindlicher Wasseranolis, der Temperaturen über 30°C auf Dauer nicht toleriert (MUDDE & VAN DIJK 1984). FITCH (1975) berichtet von einem schockartigen Verhalten, wenn die Tiere längere Zeit in die Hand genommen werden, das möglicherweise auf einen Wärmestau zurückzuführen ist. Zur Haltung ist ein Paludarium geeignet. Der Wasserteil sollte recht kühl (weniger als 22°C) sein, der Luftraum Temperaturen nicht über 27°C erreichen. Die Einrichtung besteht aus aus dem Wasser ragenden Wurzeln und Steinen sowie aus einer Felsrückwand. Eine partielle Bepflanzung ist günstig. Über eine gelungene Nachzucht ist uns nichts bekannt.

Anolis biporcatus (WIEGMANN, 1834)

Unterarten: *A. b. biporcatus*, *A. b. parvauritus*

Anolis biporcatus biporcatus (WIEGMANN, 1834)

Beschreibung: Nach FITCH (1975) erreichen die Männchen dieser Unterart eine KRL bis 88,2 mm (GL bis 290 mm), die Weibchen bis 89,2 mm. In Nicaragua bleiben die Weibchen mit einer KRL von 84,1 mm kleiner als die Männchen. TAYLOR (1956) nennt Maximalgrößen von 102 mm KRL.
Die Grundfärbung ist ein leuchtendes Grün bis Gelbgrün, das zu einem Braun wechseln kann. Auf dem ganzen Körper können dunkelgrüne Flecken auftreten. Bei manchen Tieren formieren sich bräunliche Aufhellungen zu breiten Körperbinden. Auf dem Rumpf befinden sich häufig weißliche bis hellblaue Punktreihen. Der Schwanz ist gebändert. Die kleine Kehlfahne der Männchen ist blau und hat einen breiten orangeroten Rand. Weibchen haben eine blaue Kehlfahne.
Die KRL der Jungtiere beträgt ca. 36 mm, die GL ca. 102 mm (SCHIRRA briefl. Mitt.). Sie gleichen in Färbung und Zeichnung den Adulti.

Verbreitung: *Anolis b. biporcatus* kommt von Chiapas in Süd-Mexiko (SMITH 1956) südlich entlang der karibischen Abhänge bis nach Nord-Kolumbien vor (PETERS, OREJAS-MIRANDA, DONOSO-BARROS & VANZOLINI 1986). In Guatemala wurden die Tiere bis auf 1000 m ü. NN gefunden (STUART 1955).

Lebensraum und Verhalten: *Anolis b. biporcatus* ist ein Baumanolis, der meist solitär angetroffen wird (MUDDE & VAN DIJK 1984). Die Art kommt in Regenwaldgebieten auf Sträuchern und Bäumen von der Basis bis in den Kronenbereich (zumeist in 1-5 m Höhe) vor. Obwohl die Tiere den Schatten bevorzugen, wärmen sie sich vor allem morgens in der Sonne auf. Die Körpertemperatur liegt somit über der Lufttemperatur (FITCH 1975). Nachts werden erhöhte Plätze auf großen Blättern aufgesucht (KÖHLER 1991 b). Zur natürlichen Nahrung gehören neben verschiedenen Insekten und Wirbellosen auch kleinere *Anolis*-Arten (TAYLOR 1956).

Fortpflanzung: Die Reproduktion erfolgt das ganze Jahr über. Die Weibchen legen in der Regel ein oder maximal zwei Eier (FITCH 1975). Diese sind ca. 10 x 19,3 mm groß (SCHIRRA briefl. Mitt.).

Haltung: *Anolis b. biporcatus* ist ein anpassungsfähiger und deshalb leicht zu haltender Saumfinger. Wegen der solitären Lebensweise ist eine paarweise Haltung nicht immer möglich. Bei zu starker Dominanz eines Tieres sollte eine Separation erfolgen. Durch dunklere Färbung und eine höhere Atemfrequenz ist das unterlegene Tier deutlich zu erkennen. Das Terrarium sollte mindestens eine Höhe von 1 m aufweisen. Noch größere Abmessungen sind für eine paarweise Haltung besser geeignet. Für die Einrichtung kommen starke vertikale Äste, große Blattpflanzen als Sichtschutz und eine Rindenrückwand in Frage.
Die Nachzucht ist wiederholt gelungen. Eine separate Aufzucht der Jungtiere wird empfohlen.

Anolis biporcatus biporcatus ♂ aus Costa Rica. Foto: L. C. M. Wijffels

Anolis capito PETERS, 1863

Beschreibung: *Anolis capito* ist von kräftiger Gestalt, hat lange Extremitäten und besitzt einen kurzen, gedrungenen Kopf. Die KRL der Männchen beträgt nach TAYLOR (1956) und FITCH (1975) bis 85 mm (GL bis 236 mm), die der Weibchen bis 95 mm (GL bis 261 mm). Die Weibchen sind also oft größer und massiger als die Männchen.
Die variable Grundfärbung ist oliv bis olivbraun und zumeist leicht gefleckt. Die Männchen besitzen auf dem Rücken ein aus hellen und dunklen, V-förmigen Zeichnungselementen zusammengesetztes Band. Die Augen verbindet oberseits ebenfalls ein dunkles, V-förmiges Band. Markant ist weiterhin ein dunkelbraunes Band, das vom Auge zur Kehlregion verläuft. Die Weibchen zeigen eine auffallend variable Zeichnung (Polymorphismus). Sie können den Männchen gleichen oder ein gold- bis hellbraunes Dorsalband besitzen, das häufig dunkel umrandet ist. Außerdem treten Morphen mit einem aus rhombenförmigen Elementen zusammengesetzten Dorsalband auf. Lateral befinden sich häufig olivgrüne bis gelbgrüne Flecken, die zu Bändern zusammenfließen können. Die Unterseite ist cremefarben bis gelblich-weiß. Die Gliedmaßen sind unregelmäßig gebändert. Die Farbe der Kehlfahne ist dunkel grünlich-gelb.
Jungtiere haben eine KRL von ca. 25 mm (FITCH 1975). Ihre Färbung und Zeichnung ist sehr variabel, oftmals kontrastreich und umfaßt alle Morphen der Adulti.
Verbreitung: *Anolis capito* lebt vom Tiefland bis zu den mittleren Höhen der karibischen Abhänge von Tabasco (Mexiko) bis Panama (PETERS, OREJAS-MIRANDA, DONOSO-BARROS & VANZOLINI 1986).
Lebensraum und Verhalten: *Anolis capito* führt eine arboricole Lebensweise an Baumstämmen von der Basis bis in eine Höhe von

Subadultes Weibchen von *Anolis capito* aus Costa Rica.   Foto: A. Fläschendräger

ca. 3 m. Typische Biotope sind geschlossene Tieflandwälder und z. T. auch Kakao-Plantagen. Die solitären *Anolis* besetzen Einzelterritorien von ca. 15 m², eine Fläche, die mehrere Bäume und Sträucher aufweist. Messungen der Körpertemperatur im Biotop ergaben Werte von 23-27°C. Sie lagen nur 0,7°C über denen der Lufttemperatur. Die Nahrung besteht aus den verschiedensten Wirbellosen und kleineren *Anolis*-Arten (FITCH 1975). Auch KÖHLER (1991 a) konnte die Art nur im Schatten der dichten Vegetation antreffen. Er fand nachts schlafende Tiere auf Blättern in einer Höhe von 1,5 m.

Fortpflanzung: Die Reproduktion erfolgt das ganze Jahr über (FITCH 1975).

Haltung: Über die erfolgreiche Haltung und Nachzucht ist uns nichts bekannt. Erfahrungen liegen zumeist nur über Einzeltiere vor. Eine paarweise Haltung ist wahrscheinlich auf Dauer nicht möglich. Das Terrarium sollte hochformatig, dicht bepflanzt (Deckungsschutz) und mit starken, vertikalen Ästen ausgestattet sein. Im unteren Drittel des Terrariums sollte eine höhere Luftfeuchte (ca. 80 %) herrschen. Eine interne Wärmequelle ist nicht nötig.

Anolis carolinensis VOIGT, 1832

Unterarten: *A. c. carolinensis, A. c. seminolus*

Anolis carolinensis carolinensis VOIGT, 1832

Beschreibung: Die Männchen erreichen eine KRL von ca. 70 mm (GL bis 205 mm), die Weibchen von ca. 55 mm (GL bis 160 mm). Die in Südwest-Florida verbreitete Unterart *Anolis c. seminolus* unterscheidet sich von der Nominatform durch eine schmalere und spitzer zulaufende Schnauze, durch 3 bis maximal 4 Reihen von Lorealschuppen (*Anolis c. carolinensis* 4 bis maximal 8), einen dunklen ovalen, weißlich umrandeten Axillarfleck und durch die graue bis schwach rosafarbene Kehlfahne (VANCE 1991).

Die Grundfärbung von *Anolis c. carolinensis* variiert von grün über graubraun bis braun. Männchen besitzen besonders am Kopfbereich und an den Augenlidern oftmals blaue Schattierungen. Zuweilen treten auch permanente schwarze Flecken und weiße Sprenkelungen auf. Die Weibchen besitzen häufig ein typisches helles Dorsalband, das vom Nakkenbereich bis zur Schwanzbasis verläuft. Nach den Seiten hin ist dieses unregelmäßig ausgebuchtet oder gezackt sowie von dunklen Flecken bzw. Streifenzeichnungen begrenzt. Selten zeigen auch adulte Männchen eine Dorsalzeichnung, die sich aus kleinen, dunklen Flecken zusammensetzt (HACK, FINDHAMMER & KUNSTEK 1979). Der Farbwechsel ist bemerkenswert und kann gleichmäßig oder (zumeist bei Erregung) auch fleckig erfolgen. Unter Terrarienbedingungen zeigen sich vielfach braune Farbtöne. Auch BEHLER & KING (1985) nennen als dominante Färbung im Biotop die braune Körperfarbe. Rivalisierende Männchen sind dagegen grün, wobei jeweils ein schwarzer Fleck hinter dem Auge auftreten kann. Nachts dominiert die grüne Körpergrundfärbung.

Tiere, die einer der Autoren (FLÄSCHENDRÄGER) im großen Tropenhaus des Botanischen Gartens in Halle „frei" hält, zeigen bei sonnigem Wetter und Temperaturen über 25°C ständig eine grüne Grundfärbung. Auch bei territorialen Auseinandersetzungen mit Männchen von *Anolis m. marmoratus* und *Anolis trinitatis*, die ebenfalls im Tropenhaus leben, werden stets grüne Farbtöne gezeigt. Die aus-

Arten aus Nord- und Zentralamerika

Ein sich in ca. 12 m Höhe sonnendes Männchen von **Anolis carolinensis carolinensis** im großen Tropenhaus des Botanischen Gartens in Halle. Foto: A. Fläschendräger

schlaggebenden Faktoren für die Grünfärbung sind somit sicher die hohe Lichtintensität und Temperatur, weniger die Luftfeuchte und der Erregungszustand. Die Färbung des Untergrundes hat keinen Einfluß auf die Körperfärbung (WIJFFELS 1959).
Die Labialregion ist während der grünen Farbphase auffallend weißlich, ebenso die Körperunterseite, während ventral zusätzlich dunklere Sprenkel auftreten können. Männchen können einen Hautsaum aufrichten, der vom Nacken bis zur Schwanzbasis durchgehend ist oder in Höhe der Vordergliedmaßen unterbrochen sein kann (HACK, FINDHAMMER & KUNSTEK 1979). Die Kehlfahne der Männchen ist hellrot bis weinrot mit weißen Schuppen, die im Kehlbasisbereich einen leichten Blauton aufweisen können.

Die Jungtiere haben eine KRL von ca. 22 mm (GL bis ca. 60 mm). Ihre Färbung und Zeichnung entspricht der adulter Weibchen. Manche Männchen verlieren erst mit dem Erreichen der Fertilität die Rückenzeichnung, die immer undeutlicher wird.
Verbreitung: *Anolis c. carolinensis* stammt aus den USA, wo er von Südost-Virginia bis Florida einschließlich der Florida Keys (außer Südwest-Florida), nach Westen bis Südost-Oklahoma und Zentral-Texas vorkommt (BEHLER & KING 1985, VANCE 1991). Nach FLORES-VILLELA (1993) erstreckt sich das Verbreitungsgebiet bis nach Nordost-Mexiko. Entgegen vielen Verbreitungsangaben erreicht *Anolis carolinensis* den karibischen Raum nicht. Auf den Inseln leben weitere Arten der *carolinensis*-Gruppe: z. B. *Anolis fairchildi*

auf der Cay Sal Bank, *Anolis longiceps* auf Navassa, *Anolis maynardi* auf Little Cayman und *Anolis smaragdinus* auf zahlreichen Inseln der Bahamas.

Lebensweise und Lebensraum: *Anolis c. carolinensis* führt eine arboricole Lebensweise. Wegen der enormen Anpassungsfähigkeit ist die Art außer auf Bäumen, Sträuchern und im hohem Gras auch an Mauern, Häusern und Zaunpfählen zu finden. Nach BEHLER & KING (1985) sind adulte Tiere mehr in hochgelegenen, schattigen Situationen, Jungtiere hingegen mehr in sonnigen Bereichen versteckt nahe am Boden zu beobachten. Entsprechend dem großen Areal werden die unterschiedlichsten Klima- und Vegetationszonen besiedelt, von den sommergrünen Wäldern im Norden über Kulturlandschaften und offene Grassteppen mit vereinzeltem Baumbewuchs bis hin zu immergrünen Wäldern der subtropischen Zone. Die durchschnittlichen Temperaturwerte im nördlichen Verbreitungsgebiet liegen bei 28°C im Sommer und 12°C im Winter. Leichte Fröste können kurzzeitig auftreten (MEIJ 1981). *Anolis c. carolinensis* kann sich zwar aktiv durch Eingraben in den Bodengrund vor kühlerer Witterung schützen, ist jedoch nicht in der Lage, plötzlich einfallenden Frösten auszuweichen. So erfrieren immer wieder große Bestände an den nördlichen Arealgrenzen.

Im Herbst, wenn die Temperaturen unter 20°C sinken, kommt es zu Freßunlust, und die Gonadenaktivität sinkt. Gleichzeitig nehmen die Fettkörper in Vorbereitung auf die winterliche Ruhephase zu (PETZOLD 1982). Das komplexe Verhalten von *Anolis c. carolinensis* ist ausgiebig untersucht worden und soll an dieser Stelle nicht näher dargestellt werden. Interessante Beobachtungen stammen von FÜRST (1980). Sie beobachtete, daß subadulte Männchen, die mit einem dominanten Männchen vergesellschaftet waren, die typische Dorsalzeichnung (Zickzacklinie) der Weibchen teilweise über mehrere Jahre zeigten und währenddessen kaum wuchsen. Zeigten die jungen Männchen diese Dorsalzeichnung nicht, wurden sie sofort verjagt.

Fortpflanzung: Die Fortpflanzungszeit erstreckt sich von März bis September. Das Weibchen vergräbt jeweils ein ca. 7 x 10 mm großes Ei im Abstand von ca. 14 Tagen im Bodengrund, unter Fallaub, Steinhaufen oder im feuchten Moos (BEHLER & KING 1985). Nach BECH (1979) schlüpfen die Jungtiere nach 35-40 Tagen bei Temperaturen von ca. 30°C bzw. nach 55-60 Tagen bei 20-25°C.

Haltung: *Anolis c. carolinensis* ist problemlos zu halten, wenn eine zumindest 1-2monatige Ruheperiode mit niedrigeren Temperaturen von 15-18°C eingehalten wird. Die Art kann paarweise in möglichst hochformatigen Terrarien gehalten werden. Kräftige Kletteräste, eine partielle Bepflanzung und ein ca. 5-10 cm hoher Bodengrund zum Eingraben bei kühleren Temperaturen mit losen Rinden- und Moosauflagen bilden die Grundausstattung. Wichtig ist weiterhin eine lokale Wärmelampe, die während der aktiven Periode für Temperaturen bis 35°C sorgt und gleichfalls einen trockenen Bereich schafft. Eine starke Beleuchtung fördert das Wohlbefinden der *Anolis*. Die Nachzucht ist problemlos und schon über mehrere Generationen gelungen.

Anolis concolor COPE, 1862

Beschreibung: Nach CORN & DALBY (1973) sowie SCHWARTZ & HENDERSON (1991) beträgt die KRL der Männchen 75-80 mm (GL bis 210 mm), die der Weibchen 50-60 mm (GL bis 155 mm).

Anolis concolor ♂ im natürlichen Lebensraum auf San Andrés. Foto: H.-J. Körner

SCHLEICH (1982) kommt *Anolis concolor* nur im Inneren der Insel vor. Die Art lebt hier an den Palmenstämmen, die ca. 2-6 m auseinanderstehen, vom Bodenniveau bis zu 8 m Höhe. Die meisten Tiere verteilen sich von der Basis bis zu 2 m Höhe; in diesem Bereich gehen sie auch der Nahrungsaufnahme nach. Dominante Männchen sind in der oberen Stammregion (ca. 1,5-2 m) und die Weibchen von der Basis bis zu 1,5 m Höhe zu beobachten (SCHLEICH 1982). Subadulte Männchen werden bis auf eine Höhe von 8 m verdrängt. Auf krautigen Pflanzen außerhalb der Biotope der Adulti wurden die Jungtiere gefunden.

Fortpflanzung: Zur Fortpflanzung von *Anolis concolor* liegen keine Angaben vor.

Haltung: Zur Pflege dieser Art wird ein hochformatiges, gut belüftetes Trockenterrarium mit stärkeren, vertikalen Ästen empfohlen. Eine Wärmelampe sollte örtliche Temperaturen bis zu 35°C gewährleisten. Der feuchtere Bodenbereich wird bepflanzt, damit er als Rückzugsgebiet für die Weibchen und als Eiablageplatz genutzt werden kann. Die Haltung sollte paarweise erfolgen, eventuell kann auch ein Männchen mit zwei Weibchen zusammen gepflegt werden. Über die Nachzucht im Terrarium ist nichts bekannt.

Die Grundfärbung ist ein einheitliches Gelbbraun, das zwischen hell und dunkel variiert. Der hintere Körper kann leicht grünlich erscheinen. Die Unterseite des Rumpfes ist weißlich, die der Hinterbeine leuchtend-gelb. Die Kehlfahne ist orangefarben bis orangerot und mit weißen Schuppen besetzt.

Weibchen und Jungtiere besitzen einen dunkelbraunen Rückenstreifen bzw. eine Rhombenzeichnung (CORN & DALBY 1973).

Verbreitung: *Anolis concolor* stammt von der zu Kolumbien gehörenden Isla San Andrés (SCHWARTZ & HENDERSON 1991).

Lebensraum und Verhalten: Isla San Andrés ist eine kleine vulkanische Insel mit trockenem Klima. Im Inneren befindet sich eine Süßwasseransammlung, die hauptsächlich von *Cocos*-Palmen umgeben ist (CORN & DALBY 1973). Nach Beobachtungen von

Anolis cupreus HALLOWELL, 1860

Unterarten: *A. c. cupreus, A. c. dariense, A. c. hoffmanni, A. c. macrophallus, A. c. spilomelas*

Anolis cupreus dariense FITCH & SEIGEL, 1984

Beschreibung: *Anolis c. dariense* ist eine kleine *Anolis*-Art mit einer KRL von ca. 48

Ein aus der Sierra Dariense (nahe Matiguas, Nicaragua) stammendes Männchen von *Anolis cupreus dariense.*
Foto: A. Fläschendräger

mm (GL bis 140 mm); die Weibchen sind geringfügig kleiner. Der Körperbau ist gestreckt, der Kopf wirkt etwas gedrungen.

Die Grundfärbung adulter Männchen ist hellbraun. Darauf ist je ein dunkelbrauner Dorsolateralstreifen zu sehen. Lateral zieht sich zusätzlich ein schmales, cremefarbenes Band von den Vorder- zu den Hinterbeinen. Weibchen sind hell- bis dunkelbraun und zeigen einen typischen, hellen Dorsalstreifen, der zumeist buchtig zu den Seiten hin ausläuft. Die große Kehlfahne der Männchen ist entgegen den Angaben von FITCH & SEIGEL (1984) nicht zwei-, sondern dreifarbig, da sich bei lebenden Exemplaren zwischen dem basalen Braun und dem weinroten Außenbereich ein verwaschenes Blau befindet.

Juvenile Männchen zeichnen sich gegenüber den Adulti durch eine völlig andere Zeichnung und Färbung aus. Sie sind hellbraun und zeigen eine dunkle Rückenzeichnung, die aus V-förmigen Elementen zusammengesetzt ist. Erst mit dem Erreichen der Geschlechtsreife färben sie sich um. Bei den Weibchen gibt es einen solchen Farbdimorphismus während der Ontogenese nicht.

Verbreitung: *Anolis c. dariense* ist nur aus der Cordillera Dariense in Zentral- und Nord-

zentral-Nicaragua bekannt, wo er bis in eine Höhe von 1200 m ü. NN vorkommt. Vermutlich reicht das Areal dieser Unterart bis nach Süd-Honduras (FITCH & SEIGEL 1984).
Lebensraum und Verhalten: Es werden offenere Landschaften im Hochland mit nicht zu dichtem Baumbestand bevorzugt. *Anolis cupreus dariense* führt im Gegensatz zu anderen Unterarten von *Anolis cupreus* eine mehr arboricole Lebensweise. Adulte Tiere findet man meist paarweise an starken Baumstämmen bis in eine Höhe von 2 m. Die Jungtiere sind mehr in der schattigeren Krautschicht oder an nicht von Adulti besiedelten Stämmen zu finden.
Fortpflanzung: Die Weibchen legen während der Regenzeit im Abstand von 10-14 Tagen je ein Ei in den Bodengrund. Bei Temperaturen von 23-27°C schlüpfen die Jungtiere nach 45-55 Tagen.
Haltung: *Anolis c. dariense* ist eine problematische Hochlandart, die nicht zu warm gehalten werden sollte. Zumindest müssen im Terrarium kühlere Bereiche mit 20-23°C vorhanden sein. Hohe Terrarien mit starken, senkrechten Ästen haben sich bewährt. Eine tägliche UV-Bestrahlung ist förderlich.
Die Jungtiere sind am sichersten einzeln, bei Temperaturen von 20-23°C, zu halten. Dabei ist wichtig, daß äußerst sparsam mit ballaststoffreicher Insektennahrung gefüttert wird, damit die Jungtiere langsam heranwachsen. Zu warm gehaltene Jungtiere verendeten trotz Vitamin- und Mineralstoffgaben meist kurz vor Erreichen der Geschlechtsreife.

Anolis humilis PETERS, 1863

Unterarten: *A. h. humilis, A. h. marsupialis*

Anolis humilis humilis PETERS, 1863
Beschreibung: Nach FITCH (1975) erreichen die Männchen eine KRL von ca. 36,7 mm (GL ca. 90 mm), die Weibchen von ca. 38,5 mm (GL ca. 90 mm).
Charakteristisch sind die großen, häufig dreikieligen Dorsalia, die in 7-12 Reihen angeordnet sind und die Ventralia an Größe übertreffen. Dagegen zeigt *Anolis h. marsupialis* 12-14 Reihen dieser Dorsalia; außerdem besitzen die Männchen dieser Unterart einen kleinen Hautsaum auf der Nacken- und Rückenregion. Die Grundfärbung von *Anolis h. humilis* ist ein dunkles Olivbraun. Die Männchen besitzen häufig ein helles, bronzefarbenes Dorsalband mit leichter V-förmiger Zeichnung. Die Weibchen sind sehr variabel gezeichnet. Es treten neben typisch männlichen Morphen auch solche mit einem hellen oder dunklen Dorsalstreifen auf. Dieser kann einfach bis stark ausgebuchtet sein, wobei sich die seitlichen Ausbuchtungen meist nicht gegenüber-

Wenige Tage alter *Anolis cupreus dariense* (♀).
Foto: A. Fläschendräger

liegen. Die Unterseite ist häufig gefleckt und hell bis rötlicholiv gefärbt. Ein gelblichweißer Streifen tritt oft auf der Schwanzunterseite auf. Die Kehlfahne der Männchen ist rötlich und hat einen schmalen, gelben Rand (TAYLOR 1956). Die Männchen besitzen vergrößerte postcloakale Schuppen (HAYES, POUNDS & TIMMERMAN ?).
Die KRL der Jungtiere beträgt ca. 15 mm (FITCH 1975).

Verbreitung: *Anolis h. humilis* kommt von Guatemala bis Panama vor und ist dort meist auf der karibischen Seite zu finden. Außerdem lebt die Unterart in Costa Rica, außerhalb der Tieflandgebiete der Provinzen Cartago und Puntarenas (VILLA, WILSON & JOHNSON 1988, PETERS, OREJAS-MIRANDA, DONOSO-BARROS & VANZOLINI 1986).

Lebensraum und Verhalten: *Anolis h. humilis* führt eine terrestrische Lebensweise auf Waldböden, die mit Laub bedeckt sind. Selten klettern die Tiere an Stämmen oder Pflanzen bis auf 0,7 m, maximal bis auf 1,2 m Höhe. Es sind Schattentiere, die die Strahlungswärme der Sonne nicht benötigen. Die Art kommt bevorzugt in Regenwäldern, seltener auch in Kakao-Plantagen vor. Die vertikale Verbreitung reicht bis auf 1530 m ü. NN (Monteverde, Costa Rica). Entsprechend ihrem Vorkommen am feucht-kühlen Waldboden ist die Körpertemperatur während der aktiven Phase erstaunlich niedrig: Messungen ergaben im warmen Tiefland 22-27°C und im Hochland 16,5-18,5°C. Selbst bei leichtem Regen und einer Lufttemperatur von nur 14,7°C konnten noch aktive Tiere beobachtet werden. Interessant erscheint auch das Fluchtverhalten. Nach kurzen Sprints über ca. 3 m bleiben die *Anolis* abrupt stehen, so daß der Verfolger sie auf dem blätterbedeckten Boden aus den Augen verliert (FITCH 1975). Die Nahrung besteht aus Schrecken und Grillen, Larven von Kä-

Weibchen von ***Anolis humilis humilis*** in der typischen Schlafhaltung auf einem Blatt nahe am Boden (nahe Turrialba, ca. 700 m ü. NN, Costa Rica.
Foto: K.-H. Jungfer

fern, Spinnen und Zikaden (MUDDE & VAN DIJK 1984).

Fortpflanzung: Die Tieflandpopulationen vermehren sich das ganze Jahr über (FITCH 1975).

Haltung: *Anolis h. humilis* ist ein wärmeempfindlicher Saumfinger, der hohe Temperaturen von mehr als 25°C auf Dauer nicht toleriert. Zur erfolgreichen Haltung sind daher Temperaturen von 18-25°C von entscheidender Wichtigkeit. Große, querformatige Terrarien mit einem kühlenden Wasserlauf und einem großflächigen Bodenbereich sind vorteilhaft. Die Einrichtung sollte aus Wurzelstücken, Ästen und Zweigen sowie reichlicher Bepflanzung bestehen. Auf den Bodengrund ist eine Laubschicht (Buchenlaub) aufzubringen. Die Tiere können paarweise gehalten werden. Über eine erfolgreiche Nachzucht ist uns nichts bekannt.

Anolis insignis COPE, 1871

Beschreibung: Nach HAYES, POUNDS & TIMMERMAN erreicht die Art eine KRL bis 160 mm. FITCH, ECHELLE & ECHELLE (1976) geben für ein Weibchen mit einer KRL von 151 mm eine GL von 440 mm an.
Anolis insignis ist eine sehr große Art mit ausgebildeter, permanenter Nackenhautfalte und lateral abgeflachter Schwanzbasis.
Die Grundfärbung variiert von braun, hellbraun bis grün. Darauf zeigen sich weiße und schwarze Flecken. Häufig formiert sich die Fleckenzeichnung auf dem Rumpf zu wenigen hellen und dunklen Querbändern. Charakteristisch ist eine große, schwarze bis grünlich-blaue Ringzeichnung mit braunem Zentrum beidseitig zwischen Auge und Schulter. Die Unterseite ist hell gelblich. Der Schwanz und die Extremitäten sind gebändert. In der Labialregion befinden sich oftmals hellblaue Flecken. Über die geschlechtsspezifischen Unterschiede liegen kaum Angaben vor. Die Männchen besitzen nach FITCH (1975) eine größere Kehlfahne als die Weibchen. Die Kehlfahne ist weißlich, z. T. hell und dunkel gefleckt und mit transversalen orangeroten Streifen gezeichnet (FITCH, ECHELLE & ECHELLE 1976, TAYLOR 1956).
Verbreitung: *Anolis insignis* lebt im Hochland von Costa Rica bis Panama (PETERS, OREJAS-MIRANDA, DONOSO-BARROS & VANZOLINI 1986).

Großes Exemplar von *Anolis insignis* in Schlafhaltung (nahe San Vito, ca. 1200 m ü. NN, Provinz Puntarenas, Costa Rica). Foto: K. -H. Jungfer

Lebensraum und Verhalten: *Anolis insignis* ist wegen seiner arboricolen Lebensweise im Kronenbereich hoher Regenwaldbäume selten zu beobachten. Meist werden nur zufällig Einzelexemplare gefunden, so daß bis heute wenig über die Lebensweise und das Verhalten der attraktiven Tiere bekannt ist. Die häufigsten Funde stammen aus dem montanen Regenwaldgebiet Monteverde in Costa Rica. MUDDE & VAN DIJK (1984) fanden auf einem Weg ein Männchen, das vom Baum gefallen war. FITCH (1975) fand ein adultes Weibchen an der Stammbasis einer Zypresse sowie ein juveniles Männchen auf einem 2 cm starken

Zweig in 2,5 m Höhe. Die Temperatur im Biotop betrug ca. 20°C. Das juvenile Männchen zeigte gegenüber anderen *Anolis*-Arten ein recht aggressives Verhalten. Die solitär lebende Art scheint ein stark entwickeltes Territorialverhalten zu besitzen. Zum natürlichen Beutespektrum gehören neben Insekten und anderen Wirbellosen auch Reptilien wie z.B. andere kleinere *Anolis*-Arten.
Fortpflanzung: Über die Fortpflanzung ist fast nichts bekannt. FITCH (1975) fand am 1. März 1974 ein juveniles Exemplar.
Haltung: Zur Haltung liegen keine Angaben vor. Da immer nur Einzeltiere gefunden wurden und eine solitäre Lebensweise vermutet wird, kommt womöglich nur eine separate Haltung der Geschlechter im geräumigen, hochformatigen Terrarium in Frage. Die Art sollte bei nicht zu hohen Temperaturen von 20-25°C gehalten werden. Nachts können die Werte bis auf 17°C abfallen.

Anolis lemurinus COPE, 1861

Unterarten: *A. l. lemurinus*, *A. l. bourgeaei*

Anolis lemurinus lemurinus COPE, 1861

Beschreibung: Die Männchen erreichen nach FITCH (1975) und TAYLOR (1956) eine KRL bis 55,2 mm (GL bis 170 mm), die Weibchen bis 63 mm (GL bis 195 mm). MERTENS (1952) nennt für Tiere aus El Salvador eine KRL von 76 mm (Männchen) und 71 mm (Weibchen) (Anmerkung: obwohl von MERTENS als *A. l. bourgeaei* bestimmt, dürfte es sich um die Nominatform handeln).
Die variable Grundfärbung der Männchen ist zumeist olivbraun bis grau. Die Tiere sind mit sechs großen, dunklen Sattelflecken entlang der Rückenmittellinie gezeichnet. Die Extremitäten und der Schwanz sind gebändert. Weibchen können die gleiche Zeichnung und Färbung wie die Männchen aufweisen. Außerdem können Morphen mit einem hellen, dunkel umrandeten Dorsalstreifen oder mit dreieckigen Zeichnungen beidseitig der Rückenmittellinie auftreten. Die variable Unterseite ist rötlichweiß, grau oder grünlich. Die Kehlfahne der Männchen ist weinrot bis orangerot, oft mit weißer Basalzone und schwarzen oder weißen Schuppen. Die kleine Kehlfahne der Weibchen ist rot (FITCH 1975, TAYLOR 1956). Jungtiere haben eine KRL von ca. 26 mm (FITCH 1975). Sie besitzen einen großen, winkelförmigen Fleck auf dem Hinterkopf sowie ein dunkles Querband, das oberseits die Augenpartien verbindet (MERTENS 1952).
Verbreitung: Diese *Anolis*-Art besiedelt die karibischen Abhänge von Costa Rica, Panama und Nord-Kolumbien sowie pazifische Abhänge von Chiapas (Mexiko) bis El Salvador (PETERS, OREJAS-MIRANDA, DONOSO-BARROS & VANZOLINI 1986).
Lebensraum und Verhalten: *Anolis l. lemurinus* führt eine arboricole Lebensweise. Die Art kommt in lichten Wäldern an Baumstämmen bis in eine Höhe von 1,5 m Höhe vor (FITCH 1975). Eine eher trockene Umgebung - zumeist jedoch in Wassernähe - und Schattenplätze werden bevorzugt. Die Tiere bewegen sich recht langsam und werden erst in den späten Nachmittagsstunden aktiv (MERTENS 1952). FITCH (1975) gibt als Körpertemperatur 27,1°C an.
Fortpflanzung: Die Reproduktion erfolgt das ganze Jahr über. Die Eier werden vergraben. Jungtiere schlüpfen nach ca. 42 Tagen (FITCH 1975).
Haltung: Zur Haltung ist ein hochformatiges, gut belüftetes Terrarium mit trockenen Versteckplätzen geeignet. Die Einrichtung sollte

Eine kryptische Zeichnung besitzt **Anolis lemurinus lemurinus**. Das Männchen stammt aus Costa Rica.
Foto: P. Schlagböhmer

aus einer Rindenrückwand, starken Ästen und großblättrigen Pflanzen, die schattige Verstecke schaffen, bestehen. MERTENS (1952) hielt ein Paar im Terrarium, das er wegen starker Aggressivität des Männchens trennen mußte. Wie bei vielen Festlandformen muß daher beobachtet werden, ob eine paarweise Haltung über längere Zeit möglich ist.

Anolis limifrons COPE, 1862

Beschreibung: *Anolis limifrons* erreicht eine KRL bis 40 mm (GL ca. 130 mm), wobei die Männchen meist ein wenig kleiner bleiben als die Weibchen.

Der Körperbau ist sehr grazil und gestreckt. Durch die größere weißliche Kehlfahne der Männchen, die oft ein gelbes Zentrum zeigt, unterscheidet sich *Anolis limifrons* von der sehr ähnlichen Art *Anolis biscutiger* (mit kleiner weißlicher Kehlfahne). Eine weitere ähnliche, verwandtschaftlich nahestehende Art ist *Anolis carpenteri*, der eine orangefarbene Kehlfahne besitzt (ECHELLE, ECHELLE & FITCH 1971).

Die Grundfarbe von *Anolis limifrons* ist ein Braun bis Graubraun. Die Männchen sind oft hellbraun und zeichnungslos. Bei den Weib-

Ein Nachzuchtweibchen von **Anolis limifrons** (Eltern von der Insel Solentiname im Nicaragua-See).
Foto: A. Fläschendräger

chen gibt es Morphen mit einem deutlich ausgeprägten Dorsalstreifen, mit sattelähnlichen Zeichnungen sowie auch völlig zeichnungslose Exemplare. Die hinteren Extremitäten zieren je ein oder zwei helle, querverlaufende Bänder. Die Männchen können im Nackenbereich einen Hautsaum aufrichten.
Jungtiere messen nach dem Schlupf 16-18 mm KRL (GL ca. 48 mm). Die Färbung und Zeichnung ist sofort ausgeprägt und verändert sich nicht mehr. Auffallend ist bei juvenilen Weibchen mit einem Dorsalstreifen, daß dieser zuweilen intensiv rot erscheint.

Verbreitung: Die Art kommt von Belize bis Panama (VILLA, WILSON & JOHNSON 1988), mit Verbreitungsschwerpunkt auf der humiden Atlantikseite, vor (TAYLOR 1956).

Lebensraum und Verhalten: *Anolis limifrons* führt eine terrestrische bzw. semiarboricole Lebensweise (FITCH 1975). Als Habitat werden Regenwälder (besonders deren Randgebiete) und lichte, immergrüne Wälder von Meereshöhe bis ca. 800 m ü. NN bevorzugt. Meist wird *Anolis limifrons* an der Basis von Baumstämmen und in der Krautschicht angetroffen. FITCH (1975) gibt als Körpertemperatur 23-28°C an. Blätter und Stengel krautiger Pflanzen werden bevorzugt als Schlafplätze aufgesucht.

Fortpflanzung: In Gebieten mit einer Trockenzeit erfolgt die Eiablage mit Beginn der Regenzeit. In günstigeren Verbreitungsgebieten findet die Reproduktion das ganze Jahr über statt. Unter optimalen Bedingungen können Weibchen alle 10 Tage ein Ei, das ca. 4,7 x 7,7 mm mißt, legen und im Bodensubstrat vergraben. Die Jungtiere schlüpfen bei Temperaturen von 24-28°C nach 36-45 Tagen. Adulti stellen in der Regel den Jungtieren nicht nach, so daß die Eier zur Zeitigung im Terrarium belassen werden können.

Haltung: *Anolis limifrons* kann in einer Gruppe von einem Männchen und zwei oder drei Weibchen gehalten werden. Das Terrarium sollte sowohl feuchte, kühle Bereiche mit Temperaturen von 22-25°C als auch trockene, warme Stellen (Glühlampe 15 W) aufweisen. Für die problemlose Häutung sind letztere sehr wichtig.
Jungtiere sind wegen ihrer geringen Größe und hohen Feuchtigkeitsansprüche etwas problematisch. Die Futterinsekten sollten bevorzugt mit frischen Pflanzenteilen (z. B. Wildkräuter, Salate, Gemüse) ernährt werden. Eine zu hohe Temperatur von mehr als 28°C ist unbedingt zu vermeiden. Die Aufzucht erfordert ein hohes Maß an Zeit und Geduld (FLÄSCHENDRÄGER 1992 b).

Anolis oxylophus COPE, 1875

Beschreibung: Die Männchen erreichen eine KRL von 70-73 mm (GL ca. 190 mm), die Weibchen von 58-64 mm (GL ca. 160 mm). Durch die gekielten Dorsalia unterscheidet sich *Anolis oxylophus* von dem ähnlichen *Anolis lionotus*, der glatte Dorsalia besitzt (WILLIAMS 1984 b).
Die Grundfarbe ist braun und wird zur Seite hin intensiver. Darauf finden sich teilweise querverlaufende, fleckige Zeichnungen. Bei direkter Sonneneinstrahlung können rotbraune Farbtöne auftreten. Manche Tiere besitzen im dunklen Dorsolateralbereich eine weißliche Punktreihe. Von der Schnauzenregion bis zu den Hinterbeinen zieht sich ein schmaler, weißer Lateralstreifen. Die Unterseite ist weißlich. Männchen haben eine große, gelbe bis orangegelbe Kehlfahne; die der Weibchen ist kleiner und orangefarben. Die bräunlichen Extremitäten weisen dunkle Querbänder auf.

Arten aus Nord- und Zentralamerika

Weibchen eines zentralamerikanischen Wasseranolis – ***Anolis oxylophus***.   Foto: A. Fläschendräger

Bei Erregung können die Männchen einen Hautsaum im Nackenbereich aufrichten.
MUDDE (briefl. Mitt.) beobachtete Tiere bei Moravia, die wesentlich größere Körpermaße aufwiesen und eine mehr grünliche Körperfärbung hatten.
Jungtiere haben eine KRL von 20-23 mm (GL ca. 62 mm). Sie unterscheiden sich in Färbung und Zeichnung nicht von den Adulti.
Verbreitung: *Anolis oxylophus* bewohnt vorwiegend karibische Tiefländer vom nördlichen Nicaragua bis ins südliche Costa Rica und geht im zentralen Hochland bis auf 1300 m ü. NN; seltener wird er auch an der Pazifikseite gefunden.
Lebensraum und Verhalten: Bei *Anolis oxylophus* handelt es sich um eine semiaquatische Art, deren Verbreitung mit dem Vorhandensein von Wasserläufen korreliert. Bewohnt wird die Uferregion mit zumeist dichter Krautvegetation und Schattenbäumen. KÖHLER (1991 b) fand die Art recht häufig in der Nähe von Pfützen, Teichen und anderen von blattreicher Vegetation umgebenen kleinen Wasserflächen bei Tortuguero (Costa Rica).

Gern sitzen die *Anolis* auf aus dem Wasser ragenden Wurzeln, Stämmen oder Steinen (JUNGFER briefl. Mitt.). Bei Gefahr flüchten die Tiere ins Wasser und tauchen weg (FITCH 1975). Wasserläufe in Waldgebieten stellen einen „Kühlkorridor" dar, wobei die Temperaturunterschiede bis zu 10°C betragen können. Somit wird verständlich, warum *Anolis oxylophus*, zumindest stellenweise, in Galeriewäldern die wesentlich trockenere und wärmere Pazifikseite erreicht. Im Verbreitungsgebiet wurden im Tiefland Temperaturen von 30°C tagsüber und 23°C nachts, im Hochland von 19°C tagsüber und 15°C nachts gemessen (JUNGFER briefl. Mitt.).
Die Jungtiere scheinen nicht so stark an das Wasser gebunden zu sein, so daß sie auch in einiger Entfernung von diesem gefunden werden konnten.
Fortpflanzung: Die Fortpflanzung erfolgt im Tieflandregenwald das ganze Jahr über. Im saisonal geprägten Verbreitungsgebiet beginnt die Reproduktion mit dem Einsetzen der Regenzeit. Die Weibchen legen je ein Ei der Größe 7 x 12 mm in feuchte Ritzen, Spalten oder

Arten aus Nord- und Zentralamerika

![Kopulierendes Paar von Anolis oxylophus]

Kopulierendes Paar von **Anolis oxylophus**. Foto: A. Fläschendräger

Wurzelgeflecht. Ein Vergraben erfolgt nicht (FLÄSCHENDRÄGER 1992 a). Auch JUNGFER (1987) nennt Ritzen feuchter Rinde als Eiablageplatz im Terrarium. Bei 24-28°C schlüpfen die Jungtiere nach ca. 52 Tagen.

Haltung: Für die Haltung von *A. oxylophus* sind große Paludarien geeignet. Um Erkältungskrankheiten zu vermeiden, sollte das Wasser kühler sein als die Luft. Eine kurz über dem Wasserteil installierte Wärmelampe hat sich bestens bewährt. Ein eingebauter Wasserfall ist von Vorteil, zumal er über einen Filter das Wasser klar hält. Dicke Äste, die ins Wasser reichen, sowie eine üppige Bepflanzung vervollständigen die Einrichtung. *A. oxylophus* kann paarweise oder in einer Gruppe mit zwei Weibchen gehalten werden. An die Futterinsekten stellt die Art keine besonderen Ansprüche. Selbst Fische werden gezielt kurz unter der Wasseroberfläche erbeutet.

Jungtiere bereiten kaum Probleme. Beachten muß man, daß sie ihre Beutetiere z. T. lange fixieren, bevor sie erjagt werden. Aus diesem Grund sollte die Futterkonkurrenz durch andere Insassen nicht zu hoch sein.

Anolis quercorum FITCH, 1978

Beschreibung: Die Männchen erreichen eine KRL bis ca. 42 mm (GL ca. 120 mm), die Weibchen bleiben geringfügig kleiner.
Die Grundfärbung ist oliv- bis graubraun und in ihrer Intensität stark stimmungsabhängig. Ein markanter Rückenstreifen, der zu den Rändern hin gezackt ausläuft, tritt bei beiden Geschlechtern auf. Auffällig ist ein heller

Nur im Hochland von Oaxaca (Mexiko) kommt **Anolis quercorum** (♂) vor. Foto: A. Fläschendräger

Fleck im mittleren Dorsolateralbereich. Bei aufgehellter Färbung ist ein schmutzigweißer Lateralstreifen vorhanden. Die sehr große Kehlfahne der Männchen ist intensiv rosa und zeigt eine etwas hellere Streifenzeichnung, die durch die Kehlschuppen verursacht wird. Weibchen haben eine kleine Kehlfahne. Bei den Männchen sind vergrößerte, paarige postcloakale Schuppen ausgebildet.

Verbreitung: Nach FITCH (1978) kommt die Art nur in Nordwest-Oaxaca (Mexiko) vor.

Lebensraum und Verhalten: Offene montane Eichenwälder in einer Höhe von ca. 2000 m ü. NN sind der Lebensraum von *A. quercorum*. Die Körpertemperatur von frisch gefangenen Tieren liegt bei 20-29°C (FITCH 1978). Meist werden Eichen an der Stammbasis, seltener auch Felspartien bewohnt. Die Art zeigt ein stark ausgeprägtes Territorialverhalten.

Fortpflanzung: Vermutlich pflanzen sich die Tiere nur während der sommerlichen Regensaison fort. Eine kühlere Periode im Winter sollte zur Fortpflanzungsstimulierung eingehalten werden.

Haltung: Eine paarweise Haltung ist wegen des ausgeprägten Territorialverhaltens anzuraten. Zur Pflege dieser Art ist ein großes, nicht zu feuchtes Terrarium mit dicken Ästen erforderlich. Wichtig sind eine starke Beleuchtung, örtliche Wärmequellen (Glühlampen) und UV-Bestrahlung. Die Temperaturen sollten am Tage bis 30°C, in der Nacht 15-20°C betragen. Die Nachzucht ist vereinzelt gelungen.

Anolis subocularis DAVIS, 1954

Beschreibung: Die KRL der Männchen beträgt nach FITCH, ECHELLE & ECHELLE (1976) ca. 51 mm (GL bis 140 mm), die der Weibchen ca. 38,8 mm (GL bis 107 mm). Die Grundfärbung der Männchen ist gelblicholiv. Lateral ist ein braunes Zickzackband vorhanden, eine weitere Linie zeichnet sich darunter ab. Mehrere weißliche, dunkel umrandete Punkte befinden sich an den Seiten sowie ventrolateral Reihen von schwarzen Flecken. Der Schwanz ist fein gebändert. Der Kopf ist schwarz gesprenkelt, und die Kehlfahne ist orangefarben bis rot (FITCH, ECHELLE & ECHELLE 1976). Beide Geschlechter besitzen eine gelbliche Iris und einen dunklen Fleck im Supraocularbereich. Weibchen zeigen eine braune Grundfärbung und eine helle Dorsallinie, die von hellen Flecken umgeben ist.

Verbreitung: *Anolis subocularis* lebt in Mexiko vom südlichen Guerrero bis nach Südwest-Oaxaca (FITCH, ECHELLE & ECHELLE 1976, FLORES-VILLELA 1993).

Lebensraum und Verhalten: Die Art lebt in offenen Landschaften, meist in der Nähe von Flüssen. Bevorzugte Biotope sind saisonale Trockenwälder oder offene Landschaften mit Strauchvegetation. *Anolis subocularis* ist sehr wärmeliebend. FITCH, ECHELLE & ECHELLE (1976) geben eine durchschnittliche Körpertemperatur von 31,4°C bei einer Lufttemperatur von 30°C an. Männchen leben mehr arboricol bis zu 1 m (max. 2 m) über dem Boden an Sträuchern, Palmen- und Baumstämmen, wohingegen die Weibchen und die Jungtiere mehr am laubbedeckten Boden zu finden sind.

Fortpflanzung: Die Reproduktion erfolgt nach FITCH, ECHELLE & ECHELLE (1976) von Juli bis Oktober.

Haltung: Die heliothermen *Anolis* sollten paarweise in geräumigen Terrarien mit entsprechend starker Beleuchtung und einer Wärmelampe, die für örtliche Temperaturen von 35°C sorgt, gehalten werden. Ausreichende Belüftung und eine nicht zu feuchte Haltung sind von großer Bedeutung. Wichtig ist das

Ein aus der Nähe von Acapulco (Mexiko) stammendes Weibchen von **Anolis subocularis**. Foto: U. Bartelt

Vorhandensein von trockeneren Bereichen am Bodengrund, die aus sandigem Substrat mit aufgelegten Steinplatten bestehen können. Daneben ist ein feuchterer, torfiger Bereich für die Eiablage erforderlich. Die Bodentemperatur sollte während der Fortpflanzungszeit nicht unter 25°C absinken.
Die Nachzucht ist erst vereinzelt gelungen und leider nicht dokumentiert.

Anolis tropidonotus PETERS, 1863

Unterarten: *A. t. tropidonotus, A. t. spilorhipis*

Anolis tropidonotus tropidonotus PETERS, 1863

Beschreibung: Die Männchen erreichen eine KRL bis 55 mm (GL ca. 135 mm), die Weibchen bis 45 mm (GL ca. 125 mm).
Anolis t. tropidonotus ist ein gedrungener *Anolis* mit auffallend großen, gekielten Rückenschuppen in mehreren Reihen, die an Größe die Bauchschuppen übertreffen (PETERS 1863).
Die Grundfärbung ist ein Graubraun. Der Rücken weist ein helles Bandmuster auf, das von dunklen, V-förmigen Elementen unterbrochen sein kann. Bei den Weibchen gibt es neben den genannten Farbmorphen auch Tiere mit einem einfachen Dorsalstreifen. Charakteristisch ist ein helles Lateralband. Männchen haben eine große, rote Kehlfahne, die stimmungsabhängig von einem dunklen, bogenförmigen Band durchzogen werden kann. Dieses Band kann auch zu einem Fleck reduziert sein (SMITH & TAYLOR 1950, STUART 1955). Die Kehlschuppen sind je nach Farbphase dunkelbraun bis weißlich. Weibchen besitzen eine kleine, rote Kehlfahne, die im Ruhezustand durch zwei dunkle Längsstreifen auffällt. Bei Erregung können die Männchen einen Nacken- und Rückenhautsaum aufrichten.
Frisch geschlüpfte Jungtiere haben eine GL von ca. 45 mm. In Färbung und Zeichnung gleichen sie den Adulti. An der Größe der Kehlfahne können sofort die Geschlechter erkannt werden.
Verbreitung: Das Verbreitungsgebiet der Art erstreckt sich von Veracruz (Mexiko) südlich bis nach Nord-Nicaragua (FITCH & SEIGEL 1984).
Lebensraum und Verhalten: *Anolis t. tropidonotus* kommt vom Gebirge, wo eher offene Landschaften bevorzugt werden, bis hin zu humiden Wäldern der atlantischen Abhänge vor. Südliche Populationen dringen vermutlich bis in eine Höhe von 1700 m ü. NN (STUART 1955). JACKSON (1973) beobachtete eine Population im montanen Pinienwald von Honduras. Die Tiere besiedelten hier die Stammregion der Pinien mit Reviergrößen von 115-190 m² bei den Männchen und von

Nachzuchtweibchen von *Anolis tropidonotus tropidonotus*. Foto: A. Fläschendräger

20-35 m² bei den Weibchen. Die Lebensweise ist eher terrestrisch, und nur die Männchen konnten in einer Höhe von maximal 1,8 m angetroffen werden. Im Verbreitungsgebiet gibt es jahreszeitliche Klimaschwankungen. Tiere aus dem Gebirge benötigen eine kühlere Periode mit geringerem Nahrungsangebot.

Interessante Beobachtungen machten HENDERSON & FITCH (1975) in Mexiko. Sie konnten im Untersuchungsgebiet *Anolis tropidonotus* als umbraphilen Waldbewohner antreffen und erstaunlich niedrige Körpertemperaturen messen. Bei den Männchen lag sie bei 18-22°C, bei den Weibchen nur bei 17-18°C (max. 21°C).

Fortpflanzung: Die Reproduktion beginnt mit dem Einsetzen der Regenzeit. Weibchen vergraben in kurzen Abständen je ein Ei im Bodengrund, woraus nach ca. 35-45 Tagen das Jungtier schlüpft. *Anolis t. tropidonotus* besitzt die Fähigkeit der Spermaspeicherung, so daß eine verzögerte Befruchtung (Amphigonia retardata) möglich ist (FLÄSCHENDRÄGER 1992 b).

Haltung: Die recht territorial veranlagten *Anolis* sollten paarweise in geräumigen und gut belüfteten Terrarien gehalten werden. Eine stärkere örtliche Erwärmung, zumindest für ein paar Stunden am Tag, sowie unbedingt häufigere UV-Bestrahlungen sind wichtig. Starke, rauhrindige Äste und eine Felsrückwand eignen sich für die Einrichtung. Eine mehrwöchige kühlere Haltungsperiode mit ca. 20°C bei geringem Futterangebot stimuliert die Fortpflanzung. Jungtiere halten sich bevorzugt am feuchten Boden auf, der aus diesem Grund reichlich mit Rindenstücken, Wurzeln und Steinen bedeckt sein sollte. Dadurch sitzen die Jungtiere nicht direkt auf dem feuchten Substrat (Infektionsgefahr!).

9.5 Arten aus Südamerika

Anolis auratus DAUDIN, 1802

Unterarten: *A. a. auratus, A. a. sipaliwinensis*

Anolis auratus auratus DAUDIN, 1802

Beschreibung: Die Männchen erreichen eine KRL bis 49 mm (GL bis 210 mm), die Weibchen bis 54 mm (HOOGMOED 1973). Der Körper ist schlank und gestreckt. Auffällig ist der sehr lange Schwanz, der bis zu 70 % der GL ausmachen kann (GASC 1990). Die Grundfärbung ist je nach Temperatur und Erregungszustand dunkel- bis goldbraun oder hellbeige. Das Vertebralband, wenn vorhanden, ist heller als die Grundfärbung. Bei den Männchen besteht es meist aus V-förmigen Zeichnungselementen. Die Weibchen besitzen einen einfachen oder ausgebuchteten Dorsalstreifen. Ein weißer Lateralstreifen zieht sich, beginnend unter dem Auge, über die Ohrmembran bis zur Schwanzbasis. Er tritt besonders deutlich bei Sonneneinstrahlung hervor (KÄSTLE 1963). Die Unterseite ist weißlich. Die Kehlfahne der Männchen ist groß, blau bis blaugrau und mit Reihen vergrößerter goldener Schuppen besetzt; die der Weibchen ist wesentlich kleiner. In Erregung sind die Männchen zur Aufstellung eines über dem Vorderbeinansatz unterbrochenen Hautsaumes auf Nacken und Rumpf befähigt.

OLEXA (1968) nennt für Jungtiere nach dem Schlupf eine KRL von 22 mm (GL bis 68 mm). Die Färbung und Zeichnung ist wie bei den Adulti, so daß sofort die Geschlechter erkannt werden können.

Verbreitung: *Anolis a. auratus* bewohnt das nördliche Südamerika. Sein Verbreitungsgebiet reicht nördlich bis Panama und umfaßt die amazonischen Teile von Brasilien, Französisch-Guayana, Surinam, Guayana, Venezuela und Kolumbien (HOOGMOED 1973, PETERS, OREJAS-MIRANDA, DONOSO-BARROS & VANZOLINI 1986).

Lebensraum und Verhalten: *Anolis a. auratus* ist ein Grasanolis, der savannenähnliche Biotope zumeist in Küstennähe besiedelt. Eine Unterart - *Anolis auratus sipaliwinensis* - wurde von HOOGMOED (1973) aus dem Landesinneren von Surinam beschrieben.

Die Tiere sind heliotherm und bevorzugen Grasbestände oder niedrige Vegetation. HOOGMOED (1973) fand *Anolis a. auratus* nicht höher als 50 cm über dem Bodengrund. Auch in der Nähe von menschlichen Siedlungen, in

Ein aus Panama stammendes Männchen von *Anolis auratus auratus*. Foto: P. Schlagböhmer

Gärten und Parkanlagen sind die Tiere zu finden (HOOGMOED 1975).

Fortpflanzung: In Surinam sind trächtige Weibchen von Januar bis August zu beobachten. Unter Terrarienbedingungen werden pro Gelege 1 bis 2 Eier in ca. 2 cm Tiefe vergraben (KÄSTLE 1963). OLEXA (1968) nennt eine Eigröße von 6 x 11 mm. Die Jungtiere schlüpfen nach 40-60 Tagen bei Temperaturen von 24-28°C.

Haltung: Geeignet ist ein hell beleuchtetes Terrarium im Querformat mit örtlicher Erwärmung bis zu 35°C. Reichlich dünne Zweige und schmalblättrige Pflanzen dienen der Einrichtung. Ein zeitweiliger Aufenthalt im Freilufterrarium ist tagsüber empfehlenswert. Im Winter ist eine UV-Bestrahlung wichtig (OLEXA 1968).

Die Aufzucht der Jungen gestaltet sich recht problemlos, wobei auf abwechslungsreiche Ernährung und kontinuierliche Vitamin- und Mineralstoffversorgung zu achten ist. Eine Separierung der Jungtiere in den ersten Wochen ist angeraten.

Anolis chrysolepis DUMÉRIL & BIBRON, 1837

Unterarten: *A. ch. chrysolepis, A. ch. brasiliensis, A. ch. planiceps, A. ch. scypheus.*

Anolis chrysolepis chrysolepis DUMÉRIL & BIBRON, 1837

Beschreibung: Je nach Verbreitungsgebiet erreicht die KRL der Männchen 55-64 mm (GL bis 180 mm), die der Weibchen 60-70 mm (GL bis 190 mm). Weibchen aus dem östlichen Areal (VANZOLINI & WILLIAMS 1970) sind wesentlich kräftiger als westliche Exemplare (HOOGMOED 1975) und übertreffen an Größe selbst die schlanken und extrem kurzköpfigen Männchen.

Die Grundfärbung der Männchen ist braun, hellbraun oder graubraun und zeigt fleckige Aufhellungen. Der Rückenbereich ist heller gefärbt und von dunklen dorsolateralen Flecken begrenzt, die z. T. zu Bändern verlaufen können. Es treten auch völlig hell gefärbte Tiere auf. Eine dunkle Querbinde verbindet kopfoberseits beide Augenpartien. Einzelne schmale Streifen befinden sich auf den Extremitäten beider Geschlechter. Die kleine Kehlfahne von Männchen der Nominatform ist blau und mit hellen oder dunklen Schuppen besetzt; die der Weibchen ist gelb mit braunen Schuppen. Weibchen besitzen eine gold-, rot- oder gelbbraune Grundfärbung, die seltener fleckig ist. Der Dorsalstreifen ist schmal, hellgrau und markant abgesetzt sowie zum Schwanzanfang und zum Kopf hin verbreitert. Bei einigen Exemplaren kann der Dorsalstreifen auch unterbrochen oder unregelmäßig verbreitert sein. Es kommen auch Weibchen mit der typisch männlichen Zeichnungsvariante vor (HOOGMOED & AVILA-PIRES 1991, WEYGOLDT 1984). Der Kehlbereich ist hell abgesetzt; diese Färbung zieht sich in einem kleinen Bereich schräg bis unter die Augenregion. Die Art hat schwach entwickelte Haftlamellen.

Frisch geschlüpfte Jungtiere haben eine KRL bis 26 mm (GL ca. 66 mm). Färbung und Zeichnung sind sofort entwickelt und verändern sich nicht mehr, so daß die Geschlechter gleich erkannt werden können.

Verbreitung: *Anolis ch. chrysolepis* lebt in Surinam, Französisch-Guayana sowie den

Ein aus den Kaw-Bergen (Französisch-Guayana, ca. 200 m ü. NN) stammendes Männchen von *Anolis chrysolepis chrysolepis*.   Foto: A. Fläschendräger

Ein ca. drei Monate altes Nachzuchtweibchen von *Anolis chrysolepis chrysolepis*.   Foto: A. Fläschendräger

brasilianischen Bundesstaaten Amapa und Pará (VANZOLINI & WILLIAMS 1970).

Lebensraum und Verhalten: *Anolis chrysolepis chrysolepis* ist ein Bodenbewohner des tropischen Regenwaldes (GASC 1990). Die Tiere kommen auf dem mit Blättern übersäten Bodengrund, auf niedrigen Pflanzen oder im untersten Bereich von Baumstämmen nicht höher als 50 cm vor (HOOGMOED 1975). Der schattige Biotop ist gekennzeichnet durch gleichmäßige Temperaturen von 23-28°C und eine hohe Luftfeuchte. Die Populationsdichte ist recht gering, so daß im Biotop nur Einzelexemplare angetroffen werden. WEYGOLDT (1984) nimmt an, daß die Weibchen territorial oder zumindest stationär sind. Die Männchen hingegen streifen auf der Suche nach paarungsbereiten Weibchen umher, besitzen also einen größeren Aktionsradius. Der ständige Kontakt untereinander wird von den Einzelgängern nicht vertragen. Dieses interessante Verhalten können auch wir bestätigen. Im Zusammenhang mit der geringen Individuendichte steht sicherlich die Fähigkeit der Weibchen zur Spermaspeicherung. Eigene Untersuchungen (FLÄSCHENDRÄGER) bestätigten, daß noch ein Jahr nach der letzten Paarung befruchtete Eier abgelegt werden können. Auch die Kopulationsdauer ist mit über 3 Stunden extrem lang.

Anolis ch. chrysolepis zeigt ein typisches Fluchtverhalten. Nach Möglichkeit vertrauen die Tiere auf ihre kryptische Färbung. Erst im letzten Moment flüchten sie über den Bodengrund in kurzen Sprints, um dann plötzlich wieder völlig regungslos zu verharren

(HOOGMOED 1973, WEYGOLDT 1984). Bemerkenswert ist weiterhin eine Verhaltensweise beim Beutefang. Wird ein Beutetier erkannt und fixiert, reagieren die *Anolis* mit einem mehr oder weniger intensiven Schlängeln der Schwanzspitze, bevor sie zustoßen.

Fortpflanzung: Trächtige Weibchen wurden von Januar bis April und Jungtiere von Februar bis November beobachtet (HOOGMOED 1973). Die ca. 7,4 x 15,5 mm großen Eier werden im Bodengrund vergraben. Jungtiere schlüpfen nach 60-70 Tagen bei Temperaturen von 23-28°C. WEYGOLDT (1984) nennt eine Zeitigungsdauer von bis zu 4 Monaten.

Haltung: *Anolis ch. chrysolepis* muß unter den beengten Terrariumbedingungen einzeln gehalten werden. Der Streßfaktor bei einer paarweisen Haltung ist zu groß. Nur zur Paarung sollten die Geschlechter kurze Zeit zusammenfinden. Hierbei ist zu beachten, daß die Weibchen - entgegen dem natürlichen Verhalten - zum Männchen gesellt werden. Die Dominanz des Männchens wird somit nicht gestört. Bei Paarungsbereitschaft kommt es sofort zur Kopulation.

Zur Pflege der terrestrisch lebenden Art haben sich querformatige Terrarien mit einer Breite von über 50 cm gut bewährt. Die Einrichtung besteht aus Wurzeln, Ästen und Rindenstücken sowie einer reichlichen Bepflanzung. An einer Seite sollte eine Wärmelampe kurz über dem Boden angebracht werden, damit ein

Selbst auf den „Tepuis" kommen Saumfinger vor. Das abgebildete Exemplar (**Anolis chrysolepis cf. planiceps**) stammt vom Cerro Guaiquinima (Estado de Bolívar, Venezuela), wo es in einer Höhe von ca. 1520 m ü. NN gefunden wurde. Foto: K.-H. Jungfer

Temperatur- und Feuchtigkeitsgefälle zur anderen Seite hin entsteht. Zweckmäßigerweise sollte auf dem torfigen Bodengrund eine lockere Laubschicht aufgetragen sein.
Die Nahrungsgrundlage bilden Insekten, die ballaststoffreich und fettarm sein sollten, um Stoffwechselerkrankungen vorzubeugen. Die Aufzucht der Jungtiere bereitet bei Beachtung der genannten Kriterien keine Probleme. Erstaunlich ist das enorme Wachstum trotz zurückhaltender Fütterung. Mit 6 Monaten erreichen sie bereits die volle Größe und nach weiteren 2 Monaten die Fertilität. Hieraus wird ersichtlich, daß Arten aus nährstoffarmen Tieflandregenwaldgebieten durch ihr inaktives Verhalten Stoffwechselvorgänge verlangsamen bzw. Nahrung optimal aufschließen.

Anolis fraseri GÜNTHER, 1859

Beschreibung: Nach WILLIAMS (1963 b) erreicht die Art eine KRL bis zu 128 mm. Eigene Messungen (FLÄSCHENDRÄGER) an einem einzelnen Männchen ergaben eine KRL von 115 mm und eine GL von 395 mm.
Anolis fraseri gehört zu den Riesenanolis der *latifrons*-Gruppe.
Die Grundfärbung ist hell- bis rotbraun. Auf dem Rumpf befinden sich 3-4 breite, dunkel-

Anolis fraseri gehört zu den stattlichen Saumfingern des südamerikanischen Festlandes. Die KRL des abgebildeten Männchens beträgt 115 mm bei einer GL von 395 mm (Tinalandia, ca. 700 m ü. NN, Ecuador).
Foto: A. Fläschendräger

braune Querbänder mit schwarzen Einschlüssen. Die Bandzeichnung ist zum Kopf hin besonders intensiv. Eine schwarze, unterbrochene Dorsallinie verläuft vom Kopf bis zur Schwanzbasis. Die Gliedmaßen sowie der Schwanz sind leicht gebändert. Bei den Männchen fällt der permanente Hautsaum im Nackenbereich auf. Die Schuppen der weißlichen Kehlfahne sind in Reihen angeordnet.
Die Färbung von lebenden Weibchen bzw. Jungtieren ist uns nicht bekannt.
Verbreitung: *Anolis fraseri* bewohnt die westlichen Andenabhänge von Süd-Kolumbien bis Ecuador (WILLIAMS 1966).
Lebensraum und Verhalten: Über die Lebensweise dieser Art ist kaum etwas bekannt. Einer der Autoren (FLÄSCHENDRÄGER) konnte ein Männchen in ca. 700 m ü. NN bei Tinalandia (Ecuador) beobachten. Die Art scheint, wie auch andere Vertreter der *latifrons*-Gruppe, solitär auf hohen Bäumen zu leben. Der Lebensraum von *Anolis fraseri* reicht vom Bergregenwald bis zum Nebelwald in Höhen von 500-1600 m ü. NN (DUELLMAN 1979). Die Temperatur bei Tinalandia lag am Tage bei 25-28°C, die relative Feuchte bei 80-92 %. Gegen Abend sanken die Temperaturwerte bis auf 17°C, und die relative Feuchte stieg auf 98%. Nach Angaben der Einheimischen kommen die Tiere nur gelegentlich in den unteren Bereich der Stammregion.
Fortpflanzung: Über die Vermehrung von *Anolis fraseri* liegen keine Angaben vor.
Haltung: Über eine Haltung ist uns nichts bekannt. Der Lebensweise entsprechend empfiehlt sich die Einzelhaltung der Geschlechter in großräumigen Regenwaldterrarien (Höhe mindestens 150 cm). Reichlich Versteckmöglichkeiten, starke, senkrechte Äste sowie eine nächtliche Abkühlung unter 20°C sind wichtige Haltungskriterien.

Anolis frenatus COPE, 1899

Beschreibung: Die Männchen erreichen eine KRL bis ca. 137 mm (SAVAGE & VILLA 1986), die Weibchen bleiben kleiner.
Die Grundfärbung ist grün. Auf dem Körper sind zu Querreihen angeordnete, dunkle Ornamente zu sehen. Kopfoberseits befindet sich ein helles, die Augen verbindendes Band. Eine markante Strahlenzeichnung umgibt die Augenpartie. Der Schwanz ist gebändert. Männchen besitzen eine cremefarbene Kehlfahne (SAVAGE & VILLA 1986).

Wegen ihrer extrem arboricolen Lebensweise werden die zentralamerikanischen Riesenanolis nur selten beobachtet. Das abgebildete Männchen von *Anolis frenatus* stammt aus Costa Rica.
Foto: A. Fläschendräger

Verbreitung: Das Verbreitungsgebiet der Art erstreckt sich von Costa Rica über Panama bis zur Karibikseite von Kolumbien und Venezuela (PETERS, OREJAS-MIRANDA, DONOSO-BARROS & VANZOLINI 1986, VILLA, WILSON & JOHNSON 1988).
Lebensraum und Verhalten: *Anolis frenatus* führt eine arboricole Lebensweise und kommt in Regenwaldgebieten vor. Meist werden nur Einzelexemplare angetroffen. Bevorzugter Biotop sind große, schattenspendende Bäume in der Nähe von Bächen oder Flüssen. Über das Verhalten ist nicht viel bekannt.
Fortpflanzung: Angaben zur Reproduktion dieser Art liegen nicht vor.
Haltung: Hochformatige Regenwaldterrarien mit starken Ästen und einer reichlichen Bepflanzung dürften den Lebensgewohnheiten von *Anolis frenatus* gerecht werden. Es ist anzunehmen, daß die Art in der Natur als Einzelgänger lebt. Aus diesem Grund ist eine Trennung und separate Haltung der Geschlechter zu empfehlen. Hier entscheidet letztlich das individuelle Verhalten der Tiere. Über eine längere Haltung bzw. Nachzucht ist nichts bekannt.

Anolis fuscoauratus D'ORBIGNY, 1837

Unterarten: *A. f. fuscoauratus, A. f. kugleri*

Anolis fuscoauratus fuscoauratus
D'ORBIGNY

Beschreibung: Die KRL der Männchen erreicht nach DIXON & SOINI (1986) und DUELLMAN (1978) 46 mm (GL bis 133 mm), die der Weibchen 49 mm (GL bis 143 mm).
Die Grundfärbung variiert von braun bis graubraun. Auf dem Rücken ist oftmals ein schmaler, dunkelbrauner Streifen vorhanden, der jeweils von einer Reihe schwarzer Punkte eingefaßt wird. Häufig zeigen die Weibchen ein helles, gelbliches Dorsalband. Die Unterseite ist weißlich mit kleinen, braunen Flecken. Die Iris ist braun. Die Kehlfahne der Männchen ist variabel von rosa mit weißen Schuppen (DUELLMAN 1978) bis zitronengelb mit hellgrünen Schuppen (DIXON & SOINI 1986). Die hellen Schuppen formieren sich im Randbereich besonders stark, wohingegen sie im Zentrum Linien bilden.
Die Jungtiere haben nach dem Schlupf eine KRL von 16-19 mm (DUELLMAN 1978).
Verbreitung: *Anolis f. fuscoauratus* kommt von den amazonischen Andenabhängen unter 1450 m ü. NN in Bolivien, Peru und Ecuador über das zentrale und südliche Amazonasgebiet bis zu den atlantischen Küstenregenwäldern in Brasilien vor (DUELLMAN 1978, 1979, PETERS, OREJAS-MIRANDA, DONOSO-BARROS & VANZOLINI 1986). In der Nähe von Mera (Ecuador) konnte einer der Autoren (FLÄSCHENDRÄGER) ein Weibchen in 1800 m ü. NN finden.
Lebensraum und Verhalten: *Anolis f. fuscoauratus* führt eine arboricole bzw. herbicole Lebensweise. Bevorzugte Biotope sind Regenwaldgebiete und deren Randzone sowie Bananenplantagen. Häufig wird die Art an lichten Stellen im Wald angetroffen, die durch umgefallene Bäume geschaffen wurden (DIXON & SOINI 1986). Die *Anolis* leben in schattigen Bereichen an Baumstämmen, auf niedrigem Gebüsch sowie am Boden. Nachts werden Gräser, Blätter und dünne Zweige in ca. 1 m Höhe aufgesucht (DUELLMAN 1978).

Fundort von ***Anolis fuscoauratus fuscoauratus*** (♀) in einer Höhe von 1800 m ü. NN (Nähe Mera, Ecuador). Fotos: A. Fläschendräger

Ein typischer Saumfinger des südamerikanischen Tieflandregenwaldes ist ***Anolis fuscoauratus fuscoauratus*** (nahe Puerto Napo, ca. 440 m ü. NN, Provinz Napo, Ecuador). Foto: K -H. Jungfer

HENLE & EHRL (1991) beobachteten die Art im Primärwald an Baumstämmen bis in 4 m Höhe und selbst bei Regen aktiv am Boden einer Bananenplantage. Die Nahrung besteht aus Spinnen und Geradflüglern (ca. 50 %), Ameisen (ca. 11 %) und anderen Wirbellosen (DUELLMAN 1978).

Im nördlichen Teil von Südamerika lebt die Unterart *Anolis f. kugleri*. Die Lebensweise sowie die Wahl der Biotope ist ähnlich (HOOGMOED 1973).

Fortpflanzung: Die Reproduktion erfolgt das ganze Jahr über, wobei die meisten Jungtiere von Februar bis September angetroffen werden (DIXON & SOINI 1986). Die Weibchen legen je ein Ei der Größe 5-6 x 9-9,5 mm in kurzen Abständen ab. Die Jungtiere schlüpfen nach 53-63 Tagen (DUELLMAN 1978).

Haltung: Über die Haltung im Terrarium ist wenig bekannt. Ein hochformatiges Regenwaldterrarium, eingerichtet mit Ästen, Zweigen und reichlicher Bepflanzung, dürfte geeignet sein. Die Temperatur sollte zwischen 20-28°C liegen. Die Tiere sollten einzeln gehalten werden, da eine Vergesellschaftung über längere Zeit nicht toleriert wird.

Anolis gemmosus O'SHAUGHNESSY, 1875

Beschreibung: Nach FITCH, ECHELLE & ECHELLE (1976) erreichen die Männchen eine KRL von ca. 62,5 mm (GL bis 230 mm), die Weibchen von ca. 58,5 mm (GL bis 157 mm).

Arten aus Südamerika

Kopulierendes Paar von ***Anolis gemmosus*** im Biotop. Die Art ist sehr variabel gezeichnet. Das abgebildete Männchen besitzt eine besonders attraktive Fleckung (San Francisco de las Pampas, ca. 2000 m ü. NN, Provinz Cotopaxi, Ecuador).
Foto: K.-H. Jungfer

Anolis gemmosus gehört zur *aequatorialis*-Verwandtschaftsgruppe (WILLIAMS 1985).
Die Grundfärbung ist zumeist ein dunkles Smaragdgrün. Bei den Weibchen ist häufig ein heller bis rostfarbener, dunkel eingefaßter Dorsalstreifen vorhanden. Dieser kann schmal bis breit sowie durchgehend, aber auch unterbrochen sein. Einheitlich grüne Exemplare treten ebenfalls auf. Seitlich der Dorsallinie befinden sich häufig schwarze aneinandergereihte Flecken. Färbung und Zeichnung der Männchen variieren stark (JUNGFER pers. Mitt.). Neben einheitlich grün gefärbten Exemplaren besitzen andere im Lateralbereich bräunlichgelbe bis fast weißliche, oftmals in Querreihen angeordnete Flecken. Schwarze Punkte, die unregelmäßig verteilt sind, finden sich im Ventrolateralbereich. Die Extremitäten sind fein gebändert, wobei ihre Unterseiten und die des Schwanzes schwarz gestreift sind. Um das Auge sowie im Labialbereich befinden sich weißliche Flecken. Die Kehlfahne der Männchen ist variabel gefärbt. Der Basisbereich ist zumeist dunkel gelblichgrün bis bläulichgrün, zum Rand hin grünlichgelb mit sechs weißlichen, häufig bläulich umrandeten Linien.
Die Jungtiere haben im Alter von 1-2 Monaten eine KRL von ca. 30 mm. Sie besitzen die Färbung und Zeichnung adulter Weibchen (FITCH, ECHELLE & ECHELLE 1976).
Verbreitung: Die Art lebt auf der pazifischen Seite Ecuadors von 1140-1540 m ü. NN (DUELLMAN 1979), nach PETERS, OREJAS-MIRANDA, DONOSO-BARROS & VANZOLINI (1986) auch im pazifischen Tieflandgebiet.

Lebensraum und Verhalten: *Anolis gemmosus* führt eine arboricole bis herbicole Lebensweise. Die meisten Tiere wurden in einer durchschnittlichen Höhe von 1,74 m über dem Boden angetroffen. Messungen der Körpertemperatur aktiver Tiere bei einer durchschnittlichen Lufttemperatur von 20,4°C ergaben Werte zwischen 18,2 und 29,3°C (FITCH, ECHELLE & ECHELLE 1976). Es handelt sich demnach um eine heliotherme Art.

Fortpflanzung: Die Reproduktion erfolgt das ganze Jahr über, wobei die meisten graviden Weibchen in der sommerlichen Regenperiode gefunden wurden (FITCH, ECHELLE & ECHELLE 1976). Vermutlich vergraben die Weibchen ihre Eier im Bodengrund.

Haltung: Über eine Haltung im Terrarium ist uns nichts bekannt. Vermutlich läßt sich die Art paarweise im hochformatigen Regenwaldterrarium halten. Die Temperatur sollte im größten Teil des Beckens 23°C nicht wesentlich übersteigen. Eine Wärmelampe mit schwacher Leistung (8-15 Watt) sollte im Oberteil des Terrariums eine lokale Erwärmungsmöglichkeit von 25-30°C bieten.

Ein aus La Troncal (Ecuador) stammendes Männchen von *Anolis nigrolineatus*. Foto: A. Fläschendräger

Anolis nigrolineatus WILLIAMS, 1965

Beschreibung: Nach FITCH, ECHELLE & ECHELLE (1976) erreichen die Männchen eine KRL von 47-55 mm, die Weibchen von 45-51 mm. Die GL beträgt ca. 150 mm (Männchen) bzw. 130 mm (Weibchen).

Anolis nigrolineatus hat einen gestreckten Körperbau, wobei die lange, spitz zulaufende Schnauze auffällt.

Die Grundfärbung beider Geschlechter ist grünlich. Auf dem Körper finden sich hellbraune bis weißliche Flecken, die vom Lateralbereich zur Unterseite hin zu Querlinien zusammenlaufen. Die Kopfoberseite ist grün bis graugrün und zeigt dunkle und helle Sprenkel. Die Labial- und Ventralregion ist weißlich. Die schwarze Dorsalzeichnung, die der Art zu ihrem Namen verhalf (WILLIAMS 1965 b), tritt nicht bei allen Populationen auf. In der Umgebung von La Troncal, Milagro und Babahoyo (Ecuador) konnte einer der Autoren (FLÄSCHENDRÄGER) kein Tier mit der „typischen" Zeichnung beobachten. Lediglich unterbrochene Dorsallinien waren vereinzelt vorhanden. Der Schwanz ist dunkel gebändert. Die Kehlfahne der Männchen ist weißlich bis gräulich mit schwarzer Linienzeichnung am Rand sowie an der Basis. Die Weibchen besitzen eine kleine weiße Kehlfahne.

Arten aus Südamerika

Typischer Biotop von *Anolis nigrolineatus* (bei Babahoyo, Ecuador). Foto: A. Fläschendräger

Jungtiere haben eine KRL von ca. 21 mm (GL ca. 62 mm). In Färbung und Zeichnung gleichen sie den Adulti.

Verbreitung: Die Art stammt aus dem pazifischen Tiefland Ecuadors von Guayaquil bis Machala (FITCH, ECHELLE & ECHELLE 1976).

Lebensraum und Verhalten: *Anolis nigrolineatus* führt eine arboricole Lebensweise an stärkeren Stämmen in 1-3 m Höhe, ist aber auch im Gebüsch sowie in Kakao-Plantagen zu finden. Bevorzugt werden eher offene Landschaften mit freistehenden Baumgruppen. Oft findet man nur ein Paar pro Stammregion im Abstand von mindestens 6 m zum benachbarten Paar. An dazwischenliegenden Bäumen und Sträuchern konnten keine Individuen beobachtet werden. Bei Gefahr flüchten die Tiere auf der abgewandten Stammseite in Richtung Kronenbereich.

Die Umgebungstemperatur im Biotop betrug im Beobachtungszeitraum April durchschnittlich 30°C bei einer Luftfeuchte von 80-90 % am Tage. Nachts sanken die Temperaturen nicht unter 24°C, die Luftfeuchtigkeit stieg auf über 90 %.

Die Nahrung besteht hauptsächlich aus fliegenden Kleinstinsekten, die durch die „hechtartige" Schnauze besonders gut erjagt werden können. Aus diesem Grund konnten die Tiere häufig in der Nähe von fliegenreichen Stallungen beobachtet werden.

Fortpflanzung: FITCH, ECHELLE & ECHELLE (1976) vermuten, daß sich die Fortpflanzungszeit von Februar bis Juli erstreckt. Einer der Autoren (FLÄSCHENDRÄGER) konnte ein semiadultes Exemplar im April bei La Troncal beobachten, das sicher nicht älter als 4 Monate war. Jungtiere schlüpfen bei Temperaturen von 24-28°C nach ca. 56 Tagen.

Haltung: *Anolis nigrolineatus* kann paarweise im hochformatigen Terrarium gehalten werden. Stärkere Äste und senkrechte Zweige, deckungbietende Blattpflanzen sowie eine örtliche Wärmequelle dienen der Einrichtung. Kleinere Mottenarten, Grillen, kleine Laubheuschrecken und Fliegen (seltener fettreiche Larven) bilden die Nahrungsgrundlage.

Haltungserfahrungen über einen längeren Zeitraum liegen uns nicht vor.

Anolis notopholis BOULENGER, 1896

Beschreibung: Nach BOULENGER (1896) erreichen die Männchen eine KRL von 48 mm (GL bis 148 mm), die Weibchen von 52 mm (GL bis 147 mm). Eigene Messungen (FLÄSCHEN-

Der kolumbianische ***Anolis notopholis*** besitzt auffällig große und gekielte Rückenschuppen. Das abgebildete Männchen wurde zwischen Buenaventura und Cali in ca. 600 m ü. NN gefunden. Foto: A. Fläschendräger

DRÄGER) ergaben bei den Männchen eine KRL von 49 mm (GL bis 153 mm), bei den Weibchen von 48 mm (GL bis 133 mm).
Ein typisches Merkmal der Art sind die deutlich größeren, stark gekielten Dorsalia im Gegensatz zu den kleineren Ventralia. Diese Merkmalsausprägung ist recht selten und findet sich z. B. bei *Anolis humilis* und *Anolis tropidonotus* wieder.
Die Grundfärbung beider Geschlechter ist hellbraun bis oliv. Bei Erregung können die Männchen dunkelbraun bis fast schwarz erscheinen. Das hellbraune Dorsalband wird von jeweils einem dunkelbraunen, zur Rückenlinie hin mehrfach ausgebuchteten Dorsolateralband abgelöst. Häufig stehen auch beide Dorsolateralbänder in Verbindung, so daß eine V-förmige Rückenzeichnung zu erkennen ist. Besonders markant wird diese Zeichnung am Kopf durch den weißen Labialbereich hervorgehoben. Seitlich zwischen den Extremitäten befinden sich weißliche, oft dunkel umrandete Flecken. Einige Exemplare zeigen diese Flecken auch an den Seiten der Schwanzbasis. Die Bauchseite ist hellbeige. Die Extremitäten sind leicht quergebändert

oder einfarbig. Die Kehlfahne beider Geschlechter ist karminrot. In der dunklen Farbphase der Männchen zeichnen sich zusätzlich dunkelbraune Linien auf der Kehlfahne ab. Die Weibchen besitzen eine kleinere Kehlfahne. Die Männchen können im Erregungszustand eine Hautleiste im Nackenbereich aufstellen.

Verbreitung: Die Art stammt aus Kolumbien. Die Tiere leben im Küstenbereich der Umgebung von Buenaventura (BOULENGER 1896) bis auf ca. 600 m ü. NN in Richtung Cali (ENNENBACH pers. Mitt.).

Lebensraum und Verhalten: Über die Lebensweise ist nicht viel bekannt. ENNENBACH (pers. Mitt.) fand die Art an sehr feuchten Abhängen mit Grasbewuchs in ca. 600 m ü. NN. Bei *Anolis notopholis* handelt es sich um recht ruhige Tiere. Mitunter sitzen sie stundenlang ohne sich zu bewegen auf einem Ansitz und beobachten die Umgebung. Bei der kleinsten Beunruhigung wird jedoch panikartig die Flucht ergriffen.

Fortpflanzung: Über die Fortpflanzungsbiologie von *Anolis notopholis* ist bislang nichts bekannt.

Haltung: Die Tiere sollten möglichst paarweise gehalten werden. Das Terrarium kann sowohl ein Hoch- wie auch Längsformat aufweisen. Wichtiger erscheint die Einrichtung. Um ausreichende Versteckmöglichkeiten zu schaffen, sollte sie aus stärkeren Ästen und einer üppigen Bepflanzung bestehen. Der Bodengrund ist recht feucht zu halten. Eine Wärmelampe sollte im Terrarium nicht fehlen, kann aber von der Leistung her (8-15 Watt) sehr gering ausfallen. Die *Anolis* scheinen einen recht geringen Stoffumsatz zu haben. Zeitweilig wird von den Tieren nur sehr wenig Futter angenommen. Da in diesen Zeiten kaum ein Gewichtsverlust zu beobachten ist, scheint dieses Verhalten nicht unnatürlich zu sein. Im Winterhalbjahr nahm ein Männchen beispielsweise nur alle zwei Wochen eine Grille an.

Die Art wurde noch nicht nachgezogen.

Anolis ortonii COPE, 1868

Beschreibung: Die KRL der Männchen beträgt nach DUELLMAN (1978) 50-64 mm (GL bis 108 mm), die der Weibchen 48-68 mm (GL bis 115 mm).

Anolis ortonii besitzt eine schmale und leicht abgeflachte Körperform.

Die Grundfärbung ist grau. Darauf sind braune Flecken und Streifen zu sehen. Auf dem Schwanz befinden sich dunkle Querbänder. Kopfoberseits verbindet beide Augen ein dunkler Streifen. Manche Weibchen haben einen weißlichen Lateralstreifen. Die riesige Kehlfahne der Männchen ist gelborange mit roten Streifen. Die der Weibchen ist kleiner, entweder ebenso gefärbt (DIXON & SOINI 1986) oder aber gelbocker mit weißen Schuppen (HOOGMOED 1973).

Nach DIXON & SOINI (1986) beträgt die KRL von Jungtieren nach dem Schlupf ca. 19,5 mm (GL bis 50 mm).

Verbreitung: *Anolis ortonii* lebt im nördlichen Südamerika, im amazonischen Tiefland sowie in den angrenzenden Gebieten. Die Art wurde in Brasilien, Französisch-Guayana, Surinam, Guayana, Kolumbien, Ecuador, Peru und Bolivien gefunden (HOOGMOED 1973, PETERS, OREJAS-MIRANDA, DONOSO-BARROS & VANZOLINI 1986).

Lebensraum und Verhalten: *Anolis ortonii* kommt in Regenwaldgebieten, seltener auch in offeneren Landschaften vor. Die Tiere sind an der Basis von großen Baumstämmen sowie in deren Nähe am Boden zu finden. Durch die kryptische Färbung fallen die Tiere an den meist bemoosten Stämmen kaum auf.

Als Nahrung gibt DUELLMAN (1978) vor allem Ameisen (bis zu 54 %) und andere Insekten wie Heuschrecken und Spinnen an.

Fortpflanzung: Weibchen legen bis zu zwei 6 x 12 mm große Eier pro Gelege (DIXON & SOINI 1986, DUELLMAN 1978). DIXON & SOINI (1986) fanden jeweils ein Ei in einem Ameisennest an der Basis einer Bananenstaude sowie unter Rinde. Die Zeitigung dauert ca. 45 Tage. Gravide Weibchen wurden in Surinam von Mai bis Juli (HOOGMOED 1975), in Peru von September bis April (DIXON & SOINI 1986) angetroffen.

Haltung: Über die Haltung im Terrarium ist nichts bekannt. Im hochformatigen Regenwaldterrarium mit starken, vertikalen Ästen und einer reichlichen Bepflanzung dürften die *Anolis* günstige Bedingungen vorfinden. Eventuell ist die Art ein Nahrungsspezialist!

Anolis peraccae BOULENGER, 1898

Beschreibung: *Anolis peraccae* ist ein schlanker Saumfinger aus der *punctatus*-Gruppe (WILLIAMS 1976 b). Nach FITCH, ECHELLE & ECHELLE (1976) erreichen die Männchen eine KRL von ca. 50 mm (GL bis 150 mm), die Weibchen von ca. 46 mm (GL bis 130 mm).

Die Grundfärbung ist braun bis olivgrün. Im Ventrolateralbereich ist häufig eine aus dunklen Querstrichen zusammengesetzte, gitterähnliche Zeichnung vorhanden. Die Weibchen besitzen oft eine unterbrochene, helle Dorsallinie, die seitlich von dunklen Flecken eingefaßt ist. Der Schwanz ist leicht gebändert. Die Kehlfahne der Männchen ist weißlich und zeigt eine graue Streifenzeichnung. Die Weibchen haben keine ausgeprägte Kehlfahne. Die Iris ist blau.

Anolis peraccae (♀) gehört zu den weitverbreiteten Arten des pazifischen Tieflandes in NW-Ecuador.
Foto: A. Fläschendräger

Verbreitung: Die Art lebt im Tiefland von Nordwest-Ecuador (PETERS, OREJAS-MIRANDA, DONOSO-BARROS & VANZOLINI 1986).

Lebensraum und Verhalten: *Anolis peraccae* ist recht anpassungsfähig und kommt vom Primärregenwald bis hin zu Kulturlandschaften vor. FITCH, ECHELLE & ECHELLE (1976) fanden die Tiere sowohl in Bananenplantagen als auch an Straßenrändern auf Agaven. Einer der Autoren (FLÄSCHENDRÄGER) konnte die *Anolis* am Río Palenque (Ecuador) im Primärwald beobachten. Die Saumfinger sind im natürlichen Biotop keineswegs häufig. Nur selten gelingt es, die kryptisch gezeichneten und vorsichtigen Tiere im diffusen Licht des Regenwaldes ausfindig zu machen. Die Temperatur im Biotop betrug am Tage 28°C, die relative Luftfeuchtigkeit 96 %. Die Männchen hielten sich bevorzugt an starken Baumstämmen in 1-5 m Höhe auf. Bei Gefahr flüchteten sie nach oben. Ein Weibchen konnte im bodennahen Brettwurzelbereich eines „Regenwaldriesen" entdeckt werden. Wahrscheinlich ist die Aktivität der Art nur von der Umgebungstemperatur abhängig, da eine Thermoregulation über die Sonneneinstrahlung zumindest im unteren Bereich des Primärwaldes kaum möglich ist.

Fortpflanzung: FITCH, ECHELLE & ECHLLE (1976) vermuten eine ganzjährige Fortpflanzung, wobei die Reproduktionsrate von Oktober bis Dezember sinkt.

Haltung: Haltungserfahrungen über einen längeren Zeitraum liegen nicht vor. Im hochformatigen Regenwaldterrarium, eingerichtet mit senkrechten Ästen und starker Bepflanzung, ist die Art recht gut haltbar. Da *Anolis peraccae* ein etwas aggressives Verhalten zeigt, sollten großräumige Terrarien Verwendung finden. Bedingt durch eine hohe Aktivität müssen verhältnismäßig oft (mitunter täglich) Insekten angeboten werden.

Anolis princeps BOULENGER, 1902

Beschreibung: Nach WILLIAMS (1963 b) sowie FITCH, ECHELLE & ECHELLE (1976) erreicht die Art eine KRL bis 124 mm (GL bis 386 mm).

Anolis princeps gehört zusammen mit *Anolis apollinaris*, *Anolis danieli*, *Anolis frenatus*, *Anolis latifrons*, *Anolis propinquus*, *Anolis purpurescens* und *Anolis squamulatus* zu den großwüchsigen Vertretern (über 100 mm KRL) der *latifrons*-Verwandtschaftsgruppe,

Weibchen von *Anolis princeps* (KRL 92 mm, GL 297 mm) vom Río Palenque (300 m ü. NN, Ecuador).
Foto: A. Fläschendräger

deren gemeinsames äußeres Merkmal die zu Querreihen angeordneten Ozellen auf der grünen Körpergrundfärbung sind (WILLIAMS 1984 a, 1988, WILLAMS & DUELLMAN 1967).

Die Grundfärbung ist grün bis olivgrün. Zwei dunkle Querbänder sind im Nackenbereich und wenigstens fünf auf dem Körper zu sehen. Fünf bis sechs zu Doppelreihen angeordnete ovale Flecken bzw. Ozellen bilden auf der Körperseite zumeist sichtbare Querbänder. Der Schwanz ist gebändert. Die Unterseite ist grünlichweiß. Die Iris ist goldbraun. Um die Augenregion setzt sich eine alternierende Hell- und Dunkelzonierung zusammen. Die große Kehlfahne ist am Rand weißlich, zum Zentrum hin elfenbeinfarbig bis grünlichweiß. Die Kehlfahne der Weibchen ist kleiner.

Verbreitung: *Anolis princeps* kommt vom nordwestlichen Tiefland Ecuadors (PETERS, OREJAS-MIRANDA, DONOSO-BARROS & VANZOLINI 1986) und Kolumbiens (WILLIAMS 1988) bis in mittlere Höhen von ca. 1000 m ü. NN der pazifischen Andenhänge vor.

Lebensraum und Verhalten: Über die Lebensweise dieses Riesenanolis ist nicht viel bekannt. FITCH, ECHELLE & ECHELLE (1976) fanden zwei männliche Tiere am Río Palenque in geringer Höhe über dem Boden an Baumstämmen: ein Tier in 0,8 m Höhe an einem 5 cm starken Stamm, das zweite Tier in 1,2 m Höhe an einem 80 cm starken Baumstamm. Bei einem Tier wurde während der Aktivität die Körpertemperatur gemessen. Sie betrug, wie auch die Lufttemperatur, 27,4°C. Im gleichen Gebiet konnte einer der Autoren (FLÄSCHENDRÄGER) Anfang April ein adultes Weibchen beobachten. Es befand sich in Bodennähe an einem Baumstamm im Primärwald. Das trächtige Tier suchte wahrscheinlich nach einer Möglichkeit zur Eiablage. Die Lufttemperatur betrug 29°C bei einer relativen Luftfeuchte von 92 %.

Fortpflanzung: Über die Reproduktion dieser Art ist uns noch nichts bekannt.

Haltung: *Anolis princeps* ist wahrscheinlich, wie viele Riesenanolis aus der gleichen Verwandtschaftsgruppe, eine solitär lebende Art. Aus diesem Grund sollte eine Einzelhaltung erfolgen. In einem geräumigen, mindestens 150 cm hohen Terrarium mit ausreichend Versteckmöglichkeiten und reichlicher Bepflanzung kann die paarweise Haltung versucht werden.

Phenacosaurus heterodermus
(DUMÉRIL, 1851)

Beschreibung: Die Gattung *Phenacosaurus* ist äußerlich schwer von den eigentlichen

Phenacosaurus heterodermus mit großen Labialschilden und einer Doppelreihe Kegelschuppen auf dem Rückenfirst. Foto: L.C. M. Wijffels

Anolis zu unterscheiden, da wesentliche Merkmale die Skelettstruktur betreffen (ETHERIDGE 1960, LAZELL 1969). PETERS, OREJAS-MIRANDA, DONOSO-BARROS & VANZOLINI (1986) nennen als phänotypische Merkmale die geschwollen anmutende Nackenpartie sowie den seitlich abgeflachten und als Greiforgan entwickelten Schwanz. Diese Merkmale finden sich allerdings auch bei einigen *Anolis*-Arten. Zusätzlich sei noch die heterogene Beschuppung des Körpers aus abwechselnd großen und kleinen Schuppen erwähnt. Viele Exemplare besitzen auf der Rückenlinie große Kegelschuppen, die in ein bis zwei Reihen angeordnet sind. Allerdings ist dieses Merkmal so variabel (LAZELL 1969), daß Exemplare mit nur einer Reihe von Kegelschuppen ursprünglich als eigene Art beschrieben wurden.

Die Männchen von *Phenacosaurus heterodermus* erreichen 83 mm (GL bis 200 mm), die Weibchen 86 mm KRL. Bei südlichen Populationen sind die Weibchen mit einer KRL von durchschnittlich 80 mm kleiner als die Männchen (LAZELL 1969). Die Grundfärbung ist grau oder ockergelb. Breite, braune Bänder ziehen sich quer über den Körper. Neben den gebänderten Tieren kommen auch einfarbig grüne vor. Die Kehlfahne ist prächtig gelbrot (KÄSTLE 1964).

Verbreitung: Die Art stammt aus der Cordillera Oriental und Cordillera Central Kolumbiens aus Höhen von 1800-3750 m ü. NN (DUELLMAN 1979).

Lebensraum und Verhalten: *Phenacosaurus heterodermus* ist ein Bewohner der kühleren Gebirgslagen. Das Hauptverbreitungsgebiet reicht vom Páramo, einer baumlosen und nebelreichen Vegetationszone der Hochanden, bis zu den milderen Hochebenen. Die Art lebt auf Pflanzen wie z. B. den typischen *Espeletia*-Arten, Bergbambus (*Chusquea*-Arten), Heidekrautgewächsen (*Ericaceae*) und Brombeerbüschen (KÄSTLE 1964). Bemerkenswert ist die vertikale Verbreitung bis auf 3750 m ü. NN, zumal *Phenacosaurus* eine herbicole Lebensweise führt, sich also nicht in den vor Kälte schützenden Bodengrund zurückziehen kann. Die Bewegungsweise ist eher bedächtig, wobei der Greifschwanz zusätzlich Halt bietet. Beim Klettern benutzen die Tiere meist nur die Schwanzspitze.

Während der warmen Monate wird die direkte Sonnenbestrahlung gemieden (KÄSTLE 1964). Bei der Jagd schleicht sich *Phenacosaurus heterodermus* langsam bis auf ca. 2 cm an die Beutetiere heran, um dann blitzschnell vorzustoßen. Die Nahrung besteht überwiegend aus kleinsten Gliederfüßern (KÄSTLE 1964).

Fortpflanzung: *Phenacosaurus heterodermus* produziert mehrere Gelege pro Jahr, wobei jeweils ein Ei in feuchtes Moos gelegt werden soll. Die Zeitigungsdauer soll im Klima der Region um Bogotá bis zu einem Jahr betragen.

Haltung: Angaben zur Haltung gibt KÄSTLE (1964). Große Terrarien mit reichlich dünnen Zweigen und einer üppigen Bepflanzung als Sichtschutz sind zweckmäßig. Wichtig sind weiterhin feuchtere Bereiche sowie eine starke Temperaturdifferenz zwischen Tag (20-25°C) und Nacht (10-15°C). Um Streß, Futterkonkurrenz und Infektionen der empfindlichen Tiere zu vermeiden, ist eine paarweise Haltung ohne Vergesellschaftung mit anderen Arten anzuraten. Eine längere und erfolgreiche Haltung bzw. Nachzucht im Terrarium ist noch nicht gelungen.

10. Liste der derzeit anerkannten Arten

(Wegen der Problematik innerhalb der Taxonomie kann eine Artenliste, besonders der Gattung *Anolis*, nicht ohne Vorbehalte erstellt werden.)

[e] = eingeschleppt (kein ursprüngliches Verbreitungsgebiet)

***Anolis*:**
Anolis acutus HALLOWELL, 1857; Virgin Islands, St. Croix Bank
Anolis adleri SMITH, 1972; Mexiko
Anolis aeneus GRAY, 1840; Grenadines, Grenada, Trinidad[e], Guayana[e]
Anolis aequatorialis WERNER, 1894; Ecuador
Anolis agassizi STEJNEGER, 1900; Malpelo
Anolis ahli BARBOUR, 1925; Kuba
Anolis albimaculatus HENLE & EHRL, 1991; Peru
Anolis alfaroi GARRIDO & HEDGES, 1992; Kuba
Anolis aliniger MERTENS, 1939; Hispaniola
Anolis allisoni BARBOUR, 1928; Kuba, Bay Islands, Honduras, Inseln vor Belize
Anolis allogus BARBOUR & RAMSDEN, 1919; Kuba
Anolis altae DUNN, 1930; Costa Rica
Anolis altavelensis NOBLE & HASSLER, 1933; Isla Alto Velo
Anolis alumina HERTZ, 1976; Hispaniola
Anolis alutaceus COPE, 1862; Kuba
Anolis amplisquamosus MCCRANIE, WILSON & WILLIAMS, 1992; Honduras
Anolis andianus BOULENGER, 1885; Ecuador
Anolis anfiloquioi GARRIDO, 1980; Kuba
Anolis angusticeps HALLOWELL, 1856; Kuba, Bahamas
   A. a. angusticeps HALLOWELL, 1856
   A. a. oligaspis COPE, 1894
Anolis anisolepis SMITH, BURLEY & FRITTS, 1968; Mexiko
Anolis annectens WILLIAMS, 1974; Venezuela
Anolis antioquiae WILLIAMS, 1985; Kolumbien
Anolis antonii BOULENGER, 1908; Kolumbien
Anolis apollinaris BOULENGER, 1919; Kolumbien
Anolis aquaticus TAYLOR, 1956; Costa Rica bis Panama
Anolis argenteolus COPE, 1861; Kuba
Anolis argillaceus COPE, 1862; Kuba
Anolis armouri COCHRAN, 1934; Hispaniola

Anolis attenuatus TAYLOR, 1956; Costa Rica
Anolis auratus DAUDIN, 1802; Französisch-Guayana über Panama bis Kolumbien
   A. a. auratus DAUDIN, 1802
   A. a. sipaliwinensis HOOGMOED, 1973
Anolis baccatus BOCOURT, 1873; Mexiko
Anolis bahorucoensis NOBLE & HASSLER, 1933; Hispaniola
   A. b. bahorucoensis NOBLE & HASSLER, 1933
   A. b. southerlandi SCHWARTZ, 1978
Anolis baleatus (COPE, 1864); Hispaniola, Surinam[e]
   A. b. baleatus (COPE, 1864)
   A. b. altager SCHWARTZ, 1975
   A. b. caeruleolatus SCHWARTZ, 1974
   A. b. fraudator SCHWARTZ, 1974
   A. b. lineatacervix SCHWARTZ, 1978
   A. b. litorisilva SCHWARTZ, 1974
   A. b. multistruppus SCHWARTZ, 1974
   A. b. samanae SCHWARTZ, 1974
   A. b. scelestus SCHWARTZ, 1974
   A. b. sublimis SCHWARTZ, 1974
Anolis baracoae SCHWARTZ, 1964; Kuba
Anolis barahonae WILLIAMS, 1962; Hispaniola
   A. b. barahonae WILLIAMS, 1962
   A. b. albocellatus SCHWARTZ, 1974
   A. b. ininquinatus CULLOM & SCHWARTZ, 1980
   A. b. mulitus CULLOM & SCHWARTZ, 1980
Anolis barkeri SCHMIDT, 1939; Mexiko
Anolis bartschi (COCHRAN, 1928); Kuba
Anolis bimaculatus (SPARRMAN, 1784); St. Eustatius, St. Christopher, Nevis, Barbuda, Antigua, Bermuda[e]
   A. b. bimaculatus (SPARRMAN, 1784)
   A. b. leachi DUMÉRIL & BIBRON, 1837
Anolis binotatus PETERS, 1863; Ecuador
Anolis biporcatus (WIEGMANN, 1834); Mexiko bis Ecuador
   A. b. biporcatus (WIEGMANN, 1834)

A. b. parvauritus WILLIAMS, 1966
Anolis birama GARRIDO, 1990; Kuba
Anolis biscutiger TAYLOR, 1956; Costa Rica bis Panama
Anolis bitectus COPE, 1864; Ecuador
Anolis blanquillanus WAGENAAR HUMMELINCK, 1940; Blanquilla, Islas Los Hermanos
Anolis bocourtii COPE, 1876; Peru
Anolis boettgeri BOULENGER, 1911; Peru
Anolis bombiceps COPE, 1876; Ecuador, Peru, Brasilien
Anolis bonairensis RUTHVEN, 1923; Bonaire, Klein Bonaire
Anolis bouvierii BOCOURT, 1873; Guatemala
Anolis breedlovei SMITH & PAULSON, 1968; Mexiko
Anolis bremeri BARBOUR, 1914; Kuba
   A. b. bremeri BARBOUR, 1914
   A. b. insulaepinorum GARRIDO, 1972
Anolis brevirostris BOCOURT, 1870; Hispaniola
   A. b. brevirostris BOCOURT, 1870
   A. b. deserticola ARNOLD, 1980
   A. b. wetmorei COCHRAN, 1931
Anolis brunneus COPE, 1895; Bahamas
Anolis calimae AYALA, HARRIS & WILLIAMS, 1983; Kolumbien
Anolis capito PETERS, 1863; Mexiko bis Panama
Anolis caquetae WILLIAMS, 1974; Kolumbien
Anolis carolinensis VOIGT, 1832; USA bis Belize[e]
   A. c. carolinensis VOIGT, 1832
   A. c. seminolus VANCE, 1991
Anolis carpenteri ECHELLE, ECHELLE & FITCH, 1971; Nicaragua bis Panama
Anolis casildae AROSEMENA, IBÁÑEZ & DE SOUSA, 1991; Costa Rica bis Panama
Anolis caudalis COCHRAN, 1932; Haiti
Anolis centralis PETERS, 1970; Kuba
   A. c. centralis PETERS, 1970
   A. c. litoralis GARRIDO, 1975
Anolis chloris BOULENGER, 1898; Panama bis Ecuador, Isla Gorgona
   A. ch. chloris BOULENGER, 1898
   A. ch. gorgonae BARBOUR, 1905
Anolis chlorocyanus DUMÉRIL & BIBRON, 1837; Hispaniola
   A. ch. chlorocyanus DUMÉRIL & BIBRON, 1837
   A. ch. cyanostictus MERTENS, 1939
Anolis chocorum WILLIAMS & DUELLMAN, 1967; Costa Rica bis Kolumbien
Anolis christophei WILLIAMS, 1960; Hispaniola

Anolis chrysolepis DUMÉRIL & BIBRON, 1837; Peru über Kolumbien bis Brasilien, Trinidad
   A. ch. chrysolepis DUMÉRIL & BIBRON, 1837
   A. ch. brasiliensis VANZOLINI & WILLIAMS, 1970
   A. ch. planiceps TROSCHEL, 1848
   A. ch. scypheus COPE, 1864
Anolis clivicola BARBOUR & SHREVE, 1935; Kuba
Anolis cobanensis STUART, 1942; Guatemala
Anolis coelestinus COPE, 1863; Hispaniola
   A. c. coelestinus COPE, 1863
   A. c. demissus SCHWARTZ, 1969
   A. c. pecuarius SCHWARTZ, 1969
Anolis compressicaudus SMITH & KERSTER, 1955; Mexiko
Anolis concolor COPE, 1862; San Andrés
Anolis confusus ESDRADA & GARRIDO, 1993; Kuba
Anolis conspersus GARMAN, 1887; Cayman Islands
   A. c. conspersus GARMAN, 1887
   A. c. lewisi GRANT, 1940
Anolis cooki GRANT, 1931; Puerto Rico
Anolis crassulus COPE, 1864; Mexiko bis El Salvador
Anolis cristatellus DUMÉRIL & BIBRON, 1837; Culebra, Puerto Rico, Virgin Islands, Dominikanische Republik[e], USA[e], Costa Rica[e]
   A. c. cristatellus DUMÉRIL & BIBRON, 1837
   A. c. wileyae GRANT, 1931
Anolis cumingi PETERS, 1863; Mexiko
Anolis cupeyalensis PETERS, 1970; Kuba
Anolis cupreus HALLOWELL, 1860; Guatemala bis Costa Rica
   A. c. cupreus HALLOWELL, 1860
   A. c. dariense FITCH & SEIGEL, 1984
   A. c. hoffmanni PETERS, 1863
   A. c. macrophallus WERNER, 1917
   A. c. spilomelas FITCH, ECHELLE & ECHELLE, 1972
Anolis cuprinus SMITH, 1964; Mexiko
Anolis cuvieri MERREM, 1820; Puerto Rico
Anolis cyanopleurus COPE, 1861; Kuba
   A. c. cyanopleurus COPE, 1861
   A. c. orientalis GARRIDO, 1975
Anolis cybotes COPE, 1862; Hispaniola, USA[e]
   A. c. cybotes COPE, 1862
   A. c. doris BARBOUR, 1925
   A. c. ravifaux SCHWARTZ & HENDERSON, 1982
Anolis cymbops COPE, 1864; Mexiko
Anolis damulus COPE, 1864; ?
Anolis danieli WILLIAMS, 1988; Kolumbien
Anolis darlingtoni (COCHRAN, 1935); Haiti

Anolis delafuentei GARRIDO, 1982; Kuba
Anolis deltae WILLIAMS, 1974; Venezuela
Anolis desechensis HEATWOLE, 1976; Isla Desecheo
Anolis dissimilus WILLIAMS, 1965; Peru
Anolis distichus COPE, 1862; Bahamas, Hispaniola, USA[e]
- *A. d. distichus* COPE, 1862
- *A. d. aurifer* SCHWARTZ, 1968
- *A. d. biminiensis* OLIVER, 1948
- *A. d. dapsilis* SCHWARTZ, 1968
- *A. d. distichoides* ROSÉN, 1911
- *A. d. dominicensis* REINHARDT & LÜTKEN, 1863
- *A. d. favillarum* SCHWARTZ, 1968
- *A. d. floridanus* SMITH & MCCAULEY, 1948
- *A. d. ignigularis* MERTENS, 1939
- *A. d. juliae* COCHRAN, 1934
- *A. d. ocior* SCHWARTZ, 1968
- *A. d. patruelis* SCHWARTZ, 1968
- *A. d. properus* SCHWARTZ, 1968
- *A. d. ravitergum* SCHWARTZ, 1968
- *A. d. sejunctus* SCHWARTZ, 1968
- *A. d. suppar* SCHWARTZ, 1968
- *A. d. tostus* SCHWARTZ, 1968
- *A. d. vinosus* SCHWARTZ, 1968

Anolis dolichocephalus WILLIAMS, 1963; Haiti
- *A. d. dolichocephalus* WILLIAMS, 1963
- *A. d. portusalis* SCHWARTZ, 1978
- *A. d. sarmenticola* SCHWARTZ, 1978

Anolis dollfusianus BOCOURT, 1873; Mexiko bis Guatemala
Anolis duellmani FITCH & HENDERSON, 1973; Mexiko
Anolis dunni SMITH, 1933; Mexiko
Anolis equestris MERREM, 1820; Kuba, USA[e]
- *A. e. equestris* MERREM, 1820
- *A. e. buidei* SCHWARTZ & GARRIDO, 1972
- *A. e. cincoleguas* GARRIDO, 1981
- *A. e. juraguensis* SCHWARTZ & GARRIDO, 1972
- *A. e. persparsus* SCHWARTZ & GARRIDO, 1972
- *A. e. potior* SCHWARTZ & THOMAS, 1975
- *A. e. thomasi* SCHWARTZ, 1958
- *A. e. verreonensis* SCHWARTZ & GARRIDO, 1972

Anolis ernestwilliamsi LAZELL, 1983; Carrot Rock Island
Anolis etheridgei WILLIAMS, 1962; Dominikanische Republik
Anolis eugenegrahami SCHWARTZ, 1978; Haiti
Anolis eulaemus BOULENGER, 1908; Kolumbien bis Ecuador

Anolis evermanni STEJNEGER, 1904; Puerto Rico
Anolis exsul AROSEMENA & IBÁÑEZ, 1994; Panama
Anolis extremus GARMAN, 1888; Barbados, St. Lucia[e], Bermuda[e], Venezuela[e]
Anolis fairchildi BARBOUR & SHREVE, 1935; Cay Sal Bank
Anolis fasciatus BOULENGER, 1885; Ecuador
Anolis ferreus (COPE, 1864); Marie Galante
Anolis festae PERACCA, 1904; Ecuador
Anolis fitchi WILLIAMS & DUELLMAN, 1984; Kolumbien bis Ecuador
Anolis forbesi SMITH & VAN GELDER, 1955; Mexiko
Anolis fortunensis AROSEMENA & IBÁÑEZ, 1993; Panama
Anolis fowleri SCHWARTZ, 1973; Dominikanische Republik
Anolis fraseri GÜNTHER, 1859; Kolumbien bis Ecuador
Anolis frenatus COPE, 1899; Costa Rica bis Venezuela
Anolis fugitivus GARRIDO, 1975; Kuba
Anolis fungosus MYERS, 1971; Costa Rica bis Panama
Anolis fuscoauratus D'ORBIGNY, 1837; Bolivien über Panama bis Brasilien
- *A. f. fuscoauratus* D'ORBIGNY, 1837
- *A. f. kugleri* ROUX, 1929

Anolis gadovi BOULENGER, 1905; Mexiko
Anolis garmani STEJNEGER, 1899; Jamaica, USA[e], Gran Cayman[e]
Anolis gemmosus O'SHAUGHNESSY, 1875; Ecuador
Anolis gibbiceps COPE, 1864; Venezuela bis Guayana
Anolis gingivinus COPE, 1864; Anguilla Bank
Anolis gracilipes BOULENGER, 1898; Ecuador
Anolis grahami GRAY, 1845; Jamaica, Bermuda[e]
- *A. g. grahami* GRAY, 1845
- *A. g. aquarum* UNDERWOOD & WILLIAMS, 1959

Anolis granuliceps BOULENGER, 1898; Kolumbien bis Ecuador
Anolis griseus GARMAN, 1888; St. Vincent
Anolis guafe ESDRADA & GARRIDO, 1993; Kuba
Anolis guazuma GARRIDO, 1984; Kuba
Anolis gundlachi PETERS, 1876; Puerto Rico
Anolis haetianus GARMAN, 1888; Haiti
Anolis haguei STUART, 1942; Guatemala
Anolis hendersoni COCHRAN, 1923; Haiti
- *A. h. hendersoni* COCHRAN, 1923
- *A. h. ravidormitans* SCHWARTZ, 1978

Anolis homolechis (COPE, 1864); Kuba
  A. h. homolechis (COPE, 1864)
  A. h. turquinensis GARRIDO, 1973
Anolis huilae WILLIAMS, 1982; Kolumbien
Anolis humilis PETERS, 1863; Guatemala bis Panama
  A. h. humilis PETERS, 1863
  A. h. marsupialis TAYLOR, 1956
Anolis ibague WILLIAMS, 1975; Kolumbien
Anolis imias RUIBAL & WILLIAMS, 1961; Kuba
Anolis inexpectatus GARRIDO & ESTRADA, 1989; Kuba
Anolis insignis COPE, 1871; Costa Rica bis Panama
Anolis insolitus WILLIAMS & RAND, 1969; Dominikanische Republik
Anolis intermedius PETERS, 1863; Nicaragua bis Panama
Anolis isolepis COPE, 1861; Kuba
  A. i. isolepis COPE, 1861
  A. i. altitudinalis GARRIDO, 1985
Anolis isthmicus FITCH, 1978; Mexiko
Anolis jacare BOULENGER, 1903; Venezuela bis Kolumbien
Anolis johnmeyeri WILSON & MCCRANIE, 1982; Honduras
Anolis juangundlachi GARRIDO, 1975; Kuba
Anolis jubar SCHWARTZ, 1968; Kuba
  A. j. jubar SCHWARTZ, 1968
  A. j. albertschwartzi GARRIDO, 1973
  A. j. balaenarum SCHWARTZ, 1968
  A. j. cuneus SCHWARTZ, 1968
  A. j. gibarensis GARRIDO, 1973
  A. j. maisiensis GARRIDO, 1973
  A. j. oriens SCHWARTZ, 1968
  A. j. santamariae GARRIDO, 1973
  A. j. yaguajayensis GARRIDO, 1973
Anolis kemptoni DUNN, 1940; Panama
Anolis koopmani RAND, 1961; Haiti
Anolis krugi PETERS, 1876; Puerto Rico
Anolis laevis (COPE, 1876); Peru
Anolis laeviventris (WIEGMANN, 1834); Mexiko bis Nicaragua
Anolis lamari WILLIAMS, 1992; Kolumbien
Anolis latifrons BERTHOLD, 1846; Panama bis Kolumbien
Anolis lemniscatus BOULENGER, 1898; Ecuador
Anolis lemurinus COPE, 1861; Mexiko bis Panama
  A. l. lemurinus COPE, 1861
  A. l. bourgeaei BOCOURT, 1873

Anolis limifrons COPE, 1862; Belize bis Panama
Anolis lindeni RUTHVEN, 1912; Brasilien
Anolis lineatopus GRAY, 1840; Jamaica
  A. l. lineatopus GRAY, 1840
  A. l. ahenobarbus UNDERWOOD & WILLIAMS, 1959
  A. l. merope UNDERWOOD & WILLIAMS, 1959
  A. l. neckeri GRANT, 1940
Anolis lineatus DAUDIN, 1802; Curaçao, Klein Curaçao, Aruba
Anolis liogaster BOULENGER, 1905; Mexiko
Anolis lionotus COPE, 1861; Panama
Anolis lividus GARMAN, 1888; Montserrat
Anolis longiceps SCHMIDT, 1919; Navassa Island
Anolis longitibialis NOBLE, 1923; Hispaniola
  A. l. longitibialis NOBLE, 1923
  A. l. specuum SCHWARTZ, 1979
Anolis loveridgei SCHMIDT, 1936; Honduras
Anolis loysianus DUMÉRIL & BIBRON, 1837; Kuba
Anolis luciae GARMAN, 1888; St. Lucia
Anolis lucius DUMÉRIL & BIBRON, 1837; Kuba
Anolis luteogularis NOBLE & HASSLER, 1935; Kuba
  A. l. luteogularis NOBLE & HASSLER, 1935
  A. l. calceus SCHWARTZ & GARRIDO, 19 72
  A. l. coctilis SCHWARTZ & GARRIDO, 1972
  A. l. delacruzi SCHWARTZ & GARRIDO, 1972
  A. l. hassleri BARBOUR & SHREVE, 1935
  A. l. jaumei SCHWARTZ & GARRIDO, 1972
  A. l. nivevultus SCHWARTZ & GARRIDO, 1972
  A. l. sanfelipensis GARRIDO, 1975
  A. l. sectilis SCHWARTZ & GARRIDO, 1972
Anolis lynchi MIYATA, 1985; Ecuador bis Kolumbien
Anolis macilentus GARRIDO & HEDGES, 1992; Kuba
Anolis macrinii SMITH, 1968; Mexiko
Anolis macrolepis BOULENGER, 1911; Kolumbien
Anolis maculigula WILLIAMS, 1984; Kolumbien
Anolis maculiventris BOULENGER, 1898; Ecuador
Anolis marcanoi WILLIAMS, 1975; Dominikanische Republik
Anolis marmoratus DUMÉRIL & BIBRON, 1837; Guadeloupe, Französisch-Guayana[e]
  A. m. marmoratus DUMÉRIL & BIBRON, 1837
  A. m. alliaceus COPE, 1864
  A. m. caryae LAZELL, 1964
  A. m. chrysops LAZELL, 1964
  A. m. desiradei LAZELL, 1964
  A. m. girafus LAZELL, 1964
  A. m. inornatus LAZELL, 1964
  A. m. kahouannensis LAZELL, 1964
  A. m. setosus LAZELL, 1964

A. m. speciosus GARMAN, 1888
A. m. terraealtae BARBOUR, 1915
Anolis marron ARNOLD, 1980; Haiti
Anolis matudai SMITH, 1956; Mexiko
Anolis maynardi GARMAN, 1888; Cayman Islands
Anolis medemi AYALA & WILLIAMS, 1988; Isla Gorgona
Anolis megalopithecus RUEDA, 1989; Kolumbien
Anolis megapholidotus SMITH, 1933; Mexiko
Anolis menta AYALA, HARRIS & WILLIAMS, 1984; Kolumbien
Anolis meridionalis BOETTGER, 1885; Brasilien über Paraguay bis Bolivien
Anolis mestrei BARBOUR & RAMSDEN, 1916; Kuba
Anolis microlepidotus DAVIS, 1954; Mexiko
Anolis microtus COPE, 1871; Costa Rica bis Panama
Anolis milleri SMITH, 1950; Mexiko
Anolis mimus SCHWARTZ & HENDERSON, 1975; Kuba
Anolis mirus WILLIAMS, 1963; Kolumbien
Anolis monensis STEJNEGER, 1904; Isla Mona
Anolis monticola SHREVE, 1936; Haiti
A. m. monticola SHREVE, 1936
A. m. quadrisartus THOMAS & SCHWARTZ, 1967
Anolis nasofrontalis AMARAL, 1933; Brasilien
Anolis naufragus CAMPBELL, HILLIS & LAMAR, 1989; Mexiko
Anolis nebuloides BOCOURT, 1873; Mexiko
Anolis nebulosus (WIEGMANN, 1834); Mexiko
Anolis nigrolineatus WILLIAMS, 1965; Ecuador
Anolis nigropunctatus WILLIAMS, 1974; Kolumbien bis Venezuela
Anolis noblei BARBOUR & SHREVE, 1935; Kuba
A. n. noblei BARBOUR & SHREVE, 1935
A. n. galeifer SCHWARTZ, 1964
Anolis notopholis BOULENGER, 1896; Kolumbien
Anolis nubilus GARMAN, 1888; Redonda
Anolis occultus WILLIAMS & RIVERO, 1965; Puerto Rico
Anolis oculatus (COPE, 1879); Dominica
A. o. oculatus (COPE, 1879)
A. o. cabritensis LAZELL, 1962
A. o. montanus LAZELL, 1962
A. o. winstoni LAZELL, 1962
Anolis olssoni SCHMIDT, 1919; Hispaniola
A. o. olssoni SCHMIDT, 1919
A. o. alienus SCHWARTZ, 1981
A. o. dominigensis SCHWARTZ, 1981
A. o. extentus SCHWARTZ, 1981
A. o. ferrugicauda SCHWARTZ, 1981

A. o. insulanus SCHWARTZ, 1981
A. o. montivagus SCHWARTZ, 1981
A. o. palloris SCHWARTZ, 1981
Anolis omiltemanus DAVIS, 1954; Mexiko
Anolis onca (O'SHAUGHNESSY, 1875); Kolumbien bis Venezuela, Isla Margarita
Anolis opalinus GOSSE, 1850; Jamaica
Anolis ophiolepis COPE, 1862; Kuba
Anolis ortonii COPE, 1868; Peru über Kolumbien bis Französisch-Guayana und Brasilien
Anolis oxylophus COPE, 1876; Nicaragua bis Costa Rica
Anolis pachypus COPE, 1876; Costa Rica bis Panama
Anolis palmeri BOULENGER, 1908; Kolumbien
Anolis parilis WILLIAMS, 1975; Ecuador
Anolis parvicirculatus ÁLVAREZ DEL TORO & SMITH, 1956; Mexiko
Anolis paternus HARDY, 1967; Kuba
A. p. paternus HARDY, 1967
A. p. pinarensis GARRIDO, 1975
Anolis pentaprion COPE, 1862; Mexiko bis Kolumbien
A. p. pentaprion COPE, 1862
A. p. beckeri BOULENGER, 1881
Anolis peraccae BOULENGER, 1898; Ecuador
Anolis petersi BOCOURT, 1873; Mexiko bis Honduras
Anolis philopunctatus RODRIGUES, 1988; Brasilien
Anolis phyllorhinus MYERS & CARVALHO, 1945; Brasilien
Anolis pigmaequestris GARRIDO, 1975; Kuba
Anolis pinchoti COCHRAN, 1931; Isla de Providencia
Anolis placidus HEDGES & THOMAS, 1989; Hispaniola
Anolis poecilopus COPE, 1862; Kolumbien
Anolis polylepis PETERS, 1873; Costa Rica bis Panama
Anolis polyrhachis SMITH, 1968; Mexiko
Anolis poncensis STEJNEGER, 1904; Puerto Rico
Anolis porcatus GRAY, 1840; Kuba, Dominikanische Republik[e], Hawaii[e]
Anolis princeps BOULENGER, 1902; Kolumbien bis Ecuador
Anolis proboscis PETERS & ORCÉS, 1956; Ecuador
Anolis propinquus WILLIAMS, 1984; Kolumbien
Anolis pseudotigrinus AMARAL, 1933; Brasilien
Anolis pulchellus DUMÉRIL & BIBRON, 1837; Puerto Rico

Anolis pumilus GARRIDO, 1988; Kuba
Anolis punctatus DAUDIN, 1802; Peru über Kolumbien bis Französisch-Guayana und Brasilien
Anolis purpurescens COPE, 1899; Costa Rica bis Kolumbien
Anolis pygmaeus ÁLVAREZ DEL TORO & SMITH, 1956; Mexiko
Anolis quadriocellifer BARBOUR & RAMSDEN, 1919; Kuba
Anolis quercorum FITCH, 1978; Mexiko
Anolis radulinus COPE, 1862; Kolumbien
Anolis reconditus UNDERWOOD & WILLIAMS, 1959; Jamaica
Anolis richardi DUMÉRIL & BIBRON, 1837; Grenadines, Grenada, Tobago, Surinam[e]
Anolis ricordi DUMÉRIL & BIBRON, 1837; Hispaniola
   A. r. ricordi DUMÉRIL & BIBRON, 1837
   A. r. leberi WILLIAMS, 1965
   A. r. subsolanus SCHWARTZ, 1974
   A. r. viculus SCHWARTZ, 1974
Anolis rimarum THOMAS & SCHWARTZ, 1967; Haiti
Anolis rivalis WILLIAMS, 1984; Kolumbien
Anolis rodriquezi BOCOURT, 1873; Mexiko bis Guatemala
Anolis roosevelti GRANT, 1931; Isla Culebra
Anolis roquet (LACÉPÈDE, 1788); Martinique
   A. r. roquet (LACÉPÈDE, 1788)
   A. r. caracoli LAZELL, 1972
   A. r. majolgris LAZELL, 1972
   A. r. salinei LAZELL, 1972
   A. r. summus LAZELL, 1972
   A. r. zebrilus LAZELL, 1972
Anolis rubribarbus BARBOUR & RAMSDEN, 1919; Kuba
Anolis ruizi RUEDA & WILLIAMS, 1986; Kolumbien
Anolis rupinae WILLIAMS & WEBSTER, 1974; Haiti
Anolis sabanus GARMAN, 1887; Saba
Anolis sagrei DUMÉRIL & BIBRON, 1837; USA[e] bis Belize[e], Kuba, Jamaica[e], Bahamas, Cayman Islands
   A. s. sagrei DUMÉRIL & BIBRON, 1837
   A. s. greyi BARBOUR, 1914
   A. s. luteosignifer GARMAN, 1888
   A. s. nelsoni BARBOUR, 1914
   A. s. ordinatus COPE, 1864
Anolis santamartae WILLIAMS, 1982; Kolumbien
Anolis scapularis BOULENGER, 1908; Bolivien bis Peru
Anolis schiedei (WIEGMANN, 1834); Mexiko

Anolis schmidti SMITH, 1939; Mexiko
Anolis scriptus GARMAN, 1888; Bahamas
   A. s. scriptus GARMAN, 1888
   A. s. leucophaeus GARMAN, 1888
   A. s. mariguanae COCHRAN, 1931
   A. s. sularum BARBOUR & SHREVE, 1935
Anolis semilineatus COPE, 1864; Hispaniola
Anolis sericeus HALLOWELL, 1856; Mexiko bis Costa Rica
Anolis sheplani SCHWARTZ, 1974; Dominikanische Republik
Anolis shrevei COCHRAN, 1939; Dominikanische Republik
Anolis simmonsi HOLMAN, 1964; Mexiko
Anolis singularis WILLIAMS, 1965; Hispaniola
Anolis smallwoodi SCHWARTZ, 1964; Kuba
   A. s. smallwoodi SCHWARTZ, 1964
   A. s. palardis SCHWARTZ, 1964
   A. s. saxuliceps SCHWARTZ, 1964
Anolis smaragdinus BARBOUR & SHREVE, 1935; Bahamas
   A. s. smaragdinus BARBOUR & SHREVE, 1935
   A. s. lerneri OLIVER, 1948
Anolis sminthus DUNN & EMLEN, 1932; Honduras bis Nicaragua
Anolis solitarius RUTHVEN, 1916; Kolumbien
Anolis spectrum PETERS, 1863; Kuba
Anolis squamulatus PETERS, 1863; Panama bis Venezuela
Anolis strahmi SCHWARTZ, 1979; Dominikanische Republik
   A. s. strahmi SCHWARTZ, 1979
   A. s. abditus SCHWARTZ, 1979
Anolis stratulus COPE, 1862; Puerto Rico Bank
Anolis subocularis DAVIS, 1954; Mexiko
Anolis sulcifrons COPE, 1899; Panama bis Kolumbien
Anolis taylori SMITH & SPIELER, 1945; Mexiko
Anolis tigrinus PETERS, 1863; Venezuela
Anolis townsendi STEJNEGER, 1900; Cocos Island
Anolis trachyderma COPE, 1876; Ecuador bis Peru
Anolis transversalis DUMÉRIL, 1851; Peru über Kolumbien und Venezuela bis Brasilien
Anolis trinitatis REINHARDT & LÜTKEN, 1863; St. Vincent, Trinidad[e]
Anolis tropidogaster HALLOWELL, 1857; Venezuela über Panama bis Ecuador
Anolis tropidolepis BOULENGER, 1885; Costa Rica
Anolis tropidonotus PETERS, 1863; Mexiko bis

Nicaragua
A. t. tropidonotus PETERS, 1863
A. t. spilorhipis ÁLVAREZ DEL TORO & SMITH, 1956
Anolis uniformis COPE, 1885; Mexiko bis Guatemala
Anolis utowanae BARBOUR, 1932; Mexiko
Anolis valencienni (DUMÉRIL & BIBRON, 1837); Jamaica
Anolis vanidicus GARRIDO & SCHWARTZ, 1972; Kuba
   A. v. vanidicus GARRIDO & SCHWARTZ, 1972
   A. v. rejectus GARRIDO & SCHWARTZ, 1972
Anolis vaupesianus WILLIAMS, 1982; Kolumbien
Anolis ventrimaculatus BOULENGER, 1911; Kolumbien
Anolis vermiculatus DUMÉRIL & BIBRON, 1837; Kuba
Anolis vescus GARRIDO & HEDGES, 1992; Kuba
Anolis vicarius WILLIAMS, 1986; Kolumbien
Anolis villai FITCH & HENDERSON, 1976; Great Corn Island
Anolis vociferans MYERS, 1971; Costa Rica bis Panama
Anolis wattsi BOULENGER, 1894; Antigua, Barbuda, St. Martin, St. Eustatius, St. Christopher, Nevis, St. Lucia[e]
   A. w. wattsi BOULENGER, 1894
   A. w. forresti BARBOUR, 1923
   A. w. pocus LAZELL, 1972
   A. w. schwartzi LAZELL, 1972

Anolis websteri ARNOLD, 1980; Haiti
Anolis whitemani WILLIAMS, 1963; Hispaniola
   A. w. whitemani WILLIAMS, 1963
   A. w. breslini SCHWARTZ, 1980
   A. w.l apidosus SCHWARTZ, 1980
Anolis williamsii BOCOURT, 1870; Brasilien
Anolis woodi DUNN, 1940; Costa Rica bis Panama

Chamaeleolis:
Chamaeleolis barbatus GARRIDO, 1982; Kuba
Chamaeleolis chamaeleonides (DUMÉRIL & BIBRON, 1837); Kuba
Chamaeleolis guamuhaya GARRIDO, PÉREZ-BEATO & MORENO, 1991; Kuba
Chamaeleolis porcus COPE, 1864; Kuba

Chamaelinorops:
Chamaelinorops barbouri SCHMIDT, 1919; Hispaniola

Phenacosaurus:
Phenacosaurus heterodermus (DUMÉRIL, 1851); Kolumbien
Phenacosaurus inderenae RUEDA & HERNANDEZ-CAMACHO, 1988; Kolumbien
Phenacosaurus nicefori DUNN, 1944; Kolumbien bis Venezuela
Phenacosaurus orcesi LAZELL, 1969; Ecuador

11. Danksagung

Für die Hilfe und Unterstützung, sei es durch wertvolles Bildmaterial, sei es durch Literatur, danken die Autoren vor allem U. Bartelt, Dinslaken; Dr. W.-R. Große, Halle; K.-H. Jungfer, Fichtenberg; Dr. W. Kästle, Aschau-Sachrang; Dr. H.-J. Körner, Halle; U. Manthey, Berlin; Dr. K. J. Schirra, Haßloch; P. Schlagböhmer, Mülheim a. d. Ruhr; M. Schmidt, Münster; W. Schmidt, Soest und I. Vergner, Zbýsov (Tschechische Republik).

Dank für die mannigfaltige Unterstützung bei der technischen Bearbeitung des Textes schulden wir weiterhin Th. Hallaschek (Unterensingen), Dr. H. Heklau (Halle) und P. Schlagböhmer (Mülheim a. d. Ruhr).

Für die kritische Durchsicht des Manuskripts sowie die vielen hilfreichen Hinweise danken wir im besonderen Maße Herrn F. J. Obst vom Staatlichen Museum für Tierkunde Dresden.

Ein besonders herzliches Dankeschön gilt unseren lieben Familien, die viel Zeit und Geduld nicht nur für dieses Buch, sondern auch für unser gemeinsames Hobby aufbringen.

Nicht zuletzt soll auch dem Verlag an dieser Stelle gedankt werden, der das Erscheinen dieses Buches überhaupt erst ermöglichte.

12. Nachtrag

Im relativ kurzen Zeitraum zwischen Abgabe und Drucklegung des Manuskriptes kam es zu weiteren Neubeschreibungen von *Anolis*-Arten und zu Veränderungen auf den Gebieten der Systematik und Taxonomie. So wurden auf Kuba zwei neue Arten entdeckt: *Anolis alayoni* ESTRADA & HEDGES, 1995 und *Anolis garridoi* DÍAZ, ESTRADA & MORENO, 1996. Weiterhin wurden die Genera *Chamaeleolis* und *Chamaelinorops* in die Gattung *Anolis* „überführt" (vgl. HASS, HEDGES & MAXSON 1993), was nicht ganz unproblematisch sein dürfte und wohl mehr Fragen aufwirft als zu beantworten hilft.

Desweiteren erhielt ein älterer verfügbarer Name der bekannten Art *Anolis chrysolepis* in der monographischen Bearbeitung über die amazonischen Echsen von AVILA-PIRES (1995) Priorität. Die Art heißt nun *Anolis nitens* (WAGLER 1830). Gleichzeitig konnte die Autorin eine weitere Unterart - *Anolis nitens tandai* - vom südlichen Gebiet des Amazonas beschreiben. Demnach sind nun fünf Unterarten von *Anolis nitens* bekannt: *A. n. nitens* (Syn. *A. ch. planiceps*), *A. n. brasiliensis, A. n. chrysolepis, A. n. scypheus* und *A. n. tandai*. Ebenfalls werden von AVILA-PIRES (1995) die Arten *Anolis auratus* und *Anolis fuscoauratus* für monotypisch erachtet, so daß die entsprechenden Unterarten nicht mehr anerkannt werden.

Noch in diesem Jahr werden zwei neue *Anolis*-Arten von der Insel Utila (zu Honduras) beschrieben und eine erst kürzlich erfolgte Expedition nach Honduras und Nicaragua wird, nach abgeschlossenen Untersuchungen, wohl weitere neue Artenbeschreibungen erwarten lassen (KÖHLER pers. Mitt.).

AVILA-PIRES, T. C. S. (1995): Lizards of Brazilian Amazonia (Reptilia: Squamata).- Zool. Verh., Leiden, 299: 1-706.

DÍAZ, L. M., A. R. ESTRADA & L. V. MORENO (1996): A new species of *Anolis* (Sauria: Iguanidae) from the Sierra de Trinidad, Sancti Spiritus, Cuba.- Carib. J. Sci., Mayagüez, 32 (1): 54-58.

ESTRADA, A. R. & S. B. HEDGES (1995): A new species of *Anolis* (Sauria: Iguanidae) from eastern Cuba.- Carib. J. Sci., Mayagüez, 31 (1-2): 65-72.

HASS, C. A., S. B. HEDGES & L. R. MAXSON (1993): Molecular insights into the relationships and biogeography of West Indian anoline lizards.- Biochem. Syst. Ecol., 21: 97-114.

Halle/ Enkhuizen, im Frühjahr 1996
Axel Fläschendräger, Leo C. M. Wijffels

13. Literatur

ALLEN, E. R. & W. T. NEILL (1957): The gecko-like habits of *Anolis lucius*, a Cuban anole.- Herpetologica, California, 13: 246-247.

ÁLVAREZ DEL TORO, M. & H. M. SMITH (1956): Notulae herpetologicae Chiapasiae I.- Herpetologica, California, 12: 3-17.

ANDREWS, R. M. (1979): Evolution of life histories: A comparison of *Anolis* lizards from matched island and mainland habitats.- Breviora, Cambridge, Mass., (454): 1-51.

AYALA, S. C. & E. E. WILLIAMS (1988): New or problematic *Anolis* from Colombia. VI. Two fuscoauratoid anoles from the Pacific lowlands, *A. maculiventris* BOULENGER, 1898 and *A. medemi*, a new species from Gorgona Island.- Breviora, Cambridge, Mass., (490): 1-16.

BAEDERMANN, L. (1989): Vergleichende Beobachtungen bei Haltung und Zucht kubanischer Höhlenanolis.- Sauria, Berlin, 11 (4): 13-17.

BARBOUR, T. (1905): The Vertebrata of Gorgona Island, Colombia. Reptilia and Amphibia.- Bull. Mus. Comp. Zool., Cambridge, Mass., 5: 98-102.

– (1930): The anoles. I. The forms known to occur on the neotropical islands.- Bull. Mus. Comp. Zool., Cambridge, Mass., 70: 105-144.

BECH, R. (1979 a): Heilung von Kropfbildung möglich?.- elaphe, Berlin, 1 (1): 8-9.

– (1979 b): *Anolis* im Terrarium.- AT, Berlin, 26 (11): 385-392.

– (1986): Zur Haltung und Vermehrung von Ritteranolis im Terrarium.- AT, Berlin, 33 (1): 20-22.

BECH, R. & U. KADEN (1990): Vermehrung von Terrarientieren: Echsen.- Leipzig, Jena, Berlin (Urania-Verlag), 168 S.

BEHLER, J. L. & F. W. KING (1985): The Audubon Society field guide to North American reptiles and amphibians.- 3. Aufl., New York (Chanticleer Press Edition), 556 S.

BEROVIDES ÁLVAREZ, V. & A. SAMPEDRO MARÍN (1980): Competición en especies de lagartos Iguánidos de Cuba.- Ciencias Biológicas, Inst. Zool., Acad. Cien., La Habana, 5: 115-122.

BLOK, J. (1971): Verslag over gedrag en voortplanting van *Anolis bimaculatus sabanus* in het terrarium.- Lacerta, Utrecht, 30 (1): 3-6.

BOULENGER, G. A. (1885): Catalogue of the lizards in the British Museum (Natural History). II. Iguanidae, Xenosauridae, Anguidae, Anniellidae, Helodermatidae, Varanidae, Xantusiidae, Teiidae, Amphisbaenidae. - London (Trustees Brit.Mus.), 497 pp.

– (1896): Descriptions of new reptiles and batrachians from Colombia.- Ann. Mag. Nat. Hist., London, 17 (6): 16-21.

BORHIDI, A. (1991): Phytogeography and vegetation ecology of Cuba.- Budapest (Akadémiai Kiadó), 858 S.

BOWERSOX, S. R., S. CALDERÓN, R. POWELL, J. PARMERLEE, D. D. SMITH & A. LATHROP (1994): Nahrung eines Riesenanolis, *Anolis barahonae*, von Hispaniola, mit einer Zusammenfassung des Nahrungsspektrums westindischer Riesenanolis-Arten. Salamandra, Frankf. a. Main, 30 (2): 155-160.

BREUSTEDT, A. (1991): *Anolis equestris* MERREM.- Sauria Suppl., Berlin, 13 (1-4): 207-212.

BUSTARD, H. R. (1967): The comparative behavior of chameleons: Fight behavior in *Chamaeleo gracilis* Hallowell.- Herpetologica, California, 23: 44-50.

CAMPBELL, H. W. (1973): Ecological observations on *Anolis lionotus* and *Anolis poecilopus* (Reptilia, Sauria) in Panama.- Amer. Mus. Novitates, Gainesville, Florida, No. 2516: 1-29.

CANNATELLA, D. C. & K. DE QUEIROZ (1989): Phylogenetic systematics of the anoles: Is a new taxonomy warranted?- Syst. Zool., 38 (1): 57-69.

CARPENTER, C. C. (1961): Patterns of social behavior of Merriam's canyon lizard (*Sceloporus m. merriami* - Iguanidae).- The Southwestern Naturalist, 6 (3-4): 138-148.

– (1962 a): A comparison of the patterns of display of *Urosaurus*, *Uta*, and *Streptosaurus*.- Herpetologica, California, 18: 145-152.

– (1962 b): Patterns of behavior in two Oklahoma lizards.- Am. Midland Naturalist, 67: 132-151.

– (1963): Patterns of behavior in three forms of fringe toed lizards (*Uma* - Iguanidae).- Copeia, (2): 406-412.

– (1965): The display of the Cocos Island anole.- Herpetologica, California, 21 (4): 256-260.

– (1966): Behavior studies in reptiles - bobs, nods and pushups.- The Amer. Biology Teacher, 28 (9): 527-529.

CERNÝ, M. (1992): Natur und Reptilien im östlichen

Kuba.- DATZ, Verlag Eugen Ulmer Stuttgart, 45 (8): 596-600.
COCHRAN, D. M. (1928): A second species of *Deiroptyx* from Cuba.- Proc. Biol. Soc., Washington, 41: 169-170.
– (1941): The herpetology of Hispaniola.- Bull. U.S. Nat. Mus., Washington, 177: 1-398.
COLLETTE, B. B. (1961): Correlations between ecology and morphology in anoline lizards from Havana, Cuba and southern Florida.- Bull. Mus. Comp. Zool., Cambridge, Mass., 125 (5): 137-162.
COLLINS, J. P. (1971): Ecological observations on a little known south american anole: *Tropidodactylus onca*.- Breviora, Cambridge, Mass., (370): 1-6.
COPE, E. D. (1877): The Batrachia and Reptilia of Costa Rica. - Journ. Acad. Nat. Sci. Philad. 2 nd serv., Vol. VIII Atlas.
CORN, M. J. & P. L. DALBY (1973): Systematics of the anoles of San Andrés and Providencia Islands, Colombia.- J. Herpetol., 7 (2): 63-74.
CREWS, D. (1994): Animal sexuality.- Scientific American, 270 (1): 96-103.
CUELLAR, O. (1966): Oviducial anatomy and sperm storage structures in lizards.- J. Morphol., 119: 7-20.
CURIO, E. (1970): Jagdverhalten eines *Anolis* und das Farbmuster seiner Beute.- Die Naturwissenschaften, Berlin, Heidelberg, New York, 57 (7): 361-362.
DE LA SAGRA, M. R. (1854): Histoire Physique, politique et naturelle de l'ile de Cuba. -Atlas, 30 Tab.
DIXON, J. R. & P. SOINI (1986): The reptiles of the Upper Amazon Basin, Iquitos Region, Peru.- Milwaukee (Milwaukee Public Mus.), 154 S.
DUELLMAN, W. E. (1978): The biology of an equatorial herpetofauna in Amazonian Ecuador.- Misc. Publ. Univ. Kansas Mus. Nat. Hist., No. 65: 1-352.
DUELLMAN, W. E. (Hrsg.)(1979): The South American herpetofauna: Its origin, evolution, and dispersal.- Mus. Nat. Hist., Univ. Kansas, Lawrence, Monograph No. 7: 1-485.
ECHELLE, A. A., A. F. ECHELLE & H. S. FITCH (1971): A comparative analysis of aggressive display in nine species of Costa Rican *Anolis*.- Herpetologica, California, 27 (3): 271-288.
EIBL-EIBESFELDT, I. (1966): Galápagos - Die Arche Noah im Pazifik.- Leipzig (Brockhaus Verlag), 225 S.
ESTRADA, A. R. & O. H. GARRIDO (1991): Dos nuevas especies de *Anolis* (Lacertilia: Iguanidae) de la Región Oriental de Cuba.- Carib. J. Sci., Mayagüez; 27 (3-4): 146-161.
ETHERIDGE, R. E. (1960): The relationships of the anoles (Reptilia: Sauria: Iguanidae) an interpretation based on skeletal morphology.- University Microfilms, Univ. Michigan, Ph. D., Mic 60-2529.
FITCH, H. S. (1975): Sympatry and interrelationships in Costa Rican anoles.- Occ. Pap. Mus. Nat. Hist. Univ. Kansas, (40): 1-60.
– (1978): Two new anoles (Reptilia: Iguanidae) from Oaxaca with comments on other Mexican species.- Contrib. Biol. Geol., Milwaukee Publ. Mus., Milwaukee, No. 20: 1-15.
FITCH, H. S., A. A. ECHELLE & A. F. ECHELLE (1976): Field observations on rare or little known mainland anoles.- Univ. Kansas Sci. Bull., Kansas, 51 (3): 91-128.
FITCH, H. S. & R. W. HENDERSON (1976 a): A new anole (Reptilia: Iguanidae) from Great Corn Island, Caribbean Nicaragua.- Contrib. Biol. Geol., Milwaukee Publ. Mus., Milwaukee, No. 9: 1-8.
– (1976 b): A field study of the rock anoles (Reptilia, Lacertilia, Iguanidae) of southern México.- J. Herpetol., 10 (4): 303-311.
– (1987): Ecological and ethological parameters in *Anolis bahorucoensis*, a species having rudimentary development of the dewlap.- Amphibia Reptilia, Leiden, 8: 69-80.
FITCH, H. S. & R. A. SEIGEL (1984): Ecological and taxonomic notes on Nicaraguan anoles.- Contrib. Biol. Geol., Milwaukee Publ. Mus., Milwaukee, No. 57: 1-13.
FLÄSCHENDRÄGER, A. (1986): Zur Haltung und Nachzucht kleinerer *Anolis*-Arten.-elaphe, Berlin, 8 (2): 21-25.
– (1988 a): Die Unterarten von *Anolis roquet* (LACÉPÈDE, 1788).- elaphe, Berlin, 10 (1): 4-6.
– (1988 b): *Anolis bartschi* (COCHRAN, 1928) - Bemerkungen zu Haltung, Verhalten und Nachzucht.- herpetofauna, Weinstadt, 10 (55): 26-29.
– (1988 c): *Anolis luciae* GARMAN, 1887 im Terrarium.- elaphe, Berlin, 10 (4): 71-72.
– (1990 a): *Anolis bahorucoensis bahorucoensis* NOBLE & HASSLER, 1933 - ein bemerkenswerter Saumfinger aus der Dominikanischen Republik. herpetofauna, Weinstadt, 12 (64): 6-10.
– (1990 b): Erfahrungen bei der Haltung und Vermehrung kleiner *Anolis*-Arten.- elaphe, Berlin, 12 (2): 21-23.
– (1992 a): Zur Kenntnis des mittelamerikanischen Wasseranolis - *Anolis oxylophus* COPE, 1875.- herpetofauna, Weinstadt, 14 (77): 27-32.
– (1992 b): Probleme bei der Haltung und Nachzucht

festländischer *Anolis*-Arten.- Iguana, Hanau, 5 (2): 21-24.
- (1993): Erfahrungen bei der Haltung und Nachzucht von *Anolis*-Arten über mehrere Generationen.- Iguana, Hanau, 6 (1): 18-20.

FLORES, G., J. H. LENZYCKI & J. PALUMBO, jr. (1994): An ecological study of the endemic Hispaniolan anoline lizard, *Chamaelinorops barbouri* (Lacertilia: Iguanidae). Breviora, Cambridge, Mass., (499): 1-23.

FLORES-VILLELA, O. (1993): Herpetofauna Mexicana.- Carnegie Mus. Nat. Hist., Pittsburgh, (17): 1-73.

FRIEDERICH, U. & W. VOLLAND (1981): Futtertierzucht: Lebendfutter für Vivarientiere.- Suttgart (Eugen Ulmer GmbH & Co.), 168 S.

FÜRST, U. (1980): Besonderheiten im Verhalten von *Anolis carolinensis* im Terrarium.- herpetofauna, Weinstadt, 2 (9): 24-26.

GARRIDO, O. H. (1975 a): Nuevos reptiles del archipiélago cubano.- Poeyana, La Habana, (141): 1-58.
- (1975 b): Distribución y variación de *Anolis argillaceus* Cope (Lacertilia: Iguanidae) en Cuba.- Poeyana, La Habana, (141): 1-28.
- (1975 c): Distribución y variación del complejo *Anolis cyanopleurus* (Lacertilia: Iguanidae) en Cuba.- Poeyana, La Habana, (143): 1-58.
- (1975 d): Variación de *Anolis angusticeps* Hallowell (Lacertilia: Iguanidae) en el occidente de Cuba y en Isla de Pinos.- Poeyana, La Habana, (144): 1-18.
- (1976): Nota sobre *Deiroptyx vermiculatus* DUMÉRIL & BIBRON (Lacertilia: Iguanidae).- Miscelanea Zool., La Habana, (4): 1-2.
- (1980): Revisión del complejo *Anolis alutaceus* (Lacertilia: Iguanidae) y descripción de una nueva especie de Cuba.- Poeyana, La Habana, (201): 1-41.
- (1982): Descripción de una especie cubana de *Chamaeleolis* (Lacertilia: Iguanidae), con notas sobre su comportamiento.- Poeyana, La Habana, (236): 1-25.

GARRIDO, O. H. & S. B. HEDGES (1992): Three new grass anoles from Cuba (Squamata: Iguanidae).- Carib. J. Sci., Mayagüez, 28 (1-2): 21-29.

GARRIDO, O. H., O. PÉREZ-BEATO & L. V. MORENO (1991): Nueva especie de *Chamaeleolis* (Lacertilia: Iguanidae) para Cuba.- Carib. J. Sci., Mayagüez, 27 (3-4): 162-168.

GASC, J. P. (1990): Les lézards de Guyane.- Paris (Editions Raymond Chabaud), 76 S.

GORMAN, G. C. (1968): The relationships of the *Anolis* of the *roquet* species group (Sauria: Iguanidae) - III. Comparative study of display behavior.- Breviora, Cambridge, Mass., (284): 1-31.
- (1977): Comments on ontogenetic color change in *Anolis cuvieri* (Reptilia, Lacertilia, Iguanidae).- J. Herpetol., 11 (2): 221.

GORMAN, G. C., R. THOMAS & L. ATKINS (1968): Intra- and interspecific chromosome variation in the lizard *Anolis cristatellus* and its closest relatives.- Breviora, Cambridge, Mass., (293): 1-13.

GUYER, C. & J. M. SAVAGE (1986): Cladistic relationships among anoles (Sauria: Iguanidae).- Syst. Zool., 35 (4): 509-531.

HACK, R., J. FINDHAMMER & W. KUNSTEK (1979): *Anolis carolinensis*, Deel 2.- Bull. Ned. Stud. Anol., Amsterdam, 2 (1): 3-7.

HARDY, J. D. (1957): Observations on the life history of the Cuban lizard, *Anolis lucius*.- Herpetologica, California, 13: 241-245.
- (1958): Tail prehension and related behavior in a New World lizard.- Herpetologica, California, 14: 205-206.

HAYES, M. P., J. A. POUNDS & W. W. TIMMERMAN (?): An annotated list and guide to the amphibians and reptiles of Monteverde, Costa Rica.- Herpetological Circular, Univ. Texas at Tyler, No. 17: 1-67.

HEDGES, S. B. & R. THOMAS (1989): Supplement to West Indian amphibians and reptiles: A check-list.- Contributions Biol. Geol., Milwaukee Public Mus., Milwaukee, No. 77: 1-11.

HELLMICH, W. (1960): Die Sauria des Gran Chaco und seiner Randgebiete.- Bayerische Akademie Wiss., München, (101): 1-131.

HENDERSON, R. W. & H. S. FITCH (1975): A comparative study of the structural and climatic habitats of *Anolis sericeus* (Reptilia: Iguanidae) and its syntopic congeners at four localities in southern Mexico.- Herpetologica, California, 31 (4): 459-471.

HENDERSON, R. W. & A. SCHWARTZ (1984): A guide to the identification of the amphibians and reptiles of Hispaniola.- Spec. Publ. Biol. Geol., Milwaukee Public Mus., Milwaukee, No. 4: 1-70.

HENLE, K. & A. EHRL (1991): Zur Reptilienfauna Perus nebst Beschreibung eines neuen *Anolis* (Iguanidae) und zweier neuer Schlangen (Colubridae).- Bonn. zool. Beitr., Bonn, 42 (2): 143-180.

HESELHAUS, R. & M. SCHMIDT (1990): Karibische *Anolis*.- Münster (Herpetologischer Fachverlag), 87 S.

HILLER, U. (1968): Untersuchungen zum Feinbau und zur Funktion der Haftborsten von Reptilien.- Z.

Morph. Tiere, 62: 307-362.
HOOGMOED, M. S. (1973): Notes on the herpetofauna of Surinam. IV. The lizards and amphisbaenians of Surinam.- (The Hague), 419 S.
– (1975): De hagedissen en wormhagedissen van Suriname. II: de leguanen, de skinken.- Lacerta, Utrecht, 33 (6): 87-104.
– (1979): The herpetofauna of the Guianan region.- In: DUELLMAN, W. E. (Hrsg.): The South American herpetofauna: Its origin, evolution, and dispersal.- Mus. Nat. Hist., Univ. Kansas, Lawrence, Monograph No. 7: 241-279.
HOOGMOED, M. S. & T. C. S. AVILA-PIRES (1991): Annotated checklist of the herpetofauna of Petit Saut, Sinnamary River, French Guiana.- Zool. Med., Leiden, 65 (5): 53-88.
HOTTMAR, V. (1991): Zur Erstnachzucht von *Chamaeleolis barbatus* GARRIDO, 1982, im Terrarium mit einer Übersicht über die Gattung *Chamaeleolis* auf Kuba.- herpetofauna, Weinstadt, 13 (73): 29-33.
JACKSON, J. F. (1973): Notes on the population biology of *Anolis tropidonotus* in a Honduran highland pine forest.- J. Herpetol., 7 (3): 309-311.
JUNGFER, K.-H. (1987): Wasseranolis.- herpetofauna, Weinstadt, 9 (48): 13.
KADEN, U. (1985): Die Haltung und Vermehrung von kubanischen Wasseranolis im Terrarium.- elaphe Sonderheft, Berlin, 7: 88-90.
KÄSTLE, W. (1963): Zur Ethologie des Grasanolis (*Norops auratus*) (DAUDIN).- Z. Tierpsychol., Berlin, Hamburg, 20 (1): 16-33.
– (1964): Anden-*Anolis*.- Natur u. Museum, Frankf. a. Main, 94 (12): 476-484.
– (1965): Offene Fragen zum Verhalten unserer Terrarientiere.- Aqua Terra, Biberist, 2: 77-82.
– (1967): Soziale Verhaltensweisen von Chamäleonen aus der *pumilus*- und *bitaeniatus*-Gruppe.- Z. Tierpsychol., Hamburg, 24: 313-341.
– (1974): Echsen im Terrarium.- 2. Aufl., Stuttgart (Franckh'sche Verlagshandlung), 96 S.
KÖHLER, G. (1991 a): *Norops capito* (PETERS), Das Portrait.- Sauria, Berlin, 13 (1): 2.
– (1991 b): Freilandbeobachtungen an Iguaniden in Costa Rica.- Iguana, Hanau, 4 (2): 28-33.
KRINTLER, K. (1985): *Anolis garmani* STEJNEGER.- Sauria Suppl., Berlin, 7 (4): 31-32.
– (1986): Dominica - herpetologisches Kleinod in der Karibik.- herpetofauna, Weinstadt, 8 (45): 26-30.
LACHNER, R. (1987): Inseln der Karibik, Landschaft und Tiere.- Hannover (Landbuch-Verlag), 263 S.
LAZELL, J. D., jr. (1962): The anoles of the Eastern Caribbean (Sauria, Iguanidae). V. Geographic differentiation in *Anolis oculatus* on Dominica.- Bull. Mus. Comp. Zool., Cambridge, Mass., 127 (9): 466-475.
– (1964): The anoles (Sauria, Iguanidae) of the Guadeloupéen archipelago.- Bull. Mus. Comp. Zool., Cambridge, Mass., 131 (11): 359-401.
– (1969): The genus *Phenacosaurus* (Sauria: Iguanidae).- Breviora, Cambridge, Mass., (325): 1-24.
– (1972): The anoles (Sauria, Iguanidae) of the Lesser Antilles.- Bull. Mus. Comp. Zool., Cambridge, Mass., 143 (1): 1-115.
LILGE, D. & H. VAN MEEUWEN (1987): Grundlagen der Terrarienhaltung.- 2. Aufl., Hannover (Landbuch-Verlag), 212 S.
MÄGDEFRAU, H., K. MÄGDEFRAU & A. SCHLÜTER (1991): Herpetologische Daten vom Guaiquinima-Tepui, Venezuela.- herpetofauna, Weinstadt, 13 (70): 13-26.
MAYR, E. (1975): Grundlagen der zoologischen Systematik.- Hamburg/ Berlin (Verlag Paul Parey), 370 S.
MEIJ, M. (1981): *Anolis carolinensis* en zijn milieu.- Bull. Ned. Stud. Anol., Eindhoven, 4 (6): 17-21.
MERTENS, R. (1939): Herpetologische Ergebnisse einer Reise nach der Insel Hispaniola, Westindien.- Abh. senckenberg. naturf. Ges., Frankf. a. Main, 449: 1-84.
– (1940): Aus dem Tierleben der Tropen.- Frankf. a. Main (Verlag Dr. W. Kramer), 248 S.
– (1946): Die Warn- und Droh-Reaktionen der Reptilien.- Abh. senckenberg. naturf. Ges., Frankf. a. Main, 471: 1-108.
– (1952): Die Amphibien und Reptilien von El Salvador.- Abh. senckenberg. naturf. Ges., Frankf. a. Main, 487: 1-120.
MIYATA, K. (1985): A new *Anolis* of the *lionotus* group from northwestern Ecuador and southwestern Colombia (Sauria: Iguanidae).- Breviora, Cambridge, Mass., (481): 1-13.
MOLLE, F. (1958): Über die Aufzucht von *Anolis*.- Aquarien-Terrarien, Stuttgart, 11 (4): 119-121.
MUDDE, P. & M. VAN DIJK (1984): Herpetologische waarnemingen in Costa Rica (11). Anolissen (Anolinae).- Lacerta, Utrecht, 43 (7): 122-129.
MYERS, C. W. (1971): A new species of green anole (Reptilia, Sauria) from the north coast of Veraguas, Panama.- Amer. Mus. Novitates, New York, No. 2470: 1-14.

MYERS, G. S. & A. L. DE CARVALHO (1945): A strange new leaf-nosed lizard of the genus *Anolis* from Amazonia.- Bol. Mus. Nac., Rio de Janeiro, Zool. 43: 1-14.

NIETZKE, G. (1977): Die Terrarientiere, Bd. 1.- 2. Aufl., Stuttgart (Eugen Ulmer GmbH & Co.), 351 S.

– (1978): Die Terrarientiere, Bd. 2.- 2. Aufl., Stuttgart (Eugen Ulmer GmbH & Co.), 322 S.

NOBLE, G. K. & W. G. HASSLER (1933): Two new species of frogs, five new species and a new race of lizards from the Dominican Republic.- Amer. Mus. Novitates, New York, No. 652: 1-17.

OLEXA, A. (1968): Der Grasanolis, *Norops auratus* (DAUDIN), im Terrarium.- Aqua Terra, Biberist, 5: 28-32.

– (1972): *Anolis loysiana* von Kuba.- Aqua Terra, Biberist, 9 (3): 28-31.

PACALA, S. & S. ROUGHGARDEN (1982): Resource partitioning and interspecific competition in two two-species insular *Anolis* lizard communities.- Science, 217: 444-446.

PETERS, G. (1970): Zur Taxonomie und Zoogeographie der kubanischen anolinen Eidechsen (Reptilia, Iguanidae).- Mitt. Zool. Mus., Berlin, 46 (1): 197-234.

PETERS, G. & R. SCHUBERT (1968): Theoretische und praktische Aspekte einer biologischen Expedition durch Kuba.- Biol. in der Schule, Berlin, 8/9: 339-346.

PETERS, J. A. & R. DONOSO-BARROS (1970): Catalogue of the neotropical squamata: Part 2. Lizards and amphisbaenians.- Bull. U.S. Nat. Mus., No. 297, 1-293 S.

PETERS, J. A. & G. ORCÉS-V. (1956): A third leaf-nosed species of the lizard genus *Anolis* from South America.- Breviora, Cambridge, Mass., (62): 1-8.

PETERS, J. A., B. OREJAS-MIRANDA, R. DONOSO-BARROS & P. E. VANZOLINI (1986): Catalogue of the neotropical squamata: Part 1. Snakes, Part 2. Lizards and amphisbaenians.- Washington, D.C., London (Smithsonian Inst. Press), 345 S., 293 S.

PETERS, W. (1863): Einige neue Arten der Saurier-Gattung *Anolis*.- Monats. Akad. Wiss., Berlin, 135-149.

– (1876): Über eine von Hrn. Vicekonsul L. Krug und Dr. J. Gundlach auf der Insel Puertorico gemachte Sammlung von Säugethieren und Amphibien, so wie über die Entwicklung eines Batrachiers, *Hylodes martinicensis* DUM. BIBR., ohne Metamorphose.- Monats. Akad. Wiss., Berlin, 703-714.

PETZOLD, H.-G. (1981): *Anolis bimaculatus sabanus* GARMAN, 1887 - Pantheranolis.- AT, Berlin, 28 (8): 287.

– (1982): Aufgaben und Probleme bei der Erforschung der Lebensäußerungen der Niederen Amnioten (Reptilien).- MILU, Berlin, 5 (4,5): 485-786.

PHILIPPEN, H.-D. (1989): Neue Erkenntnisse bei der temperaturabhängigen Geschlechtsfixierung.- herpetofauna, Weinstadt, 11 (61): 22-24.

RAND, A. S. (1962): Notes on Hispaniolan herpetology. 5. The natural history of three sympatric species of *Anolis*.- Breviora, Cambridge, Mass., (154): 1-15.

– (1967): The ecological distribution of the anoline lizards around Kingston, Jamaica.- Breviora, Cambridge, Mass., (272): 1-18.

RAND, A. S., G. C. GORMAN & W. M. RAND (1974): Natural history, behavior, and ecology of *Anolis agassizi*.- Smithsonian Contributions to Zoology, 176: 27-38.

RAND, A. S. & P. J. RAND (1967): Field notes on *Anolis lineatus* in Curaçao.- Studies on the fauna of Curaçao and other Caribbean Islands, 24 (39): 112-117.

RIVERO, J. A. (1979): Los anfibios y reptiles de Puerto Rico.- Univ. Puerto Rico (Editorial Universitaria), 148 S.

RIVERO-BLANCO, C. & J. R. DIXON (1979): Origin and distribution of herpetofauna of the dry lowland regions of northern South America.- In: DUELLMAN, W. E. (Hrsg.): The South American herpetofauna: Its origin, evolution, and dispersal.-Mus. Nat. Hist., Univ. Kansas, Lawrence, Monograph No. 7: 281-298.

ROGNER, M. (1992): Echsen 1.- Stuttgart (Eugen Ulmer GmbH), 281 S.

RUIBAL, R. (1964): An annotated checklist and key to the anoline lizards of Cuba.- Bull. Mus. Comp. Zool., Cambridge, Mass., 130 (8): 473-520.

RUIBAL, R. (1967): Evolution and behavior in West Indian anoles.- In: MILSTEAD, W. W. (Hrsg): Lizard ecology, a symposium.- Univ. of Missouri Press, Columbia: 116-140.

RUIBAL, R. & E. E. WILLIAMS (1961 a): Two sympatric Cuban anoles of the *carolinensis* group.- Bull. Mus. Comp. Zool., Cambridge, Mass., 125 (7): 181-208.

– (1961 b): The taxonomy of the *Anolis homolechis* complex of Cuba.- Bull. Mus. Comp. Zool., Cambridge, Mass., 125 (8): 211-246.

RUTHVEN, A. G. (1923): The reptiles of the Dutch Leeward Islands.- Occ. Pap. Mus. Zool. Univ., Michigan, 143: 1-10.

SAMPEDRO MARÍN, A., V. BEROVIDES ÁLVAREZ & L.

RODRÍGUEZ SCHETTINO (1982): Algunos aspectos ecológicos sobre dos especies cubanas del género *Anolis* (Sauria: Iguanidae).- Ciencias Biologicas, Inst. Zool., Acad. Cien., La Habana: 7: 87-103.

SAVAGE, J. M. & J. VILLA (1986): Introduction to the herpetofauna of Costa Rica.- Soc. Stud. Amphib. Rept. Contrib. Herpetol., No. 3: 1-207.

SCHIRRA, K. J. (1993): *Anolis christophei* WILLIAMS.- Sauria Suppl., Berlin, 15 (1-4): 261-264.

SCHLEICH, H.-H. (1982): Bemerkungen zur Herpetologie von San Andrés (Karibik, Kolumbien) mit Freilandbeobachtungen an *Anolis concolor* COPE und *Cnemidophorus lemniscatus lemniscatus* (LINNAEUS).- herpetofauna, Weinstadt, 4 (19): 16-19.

SCHMIDT, J. (1979): Warum eigentlich immer *Anolis carolinensis*? Teil 1.- herpetofauna, Weinstadt, 1 (3): 26-29.

– (1980 a): Warum eigentlich immer *Anolis carolinensis*? Teil 2.- herpetofauna, Weinstadt, 2 (5): 22-25.

– (1980 b): Warum eigentlich immer *Anolis carolinensis*? Teil 3.- herpetofauna, Weinstadt, 2 (8): 24-26.

– (1981): Warum eigentlich immer *Anolis carolinensis*? Teil 4.- herpetofauna, Weinstadt, 3 (12): 6-8.

SCHMIDT, K. P. (1919): Descriptions of new amphibians and reptiles from Santo Domingo and Navassa. Bull. Amer. Mus. Nat. Hist., New York, 41 (12): 519-525.

– (1928): Amphibians and land reptiles of Porto Rico, with a list of those reported from the Virgin Islands.- Sci. Survey of Porto Rico and the Virgin Islands, New York Acad. Sci., 10: 1-160.

– (1939): A new lizard from Mexico with a note on the genus *Norops*.- Zool. Series of Field Mus. Nat. Hist., Chicago, 24 (2): 7-10.

SCHOENER, T. W. & A. SCHOENER (1971 a): Structural habitats of West Indian *Anolis* lizards. I. Lowland Jamaica.- Breviora, Cambridge, Mass., (368): 1-53.

– (1971 b): Structural habitats of West Indian *Anolis* lizards. II. Puerto Rican uplands.- Breviora, Cambridge, Mass., (375): 1-39.

SCHRÖTER, G. (1986): Anfänge der Pflege und Zucht von *Anolis porcatus*.- AT, Berlin, 33 (12): 411-415.

SCHWARTZ, A. (1964): *Anolis equestris* in Oriente Province, Cuba.- Bull. Mus. Comp. Zool., Cambridge, Mass., 131 (12): 403-428.

– (1968): Geographic variation in *Anolis distichus* COPE (Lacertilia, Iguanidae) in the Bahama Islands and Hispaniola.- Bull. Mus. Comp. Zool., Cambridge, Mass., 137 (2): 255-309.

– (1974): A new species of primitive *Anolis* (Sauria, Iguanidae) from the Sierra de Baoruco, Hispaniola.- Breviora, Cambridge, Mass., (423): 1-19.

– (1978): The Hispaniolan *Anolis* (Reptilia, Lacertilia, Iguanidae) of the *hendersoni* complex.- J. Herpetol., 12 (3): 355-370.

SCHWARTZ, A. & R. W. HENDERSON (1985): A guide to the identification of the amphibians and reptiles of the West Indies (Exclusive of Hispaniola).- Milwaukee (Milwaukee Public Mus.), 165 S.

– (1988): West Indian amphibians and reptiles: A check-list.- Contributions Biol. Geol., Milwaukee Public Mus., Milwaukee, No. 74: 1-264.

– (1991): Amphibians and reptiles of the West Indies: Descriptions, distributions, and natural history.- Gainesville (Univ. of Florida Press), 720 S.

SILVA LEE, A. (1984): Chipojos, bayoyas y camaleones.- La Habana (Editorial Científico-Técnica), 148 S.

SILVA RODRÍGUEZ, A., V. BEROVIDES ÁLVAREZ & A. ESTRADA ACOSTA (1982): Sitios de puesta comunales de *Anolis bartschi* (Sauria: Iguanidae).- Miscelanea Zool., La Habana, (15): 1.

SMITH, H. M. (1956): A new anole (Reptilia: Squamata) from Chiapas, Mexico.- Herpetologica, California, 12 (1): 1-2.

SMITH, H. M. & H. W. KERSTER (1955): New and noteworthy Mexican lizards of the genus *Anolis*.- Herpetologica, California, 11: 139-201.

SMITH, H. M. & E. H. TAYLOR (1950): An annotated checklist and key to the reptiles of Mexico exclusive of the snakes.- U.S. Nat. Mus. Bull., Washington, 199: 1-239.

STEJNEGER, L. (1900): Description of two new lizards of the genus *Anolis* from Cocos and Malpelo Islands.- Bull. Mus. Comp. Zool., Cambridge, Mass., 34 (6): 161-164.

STETTLER, P. H. (1986): Handbuch der Terrarienkunde.- 3. Aufl., Stuttgart (Franckh'sche Verlagshandlung), 228 S.

STOFFERS, A. L. (1956): The vegetation of the Netherlands Antilles.- Dissertation, Utrecht, (8-10): 1-142.

STUART, L. C. (1955): A brief review of the Guatemalan lizards of the genus *Anolis*.- Misc. Publ. Mus. Zool., Univ. Michigan, No.91: 1-31.

SZIDAT, H. (1969): Zucht und Haltung kubanischer *Anolis* im Terrarium, Teil 2.- AT, Berlin, 16 (9): 295-297.

TAYLOR, E. H. (1956): A review of the lizards of Costa Rica.- Univ. Kansas Sci. Bull., Kansas, 38: 3-322.

TERBORGH, J. (1993): Lebensraum Regenwald: Zentrum biologischer Vielfalt.- Heidelberg (Spektrum,

Akad. Verlag), 253 S.

THOMAS, R. (1965): A new anole (Sauria, Iguanidae) from Puerto Rico. Part II. Field observations on *Anolis occultus* WILLIAMS & RIVERO.- Breviora, Cambridge, Mass., (231): 10-18.

THOMAS, R. & A. SCHWARTZ (1967): The *monticola* group of the lizard genus *Anolis* in Hispaniola.- Breviora, Cambridge, Mass., (261): 1-27.

TOMEIJ, G. (1984): *Anolis marmoratus marmoratus, Anolis marmoratus alliaceus, Anolis marmoratus girafus.*- Bull. Ned. Stud. Anol., Veghel, 7 (3): 3-15.

UNDERWOOD, G. (1959): The anoles of the eastern Caribbean. Part. III. Revisionary notes.- Bull. Mus. Comp. Zoll., Cambridge, Mass., 121 (5): 191-226.

UNDERWOOD, G. & E. E. WILLIAMS (1959): The anoline lizards of Jamaica.- Bull. Inst. Jamaica Sci. Ser., Kingston, 9: 1-48.

VAN DIJK, P. & W. VAN DIJK (1979 a): *Anolis oculatus winstoni* LAZELL, 1962.- Bull. Ned. Stud. Anol., Eindhoven, 2 (2): 11-13.

– (1979 b): Kweek-Resultaten met *Anolis oculatus winstoni.*- Bull. Ned. Stud. Anol., Eindhoven, 2 (4): 29-31.

– (1986): *Anolis marmoratus ferreus.*- Bull. Ned. Stud. Anol., Uden, 9 (2): 19-28.

VAN DIJK, W. & P. VAN DIJK (1984): *Anolis bimaculatus bimaculatus* & *Anolis bimaculatus leachi.*- Bull. Ned. Stud. Anol., Eindhoven, Determinatie Artikel 04: 3-12.

VANCE, T. (1991): Morphological variation and systematics of the green anole, *Anolis carolinensis* (Reptilia: Iguanidae).- Bulletin of the Maryland Herpetological Society, 27 (2): 43-85.

VANZOLINI, P. E. & E. E. WILLIAMS (1970): South American anoles: The geographic differentiation and evolution of the *Anolis chrysolepis* species group (Sauria, Iguanidae).- Arq. Zool., S. Paulo, 19 (1,2): 1-298.

VERGNER, I. & P. POLAK (1990): Beobachtungen am Kuba-Rotkehlanolis *Anolis porcatus* GRAY, 1840 und Bemerkungen zu *Anolis allisoni* BARBOUR, 1928.- herpetofauna, Weinstadt, 12 (69): 6-10.

VILLA, J., L. D. WILSON & J. D. JOHNSON (1988): Middle American herpetology: A bibliographic checklist.- Missouri, Columbia (Univ. Missouri Press), 132 S.

VOGEL, Z. (1965): Herpetologische Beobachtungen auf Kuba.- AT, Berlin, 12 (7): 234-239.

WAGENAAR HUMMELINCK, P. (1940): Studies on the fauna of Curacao, Aruba, Bonaire and Venezuelan islands.- Dissertation, Utrecht, (1-3): 1-130.

WELZEL, A. (1981): Die Nachzucht von *Anolis oculatus montanus* im Terrarium.- herpetofauna, Weinstadt, 3 (13): 22-24.

WEYGOLDT, P. (1984): *Anolis chrysolepis* DUMÉRIL & BIBRON, 1837 im Terrarium.- herpetofauna, Weinstadt, 6 (32): 22-26.

WIJFFELS, L. C. M. (1959): Over *Anolis.*- het aquarium, Rotterdam, 30 (6): 130-134.

– (1960): *Anolis*, Gedrag en reacties.- Lacerta, Amsterdam, 18 (11): 82-86.

– (1971 a): Bij een foto van *Anolis allisoni.*- Lacerta, Amsterdam, 29 (6): 63-65.

– (1971 b): Enige notities over *Anolis bimaculatus sabanus* GARMAN, 1887 en zijn natuurlijk voorkomen.- Lacerta, Utrecht, 30 (1): 7-9.

– (1971 c): Notities over de anolis von Bonaire, *Anolis bonairensis* RUTHVEN, 1923.- Lacerta, Utrecht, 30 (2): 19-21.

– (1972): Die kehlwammenlosen *Anolis* Kubas.- Aqua Terra, Biberist, 9 (3): 33-36.

– (1975): Ein seltener Saumfinger von Puerto Rico, *Anolis cuvieri.*- Das Aquarium, Minden, 67: 32-33.

– (1980): „Natuurlijk".- Bull. Ned. Stud. Anol., Eindhoven, 3 (2): 5-6.

– (1984 a): Over Sint Eustatius en de anolissen daar.- Bull. Ned. Stud. Anol., Veghel, 7 (4): 5-7.

– (1984 b): Anolissen.- Bull. Ned. Stud. Anol., Veghel, 7 (4): 8-12.

– (1985): Voedselspecialisatie bij het Genus *Anolis.*- Bull. Ned. Stud. Anol., Uden, 8 (4): 5-10.

WILLIAMS, E. E. (1960): Notes on Hispaniolan herpetology. 1. *Anolis christophei*, new species, from the Citadel of King Christophe, Haiti.- Breviora, Cambridge, Mass., (117): 1-7.

– (1962 a): Notes on Hispaniolan herpetology. 7. New material of two poorly known anoles: *Anolis monticola* SHREVE and *Anolis christophei* WILLIAMS.- Breviora, Cambridge, Mass., (164): 1-11.

– (1962 b): The anoles of the eastern Caribbean (Sauria, Iguanidae). IV. The anoles of the northern Leewards, Anguilla to Montserrat: New data and a new species.- Bull. Mus. Comp. Zool., Cambridge, Mass., 127 (9): 453-465.

– (1963 a): Notes on Hispaniolan herpetology. 8. The forms related to *Anolis hendersoni* COCHRAN.- Breviora, Cambridge, Mass., (186): 1-13.

– (1963 b): Studies on South American anoles. Description of *Anolis mirus*, new species, from Rio

San Juan, Colombia, with comment on digital dilation and dewlap as generic and specific characters in the anoles.- Bull. Mus. Comp. Zool., Cambridge, Mass., 129 (9): 463-480.

– (1965 a): The species of Hispaniolan green anoles (Sauria, Iguanidae).- Breviora, Cambridge, Mass., (227): 1-16.

– (1965 b): South American *Anolis* (Sauria, Iguanidae): Two new species of the *punctatus* group.- Breviora, Cambridge, Mass., (233): 1-15.

– (1966): South American anoles: *Anolis biporcatus* and *Anolis fraseri* (Sauria, Iguanidae) compared.- Breviora, Cambridge, Mass., (239): 1-14.

– (1970): South American anoles: *Anolis apollinaris* BOULENGER 1919, a relative of *A. biporcatus* WIEGMANN (Sauria, Iguanidae).- Breviora, Cambridge, Mass. (358): 1-11.

– (1974): A case history in retrograde evolution: The *onca* lineage in anoline lizards. I. *Anolis annectens* new species, intermediate between the genera *Anolis* and *Tropidodactylus*.- Breviora, Cambridge, Mass., (421): 1-21.

– (1976 a): West Indian anoles: A taxonomic and evolutionary summary. 1. Introduction and a species list.- Breviora, Cambridge, Mass., (440): 1-21.

– (1976 b): South American anoles: The species groups.- Papéis Avulsos Zool., S. Paulo, 29 (26): 259-268.

– (1979): South American anoles: The species groups. 2. The *proboscis* anoles (*Anolis laevis* group).- Breviora, Cambridge, Mass., (449): 1-19.

– (1984 a): New or problematic *Anolis* from Colombia. II. *Anolis propinquus*, another new species from the cloud forest of western Colombia.- Breviora, Cambridge, Mass., (477): 1-7.

– (1984 b): New or problematic *Anolis* from Colombia. III. Two new semiaquatic anoles from Antioquia and Chocó, Colombia.- Breviora, Cambridge, Mass., (478): 1-22.

– (1985): New or problematic *Anolis* from Colombia. IV. *Anolis antioquiae*, new species of the *Anolis eulaemus* subgroup from western Colombia.- Breviora, Cambridge, Mass., (482): 1-9.

– (1988): New or problematic *Anolis* from Colombia. V. *Anolis danieli*, a new species of the *latifrons* species group and a reassessment of *Anolis apollinaris* BOULENGER, 1919.- Breviora, Cambridge, Mass., (489): 1-25.

WILLIAMS, E. E. & W. E. DUELLMAN (1967): *Anolis chocorum*, a new *punctatus*-like anole from Darién, Panamá (Sauria, Iguanidae).- Breviora, Cambridge, Mass., (256): 1-12.

WILLIAMS, E. E., O. A. REIG, P. KIBLISKY & C. RIVERO-BLANCO (1970): *Anolis jacare* BOULENGER, a „solitary" anole from the Andes of Venezuela.- Breviora, Cambridge, Mass., (353): 1-15.

YANG, S. Y., M. SOULÉ & G. C. GORMAN (1974): *Anolis* lizards of the eastern Caribbean: A case study in evolution. I. Genetic relationships, phylogeny, and colonization sequence of the *roquet* group.- Syst. Zool., 23 (3): 387-399.

ZERNIKOW, W. (1987 a): Haltungs- und Zuchterfahrungen mit *Anolis angusticeps*.- elaphe, Berlin, 9 (1): 1-2.

– (1987 b): *Anolis argenteolus* - Verhalten und Problematik der Nachzucht.- elaphe, Berlin, 9 (3): 44-45.

14. Glossar

♂: Männchen
♀: Weibchen

adult: geschlechtsreif
arboricol: auf Bäumen lebend
Areal: Gesamtverbreitungsgebiet
autochthon: einheimisch, an Ort und Stelle entstanden
axillar: in der Achselhöhle
basal: an der Basis, am Anfang
cf.: systematische Zuordnung ist unsicher
Dimorphismus: Zweigestaltigkeit
divergent: entwicklungsgeschichtlich auseinanderlaufend
dorsal: auf dem Rücken
Dorsalia: Rückenschuppen
endemisch: nur in einem begrenzten Gebiet vorkommend
Ethologie: Verhaltenslehre
euryök: anpassungsfähig an unterschiedliche Lebensbedingungen
fertil: geschlechtsreif
GL: Gesamt-Länge
Gonaden: Keimdrüsen
gravid: trächtig
heliophil: sonnenliebend
heliotherm: von der Sonnenwärme abhängig
herbicol: krautartige Pflanzen bewohnend
humid: niederschlagsreich
interspezifische Variation: innerartliche Variation
juvenil: jung, nicht geschlechtsreif
KRL: Kopf-Rumpf-Länge (Maß von der Schnauzenspitze bis zur Kloake)
kryptisch: verborgen, Farb- oder Gestaltanpassung an die Umwelt
labial: im Bereich der Lippenschilder
lateral: seitlich
lineate: linienartig
Lorealschuppen: Zügelschilder (zwischen Augen- und Nasenschildern)
Metabolismus: Stoffwechsel
Migrant: „Wanderer" (Besiedlung eines neuen Lebensraumes)
Mimese: Anpassung der Färbung, der Gestalt oder des Verhaltens an die Umgebung zum Schutz vor Feinden
Morphe: bestimmte Erscheinungsform oder Gestalt
Morphologie: Lehre vom Bau und der Gestalt der Organismen
Occipitalregion: im Bereich der Stirnschilder
Ökologie: Lehre von den Wechselbeziehungen der Organismen und deren Umwelt zu- und untereinander
Ontogenese: Entwicklung des Individuums
Ozelle: augenfleckähnliche Zeichnung
Parietalbereich: (siehe Occipitalregion)
petricol (rupicol): felsbewohnend (steinbewohnend)
pliozän: Zeitalter: vor 2-10 Millionen Jahren
Polymorphismus: Vielgestaltigkeit
postcloakale Schuppen: hinter der Kloake liegende Schuppen
rivière salée: durch das Meer geringfügig unterbrochene Landmasse
rugos: runzlig
semiadult (subadult): halbwüchsig
semiarboricol: vorwiegend auf Bäumen, aber auch am Boden lebend
semiaquatisch: am und z. T. auch im Wasser lebend
Serranía: Bergland
Sierra: Gebirge

skulpturiert: stark plastische Oberfläche
solitär: einzeln
sp.: Art
spp.: Arten
ssp.: Unterart (-en)
stenök: geringe Toleranz gegenüber sich verändernden Umweltbedingungen
sublabial: im Bereich der Unterlippenschilder
supralabial: im Bereich der Oberlippenschilder
sympatrisch: zusammen vorkommend
Systematik: Lehre von der Klassifikation der Organismen (Verwandschaftsbeziehungen)
taktorezeptibilen: berührungsreizenden
terrestrisch: am (im) Boden lebend
territorial: revierbildend
thermophil: wärmeliebend
Thermoregulation: Fähigkeit die Körpertemperatur durch Aufwärmen und Abkühlen in einem Optimalbereich zu halten
transversal: querverlaufend
umbraphil: schattenliebend
ventral: auf dem Bauch
Ventralia: Bauchschuppen
vertebral: auf der Rückenmittellinie
Xerophyten: Pflanzen die an trockene Standorte angepaßt sind

15. Register

Mit * versehene Seitenziffern verweisen auf Abbildungen, **fett** gesetzte auf ausführliche Beschreibungen.

A

abditus, Anolis strahmi 183
acutus, Anolis 178
adleri, Anolis 178
aeneus, Anolis 24, 178
aequatorialis, Anolis 178
aequatorialis cf., *Anolis* 42
aequatorialis-Verwandtschaftsgruppe 169
Agamen 52
Agamiden 18
agassizi, Anolis 37, 38, 39*, 178
ahenobarbus, Anolis lineatopus 181
ahli, Anolis 16, 178
alayoni, Anolis 186
albertschwartzi, Anolis jubar 181
albimaculatus, Anolis 178
albocellatus, Anolis barahonae 178
alfaroi, Anolis 86, 178
alienus, Anolis olssoni 182
aliniger, Anolis 100, 178
alliaceus, Anolis marmoratus 68, 69*, 181
allisoni, Anolis 15, 120, 178
allogus, Anolis 19, 29, 50, 54, **85***, 178
Allotopie 26
altae, Anolis 178
altager, Anolis baleatus 178
altavelensis, Anolis 178
altitudinalis, Anolis isolepis 181
alumina, Anolis 178
alutaceus, Anolis 27, 28, 45, 49, **86**, 87*, 178
alutaceus-Gruppe 86
Ameisen 75, 78, 113, 120, 123, 130, 168, 174
Amphibien 40
amplisquamosus, Anolis 178
Andenanolis 16, 41
andianus, Anolis 178

anfiloquioi, Anolis 86, 178
Anguidae 38
angusticeps, Anolis 52, 54, **88**, 178
angusticeps angusticeps, Anolis 50, 88, 89*, 178
angusticeps oligaspis, Anolis 88, 178
Animponieren 55
anisolepis, Anolis 178
annectens, Anolis 40, 178
Anolis 181
– *acutus* 178
– *adleri* 178
– *aeneus* 24, 178
– *aequatorialis* 178
– *aequatorialis* cf. 42
– *agassizi* 37, 38, 39*, 178
– *ahli* 16, 178
– *alayoni* 186
– *albimaculatus* 178
– *alfaroi* 86, 178
– *aliniger* 100, 178
– *allisoni* 15, 120, 178
– *allogus* 19, 29, 30, 50, 54, **85***, 178
– *altae* 178
– *altavelensis* 178
– *alumina* 178
– *alutaceus* 21, 26, 27, 28, 30, 45, 49, **86**, 87*, 178
– *amplisquamosus* 178
– *andianus* 42, 178
– *anfiloquioi* 86, 178
– *angusticeps* 52, 54, **88**, 178
– *angusticeps angusticeps* 50, 88, 89*, 178
– *angusticeps oligaspis* 88, 178
– *anisolepis* 178
– *annectens* 40, 178
– *antioquiae* 178

– *antonii* 178
– *apollinaris* 175, 178
– *aquaticus* 36, **137***, 178
– *argenteolus* 13*, 15, 26, 31, 45, 49, 55, **90***, 178
– *argillaceus* 89, 178
– *armouri* 178
– *attenuatus* 178
– *auratus* 17, 35, 40, 45, 55, **159**, 178. Siehe auch Nachtrag S. 186
– *auratus auratus* 12*, **159***, 178
– *auratus sipaliwinensis* 159, 178
– *baccatus* 178
– *bahorucoensis* 20, 54, **91**, 178
– *bahorucoensis bahorucoensis* **91**, 92*, 93*, 178
– *bahorucoensis southerlandi* 91, 178
– *baleatus* 178
– *baleatus altager* 178
– *baleatus baleatus* 178
– *baleatus caeruleolatus* 178
– *baleatus fraudator* 178
– *baleatus lineatacervix* 178
– *baleatus litorisilva* 178
– *baleatus multistruppus* 178
– *baleatus samanae* 178
– *baleatus scelestus* 178
– *baleatus sublimis* 178
– *baracoae* 107, 178
– *barahonae* 178
– *barahonae albocellatus* 178
– *barahonae barahonae* 178
– *barahonae ininquinatus* 178
– *barahonae mulitus* 178
– *barkeri* 13, 19, 37, 178
– *bartschi* 13, 15, 20, 21, 52, 55, **94**, 95*, 115, 178
– *bimaculatus* 11, 19, 54, 58, 60, 61, 84, 178

Register

- *bimaculatus bimaculatus* 14, **58**, 59*, 178
- *bimaculatus leachi* 58, **60***, 178
- *binotatus* 178
- *biporcatus* 19, 35, 42, 54, **138**, 178
- *biporcatus biporcatus* **138**, 139*, 178
- *biporcatus parvauritus* 35, 139, 178
- *birama* 179
- *biscutiger* 150, 179
- *bitectus* 179
- *blanquillanus* 33, 179
- *bocourtii* 179
- *boettgeri* 179
- *bombiceps* 19, 41, 179
- *bonairensis* 13, 34, **133**, 134*, 179
- *bonairensis blanquillanus*. Siehe *Anolis blanquillanus*
- *bouvierii* 179
- *breedlovei* 179
- *bremeri* 179
- *bremeri bremeri* 179
- *bremeri insulaepinorum* 179
- *brevirostris* 179
- *brevirostris brevirostris* 179
- *brevirostris deserticola* 179
- *brevirostris wetmorei* 179
- *brunneus* 179
- *calimae* 179
- *capito* 19, 35, 54, **140***, 179
- *caquetae* 179
- *carolinensis* 9, 14, 15, 45, **141**, 179
- *carolinensis carolinensis* **141**, 142*, 179
- *carolinensis seminolus* 141, 179
- *carpenteri* 19, 150, 179
- *casildae* 179
- *caudalis* 179
- *centralis* 89, **96**, 179
- *centralis centralis* 96, 179
- *centralis litoralis* 26, **96**, 97*, 179
- *chloris* 35, 179
- *chloris chloris* 179
- *chloris gorgonae* 37, 179
- *chlorocyanus* 19, **97**, 100, 179
- *chlorocyanus chlorocyanus* **97**, 179
- *chlorocyanus cyanostictus* 98, 179

- *chocorum* 35, 179
- *christophei* **98**, 99*, 100*, 179
- *chrysolepis* 14, 19, 40, 45, 52, 54, 55, **160**, 179. Siehe auch Nachtrag S. 186
- *chrysolepis brasiliensis* 160, 179
- *chrysolepis chrysolepis* 15, 21, 56, **160**, 161*, 162*, 179
- *chrysolepis planiceps* 40, 160, 179
- *chrysolepis* cf. *planiceps* 40, 163*
- *chrysolepis scypheus* 41, 160, 179
- *clivicola* 179
- *cobanensis* 179
- *coelestinus* 94, **100**, 179
- *coelestinus coelestinus* **100**, 101*, 179
- *coelestinus demissus* 100, 179
- *coelestinus pecuarius* 100, 179
- *compressicaudus* 35, 179
- *concolor* **143**, 144*, 179
- *confusus* 179
- *conspersus* 179
- *conspersus conspersus* 179
- *conspersus lewisi* 179
- *cooki* 179
- *crassulus* 36, 179
- *cristatellus* 14, 19, 179
- *cristatellus cristatellus* 179
- *cristatellus wileyae* 179
- *cumingi* 179
- *cupeyalensis* 179
- *cupreus* **144**, 179
- *cupreus cupreus* 144, 179
- *cupreus dariense* 21, **144**, 145*, 146*, 179
- *cupreus hoffmanni* 144, 179
- *cupreus macrophallus* 144, 179
- *cupreus spilomelas* 144, 179
- *cuprinus* 179
- *cuvieri* 17, **101**, 102*, 179
- *cyanopleurus* 16, 179
- *cyanopleurus cyanopleurus* 179
- *cyanopleurus orientalis* 179
- *cybotes* 19, 94, **103**, 179
- *cybotes cybotes* **103**, 104*, 179
- *cybotes doris* 103, 179
- *cybotes ravifaux* 103, 179

- *cymbops* 179
- *damulus* 179
- *danieli* 175, 179
- *darlingtoni* 179
- *delafuentei* 180
- *deltae* 180
- *desechensis* 180
- *dissimilus* 180
- *distichus* 14, 19, 20, **105**, 180
- *distichus aurifer* 105, 180
- *distichus biminiensis* 105, 180
- *distichus dapsilis* 105, 180
- *distichus dichoides* 105, 180
- *distichus distichus* 105, 180
- *distichus dominicensis* 105, 180
- *distichus favillarum* 105, 180
- *distichus floridanus* 105, 180
- *distichus ignigularis* 50, **105**, 106*, 180
- *distichus juliae* 105, 180
- *distichus ocior* 105, 180
- *distichus patruelis* 105, 180
- *distichus properus* 105, 180
- *distichus ravitergum* 105, 180
- *distichus sejunctus* 105, 180
- *distichus suppar* 105, 180
- *distichus tostus* 105, 180
- *distichus vinosus* 105, 180
- *dolichocephalus* 180, 180
- *dolichocephalus dolichocephalus* 180
- *dolichocephalus portusalis* 180
- *dolichocephalus sarmenticola* 180
- *dollfusianus* 180
- *duellmani* 180
- *dunni* 180
- *equestris* 10, 49, 107, 123, 125, 180
- *equestris buidei* 107, 180
- *equestris cincoleguas* 107, 180
- *equestris equestris* **107***, 180
- *equestris juraguensis* 107, 180
- *equestris persparsus* 107, 180
- *equestris potior* 107, 180
- *equestris thomasi* 107, 180
- *equestris verreonensis* 107, 180
- *ernestwilliamsi* 180
- *etheridgei* 180
- *eugenegrahami* 180
- *eulaemus* 42, 180

- *evermanni* 180
- *exsul* 180
- *extremus* 180
- *fairchildi* 142, 180
- *fasciatus* 42, 180
- *ferreus* **61**, 62*, 180
- *festae* 42, 180
- *fitchi* 41, 180
- *forbesi* 180
- *fortunensis* 180
- *fowleri* 180
- *fraseri* 42, **164***, 180
- *frenatus* 35, 54, **165***, 175, 180
- *fugitivus* 180
- *fungosus* 180
- *fuscoauratus* **166**, 180. Siehe auch Nachtag S. 186
- *fuscoauratus fuscoauratus* 41, **166**, 167*, 168*, 180
- *fuscoauratus kugleri* 40, 166, 180
- *gadovi* 14, 180
- *garmani* 19, 49, 55, **109***, 180
- *garridoi* 186
- *gemmosus* 42, **168**, 169*, 180
- *gibbiceps* 180
- *gingivinus* 14, 54, **62**, 63*, 64*, 71, 180
- *gracilipes* 42, 180
- *grahami* 16, **110**, 120, 180
- *grahami aquarum* 50, 110, 180
- *grahami grahami* **110**, 111*, 180
- *granuliceps* 180
- *griseus* 24, 180
- *guafe* 180
- *guazuma* 180
- *gundlachi* 19, 54, 180
- *haetianus* 180
- *haguei* 180
- *hendersoni* 180
- *hendersoni hendersoni* 180
- *hendersoni ravidormitans* 180
- *homolechis* 11, 50, **111**, 180
- *homolechis homolechis* 25, 26, 28, **111**, 112*, 181
- *homolechis turquinensis* 111, 181
- *huilae* 181
- *humilis* 14, 19, 37, 45, **146**, 172, 181
- *humilis humilis* **146**, 147*, 181
- *humilis marsupialis* 146, 181
- *ibague* 181
- *imias* 181
- *inexpectatus* 86, 181
- *insignis* 35, **148***, 181
- *insolitus* 181
- *intermedius* 181
- *isolepis* 181
- *isolepis altitudinalis* 181
- *isolepis isolepis* 181
- *isthmicus* 181
- *jacare* 40, 181
- *johnmeyeri* 181
- *juangundlach* 181
- *jubar* 181
- *jubar albertschwartzi* 181
- *jubar balaenarum* 181
- *jubar cuneus* 181
- *jubar gibarensis* 181
- *jubar jubar* 181
- *jubar maisiensis* 181
- *jubar oriens* 181
- *jubar santamariae* 181
- *jubar yaguajayensis* 181
- *kemptoni* 181
- *koopmani* 181
- *krugi* **113***, 181
- *laevis* 21, 181
- *laeviventris* 36, 181
- *lamari* 181
- *latifrons* 35, 175, 181
- *lemniscatus* 181
- *lemurinus* 19, **149**, 181
- *lemurinus bourgeaei* 149, 181
- *lemurinus lemurinus* **149**, 150*, 181
- *limifrons* 19, 37, 49, 50, 52, 56, **150**, 151*, 181
- *lineatopus* 14, 16, 50, 120, 181
- *lineatopus ahenobarbus* 181
- *lineatopus lineatopus* 181
- *lineatopus merope* 181
- *lineatopus neckeri* 181
- *lineatus* 8, 32*, 33, 34, 54, 72, **135**, 181
- *liogaster* 181
- *lionotus* 36, 152, 181
- *lividus* **64**, 65*, 181
- *longiceps* 143, 181
- *longitibialis* 181
- *longitibialis longitibialis* 181
- *longitibialis specuum*
- *loveridgei* 181
- *loysianus* 11*, 15, 45, 50, **114***, 181
- *luciae* **65**, 66*, 181
- *lucius* 13, 15, 45, 91, **115**, 116*, 117*, 181
- *luteogularis* 107, 181
- *luteogularis calceus* 181
- *luteogularis coctilis* 181
- *luteogularis delacruzi* 181
- *luteogularis hassleri* 181
- *luteogularis jaumei* 181
- *luteogularis luteogularis* 181
- *luteogularis nivevultus* 181
- *luteogularis sanfelipensis* 181
- *luteogularis sectilis* 181
- *lynchi* 42, 181
- *macilentus* 86, 181
- *macrinii* 181
- *macrolepis* 181
- *maculigula* 181
- *maculiventris* 181
- *marcanoi* 181
- *marmoratus* 16, **67**, 181
- *marmoratus alliaceus* 68, 69*, 181
- *marmoratus caryae* 69, 181
- *marmoratus chrysops* 69, 181
- *marmoratus desiradei* 69, 181
- *marmoratus girafus* 68, 181
- *marmoratus inornatus* 69, 181
- *marmoratus marmoratus* 17*, 67*, 181
- *marmoratus setosus* 69, 181
- *marmoratus speciosus* 69, 70*, 71*, 181
- *marmoratus* ssp. 50
- *marmoratus terraealtae* 69, 181
- *marron* 181
- *matudai* 35, 182
- *maynardi* 143, 182
- *medemi* 37, 182
- *megalopithecus* 182
- *megapholidotus* 182
- *menta* 182
- *meridionalis* 9, 182
- *mestrei* 182
- *microlepidotus* 182
- *microtus* 35, 182
- *milleri* 182
- *mimus* 27, 28, **118***, 182

- *mirus* 182
- *monensis* 182
- *monticola* 182
- *monticola monticola* 182
- *monticola quadrisartus* 182
- *nasofrontalis* 182
- *naufragus* 182
- *nebuloides* 9, 35, 182
- *nebulosus* 9, 35, 182
- *nigrolineatus* 42, **170***, 182
- *nigropunctatus* 182
- *nitens* 186. Siehe *Anolis chrysolepis*
- *nitens tandai* 186
- *noblei* 107, 182
- *noblei galeifer* 31
- *notopholis* **171**, 172*, 182
- *nubilus* 14, **71**, 72*, 182
- *occultus* 16, 182
- *oculatus* **73**, 182
- *oculatus cabritensis* 17*, 73*, 182
- *oculatus montanus* 73, 182
- *oculatus oculatus* 73, 182
- *oculatus winstoni* 73, 74*, 182
- *olssoni* 17, 182
- *olssoni alienus* 182
- *olssoni dominigensis* 182
- *olssoni extentus* 182
- *olssoni ferrugicauda* 182
- *olssoni insulanus* 182
- *olssoni montivagus* 182
- *olssoni olssoni* 182
- *olssoni palloris* 182
- *omiltemanus* 182
- *onca* 10, 33, 40, 45, 49, **136***, 182
- *opalinus* 21, **119***, 182
- *ophiolepis* 14, 45, 182
- *ortonii* 40, 41, **173**, 182
- *oxylophus* 13, 15, 36, 49, **152**, 153*, 154*, 182
- *pachypus* 182
- *palmeri* 182
- *parilis* 42, 182
- *parvicirculatus* 35, 182
- *paternus* 88, 182
- *paternus paternus* 182
- *paternus pinarensis* 182
- *pentaprion* 35, 182
- *pentaprion beckeri* 182
- *pentaprion pentaprion* 182
- *peraccae* 42, **174***, 182
- *petersi* 182
- *philopunctatus* 182
- *phyllorhinus* 21, 182
- *pigmaequestris* 107, 182
- *pinchoti* 182
- *placidus* 182
- *poecilopus* 36, 182
- *polylepis* 182
- *polyrhachis* 182
- *poncensis* 113, 182
- *porcatus* 10, 20, 25, 27, 29, 51, **120**, 121*, 182
- *princeps* 42, **175***, 182
- *proboscis* 21, 42, 182
- *propinquus* 182
- *pseudotigrinus* 182
- *pulchellus* 12, 113, 182
- *pumilus* 19, 182
- *punctatus* 8, 9, 14, 40, 182
- *purpurescens* 175, 182
- *pygmaeus* 35, 182
- *quadriocellifer* 183
- *quercorum* **154**, 155*, 183
- *radulinus* 183
- *reconditus* 183
- *richardi* 24, 49, 183
- *ricordi* 183
- *ricordi leberi* 183
- *ricordi ricordi* 183
- *ricordi subsolanus* 183
- *ricordi viculus* 183
- *rimarum* 183
- *rivalis* 36, 183
- *rodriquezi* 183
- *roosevelti* 183
- *roquet* **75**, 76*, 183
- *roquet caracoli* 75*, 76, 183
- *roquet majolgris* 76*, 183
- *roquet roquet* 76, 183
- *roquet salinei* 76, 77*, 183
- *roquet* ssp. 50
- *roquet summus* 21, 76, 78*, 183
- *roquet zebrilus* 76, 79*, 183
- *rubribarbus* 183
- *ruizi* 183
- *rupinae* 183
- *sabanus* 14, 54, **79**, 80*, 183
- *sagrei* 14, 50, 51, 56, 121, 122*, 183
- *sagrei greyi* 121, 183
- *sagrei luteosignifer* 121, 183
- *sagrei nelsoni* 121, 183
- *sagrei ordinatus* 121, 183
- *sagrei sagrei* 21, 25, 27, 29, **121**, 122*, 183
- *santamartae* 183
- *scapularis* 183
- *schiedei* 183
- *schmidti* 183
- *scriptus* 183
- *scriptus leucophaeus* 183
- *scriptus mariguanae* 183
- *scriptus scriptus* 183
- *semilineatus* 17, 49, 183
- *sericeus* 35, 183
- *sheplani* 11, 183
- *shrevei* 183
- *simmonsi* 183
- *singularis* 100, 183
- *smallwoodi* 107, **123**, 183
- *smallwoodi palardis* 123, 183
- *smallwoodi saxuliceps* 123, 183
- *smallwoodi smallwoodi* 26, **123**, 124*, 183
- *smaragdinus* 143, 183
- *smaragdinus lerneri* 183
- *smaragdinus smaragdinus* 183
- *sminthus* 183
- *solitarius* 183
- *spectrum* 183
- *squamulatus* 175, 183
- *strahmi* 183
- *strahmi abditus* 183
- *strahmi strahmi* 183
- *stratulus* **125**, 126*, 183
- *subocularis* **156**, 157*, 183
- *sulcifrons* 183
- *taylori* 14, 183
- *tigrinus* 183
- *townsendi* 10, 37, 183
- *trachyderma* 14, 19, 41, 183
- *transversalis* 41, 183
- *trinitatis* 24, 50, **81***, 141, 183
- *tropidogaster* 40, 183
- *tropidolepis* 10, 36, 183
- *tropidonotus* 36, **157**, 172, 183
- *tropidonotus spilorhipis* 35, 157, 183
- *tropidonotus tropidonotus* 15, **157**, 158*, 183

Register

- *uniformis* 35, 183
- *utowanae* 183
- *valencienni* 15, **126**, 127*, 183
- *vanidicus* 184
- *vanidicus rejectus* 184
- *vanidicus vanidicus* 184
- *vaupesianus* 184
- *ventrimaculatus* 184
- *vermiculatus* 13, 14, 21, **128***, 184
- *vescus* 86, 184
- *vicarius* 184
- *villai* 184
- *vociferans* 36, 184
- *wattsi* 21, 24, 59, **82**, 184
- *wattsi forresti* 84, 184
- *wattsi pogus* 64, 82*, 84, 184
- *wattsi schwartzi* 83*, 84, 184
- *wattsi wattsi* 84, 184
- *websteri* 184
- *whitemani* 184
- *whitemani breslini* 184
- *whitemani lapidosus* 184
- *whitemani whitemani* 184
- *williamsii* 184
- *woodi* 36, 184

antioquiae, Anolis 178
antonii, Anolis 178
Apa-Bergland 9
apollinaris, Anolis 178
aquarum, Anolis grahami 50, 110, 180
aquaticus, Anolis 36, **137***, 178
argenteolus, Anolis 13*, 15, 26, 31, 45, 49, 55, **90***, 178
argillaceus, Anolis 89, 178
armouri, Anolis 178
Arterhaltung 44
Arterkennungsimponieren 55
attenuatus, Anolis 178
Aufwärmeplätze 46
Augenlider, verwachsene 15
auratus, Anolis 17, 35, 40, 45, 55, **159**, 178. Siehe auch Nachtrag S. 186
auratus auratus, Anolis 12*, **159***, 178
auratus sipaliwinensis, Anolis 159, 178
aurifer, Anolis distichus 105, 180
Autochthonen 34

B

baccatus, Anolis 178
bahorucoensis, Anolis 20, 54, **91**, 178
bahorucoensis bahorucoensis, Anolis 91, 92*, 93*, 178
bahorucoensis southerlandi, Anolis 91, 178
balaenarum, Anolis jubar 181
baleatus altager, Anolis 178
baleatus, Anolis 178
baleatus baleatus, Anolis 178
baleatus caeruleolatus, Anolis 178
baleatus fraudator, Anolis 178
baleatus lineatacervix, Anolis 178
baleatus litorisilva, Anolis 178
baleatus multistruppus, Anolis 178
baleatus samanae, Anolis 178
baleatus scelestus, Anolis 178
baleatus sublimis, Anolis 178
Balzverhalten 54
baracoae, Anolis 107, 178
barahonae albocellatus, Anolis 178
barahonae, Anolis 178
barahonae barahonae, Anolis 178
barahonae ininquinatus, Anolis 178
barahonae mulitus, Anolis 178
barbatus, Chamaeleolis 8, **129**, 130*, 184
barbouri, Chamaelinorops 8, 14, 19, **132**, 184
barkeri, Anolis 13, 19, 37, 178
bartschi, Anolis 13, 15, 20, 21, 52, 55, **94**, 95*, 115, 178
Baumanolis 11, 44, 61, 89, 100, 121, 126, 133, 139
beckeri, Anolis pentaprion 182
Befruchtung 15, 55, 158
Beheizung 46
Beleuchtungsdauer 46
Belüftung 45
Beutereflex 52
bimaculatus, Anolis 11, 19, 58, 60, 61, 84, 178
bimaculatus bimaculatus, Anolis 14, **58**, 59*, 178
bimaculatus leachi, Anolis 58, **60***, 178
bimaculatus-Gruppe 14, 22, 24, 54, 62, 68, 73, 80, 82

biminiensis, Anolis distichus 105
binotatus, Anolis 178
biporcatus, Anolis 19, 42, 54, **138**, 178
biporcatus biporcatus, Anolis **138**, 139*, 178
biporcatus parvauritus, Anolis 35, 139, 179
birama, Anolis 179
biscutiger, Anolis 150, 179
bitectus, Anolis 179
blanquillanus, Anolis 33, 179
bocourtii, Anolis 179
Bodenanolis 11, 14, 16, 29, 30, 49, 85, 122
Bodensenken 84
boettgeri, Anolis 179
bombiceps, Anolis 19, 41, 179
bonairensis, Anolis 13, 34, **133**, 134*, 179
bonairensis blanquillanus, Anolis. Siehe *Anolis blanquillanus*
bourgeaei, Anolis lemurinus 149
bouvierii, Anolis 179
brasiliensis, Anolis chrysolepis 160, 179
breedlovei, Anolis 179
bremeri, Anolis 179
bremeri bremeri, Anolis 179
bremeri insulaepinorum, Anolis 179
breslini, Anolis whitemani 184
brevirostris, Anolis 179
brevirostris brevirostris, Anolis 179
brevirostris deserticola, Anolis 179
brevirostris wetmorei, Anolis 179
brunneus, Anolis 179
buidei, Anolis equestris 107

C

cabritensis, Anolis oculatus 17*, 73*
caeruleolatus, Anolis baleatus 178
calceus, Anolis luteogularis 181
calimae, Anolis 179
capito, Anolis 19, 35, 54, **140***, 179
caquetae, Anolis 179
caracoli, Anolis roquet 75, 76, 183
carolinensis, Anolis 9, 14, 15, 45, **141**, 179

Register

carolinensis carolinensis, Anolis **141**, 142*, 179
carolinensis seminolus, Anolis 141, 179
carolinensis-Gruppe 8, 142
carpenteri, Anolis 19, 150, 179
caryae, Anolis marmoratus 69
casildae, Anolis 179
caudalis, Anolis 179
caudiscutatus, Gonatodes 42
centralis, Anolis 89, **96**, 179
centralis centralis, Anolis 96, 179
centralis litoralis, Anolis 26, **96**, 97*, 179
Chamaeleolis 8, 9. Siehe auch Nachtrag S. 186
– *barbatus* 8, **129**, 130*, 184
– *chamaeleonides* 8, 129, 184
– *guamuhaya* 8, 129, 184
– *porcus* 8, 129, 184
chamaeleonides, Chamaeleolis 8, 129, 184
Chamaelinorops 8
– *barbouri* 8, 14, 19, **132**, 184
Chamäleons 15, 18, 52
chloris, Anolis 35, 179
chloris chloris, Anolis 179
chloris gorgonae, Anolis 37, 179
chlorocyanus, Anolis 19, **97**, 100, 179
chlorocyanus chlorocyanus, Anolis **97**, 179
chlorocyanus cyanostictus, Anolis 98, 179
Choco-Gebiet 40
chocorum, Anolis 35, 179
christophei, Anolis **98**, 99*, 100*, 179
chrysolepis, Anolis 14, 19, 40, 45, 52, 54, 55, **160**, 179, 186. Siehe auch Nachtrag
chrysolepis brasiliensis, Anolis 160, 179
chrysolepis chrysolepis, Anolis 15, 21, 56, **160**, 161*, 162*, 179
chrysolepis planiceps, Anolis 40, 160, 179
chrysolepis cf. *planiceps, Anolis* 163*
chrysolepis scypheus, Anolis 41, 160, 179

chrysolepis-Gruppe 15, 21, 33, 37
chrysops, Anolis marmoratus 69, 181
cincoleguas, Anolis equestris 107, 180
clivicola, Anolis 179
Cnemidophorus 33
cobanensis, Anolis 179
coctilis, Anolis luteogularis 181
coelestinus, Anolis 94, **100**, 179
coelestinus coelestinus, Anolis **100**, 101*, 179
coelestinus demissus, Anolis 100, 179
coelestinus pecuarius, Anolis 100, 179
compressicaudus, Anolis 35, 179
concolor, Anolis **143**, 144*, 179
confusus Anolis 179
conspersus, Anolis 179
conspersus conspersus, Anolis 179
conspersus lewisi, Anolis 179
cooki, Anolis 179
crassulus, Anolis 36, 179
cristatellus, Anolis 14, 19, 179
cristatellus cristatellus, Anolis 179
cristatellus wileyae, Anolis 179
cumingi, Anolis 179
cuneus, Anolis jubar 181
cupeyalensis, Anolis 179
cupreus, Anolis **144**, 179
cupreus cupreus, Anolis 144, 179
cupreus dariense, Anolis 21, **144**, 145*, 146*, 179
cupreus hoffmanni, Anolis 144, 179
cupreus macrophallus, Anolis 144, 179
cupreus spilomelas, Anolis 144, 179
cuprinus, Anolis 179
cuvieri, Anolis 17, **101**, 102*, 179
cyanopleurus, Anolis 16, 179
cyanopleurus cyanopleurus, Anolis 179
cyanopleurus orientalis, Anolis 179
cyanopleurus-Gruppe 12, 118
cyanostictus, Anolis chlorocyanus 98, 179
cybotes, Anolis 19, 94, **103**, 179

cybotes cybotes, Anolis **103**, 104*, 179
cybotes doris, Anolis 103, 179
cybotes ravifaux, Anolis 103, 179
cymbops, Anolis 179

D

damulus, Anolis 179
danieli, Anolis 175, 179
dapsilis, Anolis distichus 105, 180
dariense, Anolis cupreus 21, **144**, 145*, 146*, 179
darlingtoni, Anolis 179
Deiroptyx. Siehe *Anolis*
delacruzi, Anolis luteogularis 181
delafuentei, Anolis 180
deltae, Anolis 180
demissus, Anolis coelestinus 100
desechensis, Anolis 180
deserticola, Anolis brevirostris 179
desiradei, Anolis marmoratus 69
Dichromatismus 21
Diploglossus
– *millepunctatus* 38
Dispersion 15
dissimilus, Anolis 180
distichus, Anolis 14, 19, 20, **105**, 106, 180
distichus aurifer, Anolis 105, 180
distichus biminiensis, Anolis 105, 180
distichus dapsilis, Anolis 105, 180
distichus distichoides, Anolis 105, 180
distichus distichus, Anolis 105, 180
distichus dominicensis, Anolis 105, 180
distichus favillarum, Anolis 105, 180
distichus floridanus, Anolis 105, 180
distichus ignigularis, Anolis 50, **105**, 106*, 180
distichus juliae, Anolis 105, 180
distichus ocior, Anolis 105, 180
distichus patruelis, Anolis 105, 180
distichus properus, Anolis 105, 180
distichus ravitergum, Anolis 105, 180

distichus sejunctus, Anolis 105, 180
distichus suppar, Anolis 105, 180
distichus tostus, Anolis 105, 180
distichus vinosus, Anolis 105, 180
dolichocephalus, Anolis 180
dolichocephalus dolichocephalus, Anolis 180
dolichocephalus portusalis, Anolis 180
dolichocephalus sarmenticola, Anolis 180
dollfusianus, Anolis 180
dominicensis, Anolis distichus 105, 180
dominigensis, Anolis olssoni 182
doris, Anolis cybotes 103, 179
Drohimponieren 38, 55
Drosophila-Arten 51
duellmani, Anolis 180
dunni, Anolis 180

E

Echsen 9, 18, 33, 38
Eiablageplätze 15, 96, 117, 127
Einnischung 11, 24, 25, 28, 30, 50
Ektoparasiten 57
Eleutherodactylus 129
Endemiten 31, 33, 35, 37
Epiphyten 49, 110, 129
equestris, Anolis 10, 49, **107***, 123, 125, 180
equestris buidei, Anolis 107, 180
equestris cincoleguas, Anolis 107, 180
equestris equestris, Anolis **107***, 180
equestris juraguensis, Anolis 107, 180
equestris perspaxsus, Anolis 107, 180
equestris potior, Anolis 107, 180
equestris thomasi, Anolis 107, 180
equestris verreonensis, Anolis 107, 180
ernestwilliamsi, Anolis 180
etheridgei, Anolis 180
eugenegrahami, Anolis 180
eulaemus, Anolis 42, 180
evermanni, Anolis 180
exsul, Anolis 180

extentus, Anolis olssoni 182
extremus, Anolis 180

F

fairchildi, Anolis 142, 180
Farbdimorphismus 145
Farbtemperatur 45
fasciatus, Anolis 42, 180
Fastenzeit 108
favillarum, Anolis distichus 105
Felsenanolis 11, 14, 38
ferreus, Anolis **61**, 62*, 180
ferrugicauda, Anolis olssoni 182
festae, Anolis 42, 180
Fettkörper 143
Fischfang 14
fitchi, Anolis 41, 180
Flechtenanolis 11, 16
floridanus, Anolis distichus 105
forbesi, Anolis 180
forresti, Anolis wattsi 84
Fortpflanzungsaktivität 46, 115, 125
fortunensis, Anolis 180
fowleri, Anolis 180
fraseri, Anolis 42, **164***, 180
fraudator, Anolis baleatus 178
frenatus, Anolis 54, **165***, 180
Frösche 108, 129
fugitivus, Anolis 180
fungosus, Anolis 180
fuscoauratus, Anolis **166**, 180. Siehe auch Nachtrag S. 186
fuscoauratus fuscoauratus, Anolis 41, **166**, 167*, 168*, 180
fuscoauratus kugleri, Anolis 40, 166, 180
Futterspezialisten 52

G

gadovi, Anolis 14, 180
galeifer, Anolis noblei 31
garmani, Anolis 19, 49, 55, **109***, 180
garridoi, Anolis 186
Geckoanolis 13, 117
gemmosus, Anolis 42, **168**, 169*, 180
Geschlechtsfixierung 56
Gesunderhaltung 53
gibarensis, Anolis jubar 181

gibbiceps, Anolis 180
Gicht 51
gingivinus, Anolis 14, 54, **62**, 63*, 64*, 71, 180
girafus, Anolis marmoratus 68, 181
Girardinus 129
Gonatodes
– *caudiscutatus* 42
gorgonae, Anolis chloris 37, 179
gracilipes, Anolis 42, 180
grahami, Anolis 16, **110**, 120, 180
grahami aquarum, Anolis 50, 110, 180
grahami grahami, Anolis **110**, 111*, 180
graniliceps, Anolis 180
Grasanolis 12, 16, 17, 27, 30, 40, 45, 49, 51, 86, 88, 113, 118, 159
greyi, Anolis sagrei 121
griseus, Anolis 24, 180
guafe, Anolis 180
Guaiquinima-Tepui 40
guamuhaya, Chamaeleolis 8, 129, 184
guazuma, Anolis 180
gundlachi, Anolis 19, 54, 180

H

haetianus, Anolis 180
Haftborsten 10
Haftlamellen 10, 14, 136, 160
Haftorgane 10
haguei, Anolis 180
Haltung 44
hassleri, Anolis luteogularis 181
Helmfortsatz 131
Hemipenes 20, 57
Hemipenestaschen 19
hendersoni, Anolis 180
hendersoni hendersoni, Anolis 180
hendersoni ravidormitans, Anolis 180
Herpetologie 44
heterodermus, Phenacosaurus 8, 10, 16*, **176***, 184
hoffmanni, Anolis cupreus 144, 179
homolechis, Anolis 11, 50, **111**, 180
homolechis homolechis, Anolis 25, 26, 28, **111**, 112*, 180

homolechis turquinensis, Anolis 111, 180
homolechis-Gruppe 16, 112
HQI-Lampen 45, 137
huilae, Anolis 181
humilis, Anolis 14, 19, 37, 45, **146**, 172, 181
humilis humilis, Anolis **146**, 147*, 181
humilis marsupialis, Anolis 146, 181

I

ibague, Anolis 181
ignigularis, Anolis distichus 50, **105**, 106*, 180
Iguana
– *iguana* 33
iguana, Iguana 33
Iguaniden 18
imias, Anolis 181
Imponierverhalten 55, 59, 72
inderenae, Phenacosaurus 8, 184
inexpectatus, Anolis 86, 181
Infektionsgefahr 47, 158
Infrarotbereich 46
ininquinatus, Anolis barahonae 178
Inkubator 55, 56
inornatus, Anolis marmoratus 69, 181
insignis, Anolis 35, **148***, 181
insolitus, Anolis 181
insulaepinorum, Anolis bremeri 179
insulanus, Anolis olssoni 182
intermedius, Anolis 181
isolepis altitudinalis, Anolis 181
isolepis, Anolis 181
isolepis isolepis, Anolis 181
isthmicus, Anolis 181

J

jacare, Anolis 40, 181
jaumei, Anolis luteogularis 181
Jodmangel 57, 96
johnmeyeri, Anolis 181
juangundlachi, Anolis 181
jubar, Anolis 181
jubar albertschwartzi, Anolis 181
jubar balaenarum, Anolis 181
jubar cuneus, Anolis 181

jubar gibarensis, Anolis 181
jubar jubar, Anolis 181
jubar maisiensis, Anolis 181
jubar oriens, Anolis 181
jubar santamariae, Anolis 181
jubar yaguajayensis, Anolis 181
juliae, Anolis distichus 105, 180
juraguensis, Anolis equestris 107, 180

K

Kaliumjodatum 57
Kampfverhalten 54
kemptoni, Anolis 181
Kleinsäuger 50, 108, 125
Kokosnußschale 47
Kolibri-Arten 36
Konkurrenzdruck 24, 25, 26, 50, 89
Konkurrenzverhalten 50
koopmani, Anolis 181
Korvimin 53
Kropfbildung 57
krugi, Anolis **113***, 181
Krustentiere 103, 129
kugleri, Anolis fuscoauratus 40, 166, 180
Kühlkorridor 13, 28, 36, 153

L

Lacerta bimaculata. Siehe *Anolis bimaculatus*
Lacerta roquet. Siehe *Anolis roquet*
laevis, Anolis 181
laevis-Gruppe 21
laeviventris, Anolis 181
lamari, Anolis 181
lapidosus, Anolis whitemani 184
latifrons, Anolis 35, 175, 181
latifrons-Gruppe 38, 164, 165, 175
Lautäußerung 111, 117, 129
leachi, Anolis bimaculatus 58, **60***, 178
leberi, Anolis ricordi 183
Legenot 57
lemniscatus, Anolis 181
lemurinus, Anolis 19, **149**, 181
lemurinus bourgeaei, Anolis 149, 181
lemurinus lemurinus, Anolis **149**, 150*, 181

lerneri, Anolis smaragdinus 183
leucophaeus, Anolis scriptus 183
lewisi, Anolis conspersus 179
Lichtfarbe 45
limifrons, Anolis 19, 37, 49, 50, 52, 56, **150**, 151*, 181
lindeni, Anolis 181
lineatacervix, Anolis baleatus 178
lineatopus, Anolis 14, 16, 50, 120, 181
lineatopus ahenobarbus, Anolis 181
lineatopus lineatopus, Anolis 181
lineatopus merope, Anolis 181
lineatopus neckeri, Anolis 181
lineatus, Anolis 8, 32*, 33, 34, 54, 72, **135**, 181
liogaster, Anolis 181
lionotus, Anolis 36, 152, 181
litoralis, Anolis centralis 26, **96**, 97*, 179
litorisilva, Anolis baleatus 178
lividus, Anolis **64**, 65*, 181
Llanos 40
longiceps, Anolis 143, 181
longitibialis, Anolis 181
longitibialis longitibialis, Anolis 181
longitibialis specuum, Anolis 181
loveridgei, Anolis 181
loysianus, Anolis 11*, 15, 45, 50, **114***, 181
luciae, Anolis **65**, 66*, 181
lucius, Anolis 13, 15, 45, 91, **115**, 116*, 117*, 181
lucius-Gruppe 13
luteogularis, Anolis 107, 181
luteogularis calceus, Anolis 181
luteogularis coctilis, Anolis 181
luteogularis delacruzi, Anolis 181
luteogularis hassleri, Anolis 181
luteogularis jaumei, Anolis 181
luteogularis luteogularis, Anolis 181
luteogularis nivevultus, Anolis 181
luteogularis sanfelipensis, Anolis 181
luteogularis sectilis, Anolis 181
luteosignifer, Anolis sagrei 121, 183
lynchi, Anolis 42, 181

M

macilentus, Anolis 86, 181
macrinii, Anolis 181
macrolepis, Anolis 181
macrophallus, Anolis cupreus 144, 179
maculigula, Anolis 181
maculiventris, Anolis 181
maisiensis, Anolis jubar 181
majolgris, Anolis roquet 76, 183
Makroklima 43
Malpelo 37, 38, 178
marcanoi, Anolis 181
mariguanae, Anolis scriptus 183
marmoratus, Anolis 16, **67**, 69, 70, 71, 181
marmoratus alliaceus, Anolis 68, 69*, 181
marmoratus caryae, Anolis 69, 181
marmoratus chrysops, Anolis 69, 181
marmoratus desiradei, Anolis 69, 181
marmoratus girafus, Anolis 68, 181
marmoratus inornatus, Anolis 69, 181
marmoratus marmoratus, Anolis 17*, 67*, 68, 181
marmoratus setosus, Anolis 69, 181
marmoratus speciosus, Anolis 69, 70*, 71*, 181
marmoratus ssp., *Anolis* 50
marmoratus terraealtae, Anolis 69, 181
marron, Anolis 181
marsupialis, Anolis humilis 146, 181
matudai, Anolis 35, 182
maynardi, Anolis 143, 182
medemi, Anolis 37, 182
megalopithecus, Anolis 182
megapholidotus, Anolis 182
menta, Anolis 182
meridionalis, Anolis 9, 182
merope, Anolis lineatopus 181
mestrei, Anolis 182
microlepidotus, Anolis 182
microtus, Anolis 182
Mikroklima 11, 19, 27, 28, 37, 43, 49, 114
Milben 57
millepunctatus, Diploglossus 38
milleri, Anolis 182
Mimese 11, 17, 115
mimus, Anolis 27, 28, **118***, 182
Mineralstoffgemisch 53
mirus, Anolis 182
monensis, Anolis 182
montanus, Anolis oculatus 73, 182
monticola, Anolis 182
monticola monticola, Anolis 182
monticola quadrisartus, Anolis 182
montivagus, Anolis olssoni 182
mulitus, Anolis barahonae 178
multistruppus, Anolis baleatus 178
Multivitamingabe 53

N

nasofrontalis, Anolis 182
naufragus, Anolis 182
nebuloides, Anolis 9, 35, 182
nebulosus, Anolis 9, 35, 182
neckeri, Anolis lineatopus 181
nelsoni, Anolis sagrei 121, 183
nicefori, Phenacosaurus 8, 184
Niedervolt-Halogen-Reflektorlampen 46
nigrolineatus, Anolis 42, **170***, 182
nigropunctatus, Anolis 182
nitens, Anolis 186
nitens tandai, Anolis 186
nivevultus, Anolis luteogularis 181
noblei, Anolis 107, 182
noblei galeifer, Anolis 31, 182
notopholis, Anolis **171**, 172*, 182
nubilus, Anolis 14, **71**, 72*, 182

O

occultus, Anolis 182
ocior, Anolis distichus 105
oculatus, Anolis **73**, 182
oculatus cabritensis, Anolis 17*, 73*, 182
oculatus montanus, Anolis 73, 182
oculatus oculatus, Anolis 73, 182
oculatus winstoni, Anolis 73, 74*, 182
Öl-Präparat 57
oligaspis, Anolis angusticeps 88, 178
olssoni, Anolis 17, 182
olssoni alienus, Anolis 182
olssoni dominigensis, Anolis 182
olssoni extentus, Anolis 182
olssoni ferrugicauda, Anolis 182
olssoni insulanus, Anolis 182
olssoni montivagus, Anolis 182
olssoni olssoni, Anolis 182
olssoni palloris, Anolis 182
omiltemanus, Anolis 182
onca, Anolis 10, 33, 40, 45, 49, **136***, 182
Ontogenese 56, 145
opalinus, Anolis 21, **119***, 182
ophiolepis, Anolis 14, 45, 182
orcesi, Phenacosaurus 8, 41, 184
ordinatus, Anolis sagrei 121, 183
oriens, Anolis jubar 181
orientalis, Anolis cyanopleurus 179
ortonii, Anolis 40, 41, **173**, 182
Osmunda 49
oxylophus, Anolis 13, 15, 36, 49, **152**, 153*, 154*, 182

P

Paarungsaktivitäten 55
pachypus, Anolis 182
palardis, Anolis smallwoodi 123, 183
palloris, Anolis olssoni 182
palmeri, Anolis 182
Paludarium 139
parilis, Anolis 42, 182
parvauritus, Anolis biporcatus 35, 139, 179
parvicirculatus, Anolis 35, 182
paternus, Anolis 88, 182
paternus paternus, Anolis 182
paternus pinarensis, Anolis 182
patruelis, Anolis distichus 105, 180
pecuarius, Anolis coelestinus 100, 179
pentaprion, Anolis 35, 182
pentaprion beckeri, Anolis 182
pentaprion pentaprion, Anolis 182
peraccae, Anolis 42, **174***, 182
persparsus, Anolis equestris 107, 180
petersi, Anolis 182
Pflanzsubstrat 49

pH-Wert 53
Phenacosaurus 8, 46
– heterodermus 8, 10, 16*, **176***, 184
– inderenae 8, 184
– nicefori 8, 184
– orcesi 8, 41, 184
Phenacosaurus richteri. Siehe Phenacosaurus heterodermus
philopunctatus, Anolis 182
phyllorhinus, Anolis 21, 182
pigmaequestris, Anolis 107, 182
pinarensis, Anolis paternus 182
pinchoti, Anolis 182
Pinsel 53, 57
Pinzette 51, 52
Pipette 52, 53, 57
placidus, Anolis 182
planiceps, Anolis chrysolepis 40, 160, 179
planiceps cf. , Anolis chrysolepis 40, 163*
poecilopus, Anolis 36, 182
pogus, Anolis wattsi 64, 82*, 84, 184
polylepis, Anolis 182
Polymorphismus 140
polyrhachis, Anolis 182
poncensis, Anolis 113, 182
porcatus, Anolis 10, 20, 25, 27, 29, 51, **120**, 121*, 182
porcus, Chamaeleolis 8, 129, 184
portusalis, Anolis dolichocephalus 180
potior, Anolis equestris 107, 180
Prädatoren 18, 59
princeps, Anolis 42, **175***, 182
proboscis, Anolis 21, 42, 182
properus, Anolis distichus 105, 180
propinquus, Anolis 175, 182
pseudotigrinus, Anolis 182
pulchellus, Anolis 12, 113, 182
pumilus, Anolis 19, 182
punctatus, Anolis 8, 9, 14, 40, 182
punctatus-Gruppe 174
purpurescens, Anolis 175, 182
pygmaeus, Anolis 35, 182

Q

quadriocellifer, Anolis 183
quadrisartus, Anolis monticola 182

quercorum, Anolis **154**, 155*, 183

R

radulinus, Anolis 183
ravidormitans, Anolis hendersoni 180
ravifaux, Anolis cybotes 103, 179
ravitergum, Anolis distichus 105, 180
reconditus, Anolis 183
Reflektoren 45
Regenwasserwerte 53
rejectus, Anolis vanidicus 184
Reptilien 10, 33, 44, 49, 52, 149
richardi, Anolis 24, 49, 183
ricordi, Anolis 183
ricordi leberi, Anolis 183
ricordi ricordi, Anolis 183
ricordi subsolanus, Anolis 183
ricordi viculus, Anolis 183
Riesenanolis 11, 17, 26, 31, 45, 49, 50, 51, 53, 54, 57, 108, 109, 125, 164, 165, 176
rimarum, Anolis 183
Rindenanolis 11, 53, 97, 115
Ritteranolis 107, 108, 109
rivalis, Anolis 36, 183
rivière salée 23
rodriquezi, Anolis 183
roosevelti, Anolis 183
roquet, Anolis **75**, 76*, 183
roquet caracoli, Anolis 75*, 76, 183
roquet majolgris, Anolis 76*, 183
roquet roquet, Anolis 76, 183
roquet salinei, Anolis 76, 77*, 183
roquet ssp., Anolis 50
roquet summus, Anolis 21, 76, 78*, 183
roquet zebrilus, Anolis 76, 79, 183
roquet-Gruppe 14, 22, 24, 34, 66, 78, 81
Roraima-Region 40
rubribarbus, Anolis 183
ruizi, Anolis 183
rupinae, Anolis 183

S

sabanus, Anolis 14, 54, **79**, 80*, 183
sagrei, Anolis 14, 50, 51, 56, 121, 122, 183

sagrei greyi, Anolis 121, 183
sagrei luteosignifer, Anolis 121, 183
sagrei nelsoni, Anolis 121, 183
sagrei ordinatus, Anolis 121, 183
sagrei sagrei, Anolis 21, 25, 27, 29, **121**, 122*, 183
sagrei-Gruppe 8, 21, 112
salinei, Anolis roquet 76, 77*, 183
samanae, Anolis baleatus 178
sanfelipensis, Anolis luteogularis 181
santamariae, Anolis jubar 181
santamartae, Anolis 183
sarmenticola, Anolis dolichocephalus 180
Saumfinger 9, 10, 22, 23, 24, 40, 41, 42, 66, 71, 78, 92, 112, 119, 139, 147, 163, 164, 168, 174, 175
saxuliceps, Anolis smallwoodi 123, 183
scapularis, Anolis 183
scelestus, Anolis baleatus 178
schiedei, Anolis 183
schmidti, Anolis 183
Schnauzenfortsätze 21
schwartzi, Anolis wattsi 83*, 84, 184
scriptus, Anolis 183
scriptus leucophaeus, Anolis 183
scriptus mariguanae, Anolis 183
scriptus scriptus, Anolis 183
scriptus sularum, Anolis 183
scypheus, Anolis chrysolepis 41, 160, 179
sectilis, Anolis luteogularis 181
sejunctus, Anolis distichus 105, 180
semilineatus, Anolis 17, 49, 183
seminolus, Anolis carolinensis 141, 179
sericeus, Anolis 35, 183
setosus, Anolis marmoratus 69, 181
Sexualverhalten 54, 131
sheplani, Anolis 11, 183
shrevei, Anolis 183
Sichtblenden 84, 96
simmonsi, Anolis 183
singularis, Anolis 100, 183

sipaliwinensis, Anolis auratus 159, 178
Skelettstruktur 8, 132, 177
smallwoodi, Anolis 107, **123**, 183
smallwoodi palardis, Anolis 123, 183
smallwoodi saxuliceps, Anolis 123, 183
smallwoodi smallwoodi, Anolis 26, **123**, 124*, 183
smaragdinus, Anolis 143, 183
smaragdinus lerneri, Anolis 183
smaragdinus smaragdinus, Anolis 183
sminthus, Anolis 183
solitarius, Anolis 183
southerlandi, Anolis bahorucoensis 91, 178
speciosus, Anolis marmoratus 69, 70*, 71*, 181
spectrum, Anolis 183
specuum, Anolis longitibialis 181
Spermaspeicherung 15, 158, 162
Speziation 24
Sphagnum 49
spilomelas, Anolis cupreus 144, 179
spilorhipis, Anolis tropidonotus 35, 157, 183
Spritze 53
squamulatus, Anolis 175, 183
Stoffwechsel 43, 51, 164
strahmi abditus, Anolis 183
strahmi, Anolis 183
strahmi strahmi, Anolis 183
stratulus, Anolis **125**, 126*, 183
Streßfaktor 49, 163
sublimis, Anolis baleatus 178
subocularis, Anolis **156**, 157*, 183
subsolanus, Anolis ricordi 183
sularum, Anolis scriptus 183
sulcifrons, Anolis 183
summus, Anolis roquet 21, 76, 78*, 183
suppar, Anolis distichus 105, 180

T

Tafelberge 40
tandai, Anolis nitens 186
taylori, Anolis 14, 183
Tepuis 40, 163
terraealtae, Anolis marmoratus 69, 181
Territorialansprüche 53
Territorialität 38, 88, 126
Thermoregulation 11, 13, 14, 26, 175
thomasi, Anolis equestris 107, 180
tigrinus, Anolis 183
tostus, Anolis distichus 105, 180
townsendi, Anolis 10, 37, 183
trachyderma, Anolis 14, 19, 41, 183
transversalis, Anolis 41, 183
Trichterbromelien 52
Tricrescovit 53
trinitatis, Anolis 24, 50, **81***, 141, 183
Trinkreflex 52
tropidogaster, Anolis 40, 183
tropidolepis, Anolis 10, 36, 183
tropidonotus, Anolis 36, **157**, 172, 183
tropidonotus spilorhipis, Anolis 35, 157, 183
tropidonotus tropidonotus, Anolis 15, **157**, 158*, 183
turquinensis, Anolis homolechis 111, 181

U

uniformis, Anolis 35, 183
Unteraugenlidschuppen 13, 26
utowanae, Anolis 183
UV-Leuchtstofflampen 46, 53
UV-Strahlen 46

V

valencienni, Anolis 15, **126**, 127*, 183
vanidicus, Anolis 184
vanidicus rejectus, Anolis 184
vanidicus vanidicus, Anolis 184
vaupesianus, Anolis 184
ventrimaculatus, Anolis 184
Verbrennungsgefahr 46
Verhaltensrepertoire 18, 54, 94
vermiculatus, Anolis 13, 14, 21, **128***, 184
Veronicella 131
verreonensis, Anolis equestris 107, 180
vescus, Anolis 86, 184
vicarius, Anolis 184
viculus, Anolis ricordi 183
villai, Anolis 184
vinosus, Anolis distichus 105, 180
Vitaminpräparat 53
Vitaminsynthese 53
vociferans, Anolis 36, 184

W

Wandterrarien 45
Wasseranolis 13, 36, 42, 49, 128, 138, 153
wattsi, Anolis **82**, 184
wattsi forresti, Anolis 84, 184
wattsi pogus, Anolis 64, 82*, 84, 184
wattsi schwartzi, Anolis 83*, 84, 184
wattsi wattsi, Anolis 84, 184
websteri, Anolis 184
wetmorei, Anolis brevirostris 179
whitemani, Anolis 184
whitemani breslini, Anolis 184
whitemani lapidosus, Anolis 184
whitemani whitemani, Anolis 184
Wiederaussiedlung 44
Wiesenplankton 50
wileyae, Anolis cristatellus 179
williamsii, Anolis 184
winstoni, Anolis oculatus 73, 74*, 182
woodi, Anolis 36, 184

Y

yaguajayensis, Anolis jubar 181

Z

zebrilus, Anolis roquet 76, 79*, 183
Zeitigungsbedingungen 56
Zeitigungsdauer 56